生活因阅读而精彩

生活因阅读而精彩

康熙秘史

东方曜◎著

中国华侨出版社

图书在版编目(CIP)数据

康熙秘史 / 东方曜著. —北京:中国华侨出版社,2014.6

("翰林书院"帝王史系列)

ISBN 978-7-5113-4694-0

Ⅰ.①康… Ⅱ.①东… Ⅲ.①康熙帝(1654~1722)-传记

Ⅳ.①K827=49

中国版本图书馆 CIP 数据核字(2014)第113516 号

"翰林书院"帝王史系列:康熙秘史

著　　者 / 东方曜

责任编辑 / 文　喆

责任校对 / 王京燕

经　　销 / 新华书店

开　　本 / 787 毫米×1092 毫米　1/16　印张/20　字数/245 千字

印　　刷 / 北京军迪印刷有限责任公司

版　　次 / 2014 年 8 月第 1 版　2020 年 5 月第 2 次印刷

书　　号 / ISBN 978-7-5113-4694-0

定　　价 / 68.00 元

中国华侨出版社　北京市朝阳区静安里 26 号通成达大厦 3 层　邮编:100028

法律顾问:陈鹰律师事务所

编辑部:(010)64443056　　64443979

发行部:(010)64443051　传真:(010)64439708

网址:www.oveaschin.com

E-mail:oveaschin@sina.com

总序

滚滚长江东逝水,浪花淘尽英雄。是非成败转头空。青山依旧在,几度夕阳红。

白发渔樵江渚上,惯看秋月春风。一壶浊酒喜相逢。古今多少事,都付笑谈中。

这首词是明代杨慎《说秦汉》的开场词,深沉悲壮,意境高远。后来罗贯中将其收入《三国演义》,更被广为传诵。

虽为《说秦汉》的开场词,但作者的视野却没有局限在秦汉两代上,而是高屋建瓴地从历史事件和人物经历中,概括出一些始终能让人产生共鸣的思想感情,比如"空"。古来多少英雄是非成败,犹如大浪淘沙转眼成空。字里行间抒发了对历史变迁、英雄故去的感慨:无数英雄豪杰长眠地下之后,生前的所有是非得失、荣辱成败又有什么意义呢?在横亘古今的"青山"面前,"夕阳红"不过是人生短暂的美好时光而已。一个"空"字,无限感慨,几多惋惜,尽在其中。

本序言为何以这阕词为引子?是因为笔者认为这阕词可称为"史论"。它综观历代兴亡盛衰,以英雄豪杰的成败得失抒发感慨,体现了一种旷达超脱的人生观和历史观。在这种人生观和历史观指导下,我们认识和了解本套书的诸多帝王才更有宏观感和穿透力。

中国正统朝代的皇帝,加上一些农民起义建立的政权,皇帝总数不少于四百位!如何在这么多君王中选出十二个,实在不是简单的事。丛书撰写组最终在名气、正史、评价等综合因素考虑下,遴选出了如下十二位帝王,作为"帝王秘史"

的第一辑。这十二位帝王分别是：

统一六国，结束战国乱世的秦始皇嬴政；

起于亭长，击败西楚霸王项羽的汉高祖刘邦；

平定内乱，北击匈奴的汉武帝刘彻；

统一北方，奠定魏国基业的魏武帝曹操；

一统华夏，被西方称为"中国最伟大皇帝"的隋文帝杨坚；

文武双全，堪称帝王典范的唐太宗李世民；

毁誉参半的历史上唯一一位女皇帝武则天；

弯弓射雕，横扫欧亚的一代天骄成吉思汗；

乞丐出身，推翻元朝残暴统治的明太祖朱元璋；

开创明朝辉煌时代的明成祖朱棣；

南征北战，在位61年的康熙皇帝玄烨；

在位60年，有"十全老人"美称的乾隆皇帝弘历。

这十二位帝王，毫无疑问都开创或推动了一个时代的文明与繁盛。无论是时势造英雄，还是英雄改变时代，他们都是华夏星空中熠熠生辉的历史"明星"。本丛书的每一分册，都在有限而真实的史料基础上，以生动的语言和独特的视角，叙写他们百转千回、波澜壮阔的一生，展示了他们的成功与失败、高潮与低谷、坚定与疑惑、气魄与迷茫……

每位帝王都曾抒写过一段历史，或雄壮或悲戚，给后人无穷的想象和感叹。你可以击节，可以唏嘘，更可以和篇首那阕词中通晓古今、豁达潇洒的"白发渔樵"一样，把古今多少英雄的是非恩怨、成败荣辱都化作可助酒兴的谈资，纵论古今、品评人物，笑谈之中，人生不亦乐哉！

是为序。

目录
Contents

第一篇／天意

第一章 ╱ 宫廷之殇

情殇

顺治十四年 (1657) 秋，紫禁城内，大清天子顺治帝福临正心怀大畅。多久没有这样快乐过了？他早已记不清楚。他只记得，自己从六岁登基，到今天已经整整十四年了。在这十四年里，就算更张成法祖制，整饬吏治，把国家治理得井然有序；就算娶过两位皇后，纳了好几位妃嫔，他也没有这样开心过。不，也有很快乐的时候！在这些年的帝王生涯中，他觉得自己唯一的快乐，便是娶到了一生的最爱！

早一年，也就是顺治十三年 (1656)，董鄂氏入宫。

董鄂氏姿容绝代、才华出众，而且品行清丽脱俗，善解人意，是顺治帝的红颜知己。顺治帝对她一见倾心，情根深种。

顺治钟情于她，早已经不是秘密，所以那一场册封典礼，异乎寻常地隆重。十月，顺治先定赏她的父母鄂硕夫妇。礼物为金一百六十两，银八千两，金茶筒一，银茶筒一，银盆一，缎八百匹，布一千六百匹，马十六匹，鞍十六副，甲胄十六副。这聘礼，比他两年前聘第二位皇后的妹妹为妃时多了数倍。他更是让她享受到了一般妃嫔享受不到的尊荣——她是大清唯一一位经正式朝廷大典册封的妃子。在他的执意坚持下，他在南苑带领着满朝官员，完成了十分繁琐而庄重的册封仪式。

顺治实在是太快乐了！而且，这快乐一直在延续。仅仅一个月后，刚刚成为贤妃的董鄂氏，便晋为皇贵妃。为此，他大赦天下，并在大赦诏书中说道："赞理得人，群情悦豫。"他的心因为爱情，已经开始春暖花开。

因为情投意合，顺治和董鄂氏在一起的日子是快乐的。每次顺治看奏章，遇到重要的内容，草草看过后顺手扔在一边时，董鄂氏总是提醒他应该仔细看，不能忽视；而当顺治要和她同阅奏章时，她却又连忙摆手拒绝，因为后宫不能干政。她会在顺治下朝的时候，亲自安排饮食，斟酒劝饭；也会在顺治深夜批阅奏章时，亲自为其展卷研磨，侍奉汤茶。顺治遇到什么新奇的事儿，一定会在第一时间告诉她。而她，也会非常高兴地侧耳倾听。她的聪慧、细腻、善解人意和温柔善良，让顺治愈发地倾心和敬重。

然后，这个他最爱的女人，又为他带来了快乐。这一年，董鄂氏为顺治帝生了一个孩子。

帝王之家，孩子往往不能带来太大的惊喜。福临不缺孩子，虽然仅仅只有二十岁，但他已经是三个孩子的父亲了。但是这个皇四子却不一样，那是董鄂氏的孩子，所以也成了福临心中的珍宝。他欣喜若狂地昭告天下"此乃朕第一子"，并为此祭告天地，接受群臣的朝贺。之后，他更是大赦天下，对这个孩子视如嫡出，大有册封太子之意。

在大赦的诏书中，他这样写道：

"自古帝王继统立极，抚有四海，必永绵历祚，垂裕无疆。是以衍庆发祥，聿隆胤嗣。朕以凉德缵承大宝，十有四年。兹荷皇天眷佑，祖考贻庥，于十月初七日，第一子生，系皇贵妃出。上副圣母慈育之心，下慰臣民爱戴之悃，特颁肆赦，用广仁恩。"这段诏文的意思很明显了，可以看出这个孩子的出生，为他带来了多么大的快乐。

可惜快乐太短暂了，生下来不到三个月，福临这个最钟爱的儿子，竟然意外地夭折了。天意如此，即便是帝王，也是无可奈何。福临很难过，他只能动用自己皇帝的权力，将这个孩子追封为和硕荣亲王，然后为其修建了高规格的园寝，最后亲笔写下了《皇清和硕荣亲王圹志》进行悼念。孩子，活着的时候你没能享多少福，死了好好享受吧！作为一个皇帝，作为一个父亲，他能做的，也只有这么多了。

但是，死了儿子的董鄂氏可就不一样了。母子连心，母亲的丧子之痛，要远远大于父亲。董鄂氏性子和顺，极为聪慧，但身体却一直不好。丧子之痛的打击，正好撬开了冰山的一角，使她一病不起。在病中，她虽然身体虚弱，面容憔悴，但仍然把心放在顺治身上，时时安慰惶惶不可终日的顺治。她甚至还拖着病重的身子，尽心尽力地侍奉孝惠皇后，更是废寝忘食地伺候皇太后。她无疑是一位好妻子、好儿媳，但操劳却只能加重她的病情。

她的病从不见好，越来越重。而这场大病，终于结束了顺治那来之不易的幸福生活。

从这以后，董鄂氏就只能拖着孱弱的身子，依靠太医们的手段延续生命。虽然顺治对她的爱意不减分毫，虽然名医成群望闻问切，虽然珍贵药材和补品源源不绝，但是，这都无法改变她最终的命运。

病了三年之后，虚弱的董鄂氏又染上了天花。终于，这位顺治帝最心爱的女人，于顺治十七年 (1660) 八月十九日香消玉殒，逝于承乾宫。那一年，她只有二十二岁。

董鄂氏的死，令顺治彻底疯狂了。虽然贵为一国之君，但董鄂氏的离世，却让他感到了生无可恋。他痛不欲生，精神几近崩溃，可是他是皇帝，又不能让自己崩溃。最后，他选择了情，而打算舍弃整个江山社稷——他想要出家为僧。甚至，他已经让和尚行森剃光了自己的头发。不过，生长在帝王之家，作为一代君主，他却连出家做和尚的权利也没有。行森的师父玉林琇以要烧死行森为要挟，才迫使他打消了出家的念头。

出不了家，可是心却死了。他整夜地痛哭，怀念逝去的董鄂氏。他曾经给儿子办了隆重的葬礼，现在，他只能再动用自己皇帝的权力，为自己最爱的女人办一场盛大的葬礼。

在给礼部的诏书中，他说道："皇贵妃董鄂氏于八月十九日薨逝，奉圣母皇太后谕旨：'皇贵妃佐理内政有年，淑德彰闻，宫闱式化。倏尔薨逝，予心深为痛悼，宜追封为皇后，以示褒崇。'朕仰承慈谕，特用追封，加之谥号，谥曰'孝献庄和至德宣仁温惠端敬皇后'。其应行典礼，尔部详察，速议具奏。"他不仅追封董鄂氏为皇后，而且赐给了她自己所能想到的最好谥号——孝献庄和至德宣仁温惠端敬皇后。因为不能越了谥法，顺治赐给董鄂氏的谥号，只能比那些真正有大功的皇后低一等。为此，他非常内疚。

他把所有的内疚，都弥补在了那场葬礼上。那是一场清朝最隆重的皇后葬礼。

他不仅辍朝整整四个月，而且还为她停止郊、庙、视朝、庆贺等诸大典礼四个月。并且，他还想为董鄂氏不举乐一年，遭到大臣们的极力反对才作罢。于是，他又命令上至亲王，下至四品官，以及公主等齐集哭临，不哀者议处。最后，他行使了一个帝王最大的权力，将三十名太监、宫女悉行赐死，作为董鄂氏的陪葬。

作为一个帝王，他能为一名女子做这么多，已经很不容易了，但是，他却并未知足，他想要追随董鄂氏而去。于是，生活考虑了他的心情，决定给他一个机会。

空余恨

在中国的历史上，从来都是英雄与美人共存。中国民间家喻户晓的四大美人，都得到了帝王们无与伦比的宠爱。可是，那些千娇百媚的女子们，真的得到了爱情吗？显然没有！包括那祸国殃民的褒姒、赵飞燕等，尽管帝王们对她们宠爱有加，甚至为了她们不惜荒废朝政，可是，一旦遇到要以自己的性命或者皇位为代价的时候，那些帝王们就会犹豫了——有谁不爱惜自己呢？唐玄宗很宠爱杨贵妃，但在安史之乱的紧要关头，为了保住皇位，他还是忍痛割爱，同意将杨贵妃赐死。

这也难怪，帝王的身边，往往都是佳丽三千，粉黛无数。想让他们钟情于一名女子，往往很难，也不大可能。所以，帝王对于美女，往往都只会宠爱，但却不会真爱。正因为如此，顺治皇帝，才可以算得上是一个异类。

严格来讲，顺治皇帝福临是一位颇有作为的好皇帝。他六岁即位，亲政后，开始对国家励精图治。他审时度势，更张成法祖制，且倚重汉官，整饬吏治，推行与民生息的政策，为康乾盛世的出现奠定了基础。

当然，这些只是他人生经历的一部分。他与很多帝王最大的不同之处，在于性格。他多愁善感，总是会像诗人一样浪漫与惆怅；他羡慕出尘脱俗的僧家生活，不留恋江山皇权、荣华富贵，董鄂氏在世时，他们就经常一起研究禅学；他固执，率性而为，对于自己喜欢的事，往往不管不顾。他才华横溢，曾写过一首《赞僧诗》：

天下丛林饭似山，钵盂到处任君餐，
黄金白玉非为贵，唯有袈裟披肩难。
朕为大地山河主，忧国忧民事转烦，
百年三万六千日，不及僧家半日闲。
来时糊涂去时迷，空在人间走一回，
未曾生我谁是我，生我之后我是谁。
长大成人方是我，合眼朦胧又是谁？
不如不来又不去，来时欢喜去时悲。
悲欢离合多劳虑，一日清闲有谁知，
若能了达僧家事，从此回头不算迟。
世间难比出家人，无忧无虑得安宜，
口中吃得清和味，身上常穿百衲衣。
五湖四海为上客，皆因夙世种菩提，
个个都是真罗汉，披塔如来三等衣。
金乌玉兔东复西，为人切莫用心机，
百年世事三更梦，万里乾坤一局棋。

禹开九洲汤放桀，秦吞六国汉登基，

古今多少英雄汉，南北山头卧土泥。

黄袍脱换紫袈裟，只为当年一念差，

我本西方一衲子，因何生在帝王家？

十八年来不自由，南征北讨几时休，

我念撒手归山去，谁管千秋与万秋。

从这首诗中，我们不难看出他独特的性格。这样的性格，决定了他"痴"的一面。对于任何事情，他一旦痴迷进去，将很难自拔，尤其是对于感情。他爱上了董鄂氏，便深深地陷了进去，再也走不出来。就算，董鄂氏因病去世。不久以后，他病倒了。

虽然在今天，我们已经找不到天花的痕迹了，因为人类在世界范围内消灭了这种传染病，但是在清初，天花却是一种非常可怕的疾病。得了天花，虽然也有治愈的可能性，但是这种几率却不大。这位痴情的顺治皇帝，得的正是这种难以治愈的病。

其实，这种多愁善感、心事重重的性格，早已使他疲惫不堪。在董鄂氏未死之前，他曾对木陈忞禅师说："老和尚许朕三十岁来为祝寿，庶或可待。报恩和尚（玉林琇）来祝四十，朕决候他不得矣。"他了解自己的身体状况，以为顶多只能活个三十多岁，决计活不到四十。但是那个时候，他还有董鄂氏的陪伴，心情上自然要好很多。董鄂氏一死，他的精神支柱轰然坍塌，加之心灰意冷，死神也就趁机来了。

顺治十八年 (1661) 正月初，他染上了天花。治疗了几天之后，他预感病体沉重，势将不支，初六深夜急召礼部侍郎兼翰林院掌院学士王熙及原内阁学士麻勒吉入养心殿，口授遗诏。这两个人退至乾清门下西围屏内，拟了一天的遗诏，终于令顺治帝满意。

顺治皇帝虽然痴于爱情，但骨子里流的仍然是爱新觉罗氏的血液，所以在临死之前，他为大清朝的将来考虑了很多，这些都在他的遗诏中有所体现。在遗诏中，他不仅指定了继承人，选定了四位辅政大臣，更是痛列了自己的十四条罪过。这到底是不是顺治帝的本意，已经无从考究，后人谁也无法详细了解当时的情形。但在遗诏中，他确实是这么说。不过，那个时候，他已经进入弥留之际了。

顺治十八年（1661），清朝顺治皇帝福临，病逝于养心殿。《清世祖实录》中记载："丁巳，夜，子刻，上崩于养心殿。"

顺治皇帝是中国历史上最痴情的一位帝王，他与董鄂氏之间的爱情，已经超脱了帝王的范畴，真是催人泪下。

但是，这却不是我们想说的重点。重点是，他在死前灵台清明，选择了一位最合适的继承人。而这位了不起的继承人，真正打开了大清盛世的局面。

未承一日之欢

顺治十八年（1661）正月初七，顺治皇帝驾鹤西去，年仅二十四岁。如果不是他过早地去世，也许大清盛世就会在他的手中绽放。

但是，历史就是历史，一点儿也容不下如果。他追寻自己的爱情去了，只留下了一份遗诏，上面指定了一位大清朝的接班人。这个人，便是年仅八岁的玄烨。

这一年，玄烨在太和殿举行了登基仪式，正式继承大统，定年号为康熙，从此开始了他对大清帝国长达六十一年的统治。

无论在以后的执政岁月里，康熙皇帝玄烨的成就有多么显赫辉煌，这都无法抹去他童年生活的苦。

玄烨于顺治十一年（1654）出生于紫禁城景仁宫。他是大清历史上，第一位在北京出生的皇帝。

《清圣祖仁皇帝实录》这样形容玄烨出生时的情形："至上诞将之辰，合宫异香，经久不散，又五色光气，充溢庭户，与日并耀。"意思是说，玄烨降生的时候，满皇宫都是香的，而且这种香味经久不散。不止是香，天空还有五颜六色的霞光，和太阳的光芒一样灿烂。太神奇了！玄烨的出生，难道真的是神灵转世？

当然不是！这部史书，是由雍正皇帝主持编修的，儿子孝顺老子，所以故意把老子的出生说得神乎其神。那个时代信息不太发达，史料这样记载，老百姓就这样传播，结果越来越像是真的了。

康熙自己都承认："朕之生年，并无灵异，及其长兄，亦无非常。"

事实上是，玄烨出生的时候，不但并无异象，而且还极为冷清。他的生母佟氏是汉人，佟氏的父亲是佟图赖，佟图赖的叔父是佟养正。佟养正呢，是明末的一位副总兵。佟养正这个人却不是一般的人，他投奔了后金。这一下，他可押对了宝，凭着过人的才华，他受到了努尔哈赤的青睐。努尔哈赤不仅对他极为尊敬，还将宗女嫁给了他，佟养正一时身份大增，成了"施吾理额驸"。他在后金风生水起，家人自然也跟着受益。

佟氏的祖父佟养真，带着全族男女老幼，一起投奔了后金。再后来，佟养真也因为战功，被授予世职游击。佟养真死后，他的儿子佟图赖，承袭了世职游击。佟图赖这个人，很善于打仗。他用辉煌的战绩，换来了自己的一路高升。到了顺治年间，他被调任为正蓝旗的都统，晋爵至三等精奇尼哈番（清代爵名）。顺治十三年（1656），他又被荣加为太子太保。

总之一句话，佟图赖的官做得不小，而且对清廷还颇有功劳。不过，他这样的家族对于清朝的王室来说，却又不值一提了，更何况还是满汉有别。我们之所以讲述这些，是因为这些只造就了一个因，那就是佟氏有了进宫选妃的机会。而且无巧不巧，佟氏又被顺治皇帝选中了。

其实顺治皇帝选妃，只不过是走个形式，迫于皇太后的压力，他不得不选。他是个性情中人，不懂得爱的时候只是个孩子，可是一旦爱了，就完全陷了进去，眼里再也容不下其他人。据史料记载，有了董鄂氏之后，他更是完全冷落了其他妃子。后来还是在董鄂氏的劝说下，他才偶尔也去其他妃子的宫里走走。也正是因为这样，才有了玄烨的降生。

无论如何，玄烨出世了，没有香味，没有霞光，甚至没有热闹的人群。佟氏并不得宠，那些在宫里混的人，很会看形势。顺治皇帝倒是来了，作为父亲，他只是象征性地看了孩子一眼，然后又回去陪董鄂氏了。自然，他没有为这个孩子大摆筵席，更没有大赦天下。这个孩子，悄悄地来了，然后又悄悄地开始成长。

如果就是这样慢慢长大，那么小玄烨也会很幸福。因为生在帝王之家，注定是荣华富贵享之不尽。就算父亲不疼，但只要有母亲的爱，他的童年依旧会泡在蜜糖里。可是不行，帝王之家有帝王之家的规矩。按照清朝规矩，皇家子女不论嫡庶，一生下来，就要由下人抱走，交给乳母抚养。当然了，皇家子女的服侍阵容，也是相当的庞大。一个皇家子女，通常会有四十个人服侍，除去八个保姆、八个乳母之外，还有针线上人、灯火上人，等等。可是，再多服侍的人，也不能代替母亲的爱。

但没有办法，一出生，小玄烨就只能长期与生母分离。

襁褓中的婴儿还好，只要有人尽心尽力地照顾，他就会很快乐。可是玄烨慢慢懂事了，他会问起自己的母亲，也会思念自己的母亲。好在清廷的规矩中也考虑到了这一点，所以规定每隔数月，孩子和母亲可以见面。但是，这个见面还是有限制的：见面时，生母不得任意逗孩子欢笑，孩子大点儿的时候，母子见面也照例不许多谈。

于是，年幼的玄烨虽然是天潢贵胄，吃穿不愁，但却是与"坐监"无异。虽然有一大堆下人对他敬若神明，但那些人怕担责任，就充分限制了他的自由。所以，从一出生开始，小玄烨就无法享受到人人都可以享受到的母爱；稍大一点儿，他又失去了孩童应有的嬉戏之乐。当然，小孩子什么也不懂，有可能什么也体会不到。如果说这还不算苦的话，那么他的苦还在后面。

那个时候的北京，天花极为流行，稍有不慎，就会遭受天花之疟。于是，顺治皇帝在大清入关前就有的查痘制度的基础上，实施了更为严苛的对应政策。当时痘疹几乎每岁必发，查痘的对象从八旗军民扩及京城住民、出洋贸易者，以及来京外藩。一旦发现症状，即进行隔离，强行驱逐患痘居民远离都城，或谕令未出痘外藩不必来京。

皇室成员也是凡夫俗子，所以避痘在所难免。为了避免受到天花感染，小玄烨由乳母带领，离开了紫禁城，居住在北京西郊的一座寺庙中。这样一来，他跟母亲见面的次数，就更少了。尽管住在皇宫之外，尽管也按照古老的方法接种了疫苗（即用天花病人的脓疮或用脓疮痂制成的粉末，吹进接种者的鼻孔），但是，幼年的玄烨依然没有逃脱天花的侵袭。

在那个时代，得了天花未必一定会死，但是往往却会九死一生。幸运的是，玄烨就是那个侥幸逃离死神魔爪的人。凭借顽强的生命力，他终于战胜了天花，倔强地活了下来。

可是活下来以后，又该如何呢？他依然与父母分开生活。这样的日子，对于任何一个渴望父母之爱的孩子来说，都是孤独的。康熙皇帝在暮年回忆起儿时的生活，曾经十分感慨地说："朕幼年时，未经出痘，令保姆护视于紫禁城外，父母膝下，未得一日承欢，此朕六十年来抱歉之处。"

确实，从出生起，他就与父母分开。及至后来回宫，他也要每日学文习武，与父母相见的日子并不太多。再后来，父亲没了，他做了皇帝，事情就更多了。所以直到母亲去世，他竟没有"在父母膝下承一日之欢"。

他说的虽然是"抱歉"，但心中的苦涩，却不言而喻。

"愿效法皇父"

虽然自小缺少父母之爱，但玄烨却受到了祖母孝庄文皇后的钟爱与教育。可以说，玄烨的成长，与其祖母密不可分。

孝庄文皇后，博尔济吉特氏，名布木布泰，亦作本布泰，蒙古科尔沁部贝勒寨桑的次女，太宗皇太极孝端文皇后的侄女。她十四岁的时候，嫁给了皇太极，后被封为永福宫庄妃。不过，皇太极活着的时候，她并不受宠。直到皇太极病逝，她以皇太后的身份辅佐六岁的儿子福临治理国政，其地位才豁然高了起来。

她尽心尽力地辅佐顺治皇帝，帮助其渡过了多次难关。虽然到后来，因为政治见解不同，她与顺治皇帝之间产生了矛盾。尤其是在顺治的婚姻问题上，他们之间的矛盾更加尖锐。但是，这些都没有影响到她为大清朝做出的巨大贡献。她是中国历史上有名的贤后，一生培养、辅佐顺治、康熙两代君主。而这两位君主，也都是中国历史上少有的明君。

说得有点儿远了，还是看看孝庄皇后是如何培养玄烨的吧！

玄烨出生以后，孝庄十分关注这个孙子的成长。玄烨的母亲佟妃不能经常见到儿子，但是地位尊崇的孝庄却能时时见到孙子。在玄烨刚能学步说话的时候，她就按照帝王的标准，严格地训练他。严的程度，我们常人难以想象。据《圣祖仁皇帝御制文》中记载，玄烨的"饮食、动履、言语，皆有矩度。虽平居独处，亦教以罔敢越轶；少不然，即加督过"。

什么意思呢？我们往通俗了讲，就是说玄烨的吃饭、动作、说话，等等，都有一定的尺度，绝对不能逾越了。就算他平时一个人住，也得按照这些规矩老老实实地来。这就很严格了，尤其是对于一个天性爱玩儿的孩子来说。

仅仅学习这些，孝庄还嫌不够，她认为大清朝的皇帝，怎么也不能忘记了自己先人的语言。于是，在玄烨五岁的时候，她就派自己的贴身侍女苏麻喇姑专门教其学习满语。

苏麻喇姑出生在科尔沁大草原一个贫困的牧民之家。她天生美丽聪慧，被科尔沁贝勒府看中，在府内当上了贝勒寨桑二女儿本布泰的贴身侍女。天命十年（1625），本布泰嫁给皇太极的时候，她作为本布泰的贴身侍女，也随主人陪嫁到了盛京。而后，她又随本布泰一起到了北京，并且在紫禁城里一住就是一辈子。

自从当了侍女，良好的生活条件和社会环境，使她的眼界不断扩大，文化修养也迅速提高。她不仅蒙语讲得好，而且还很快掌握了满语、汉语，尤其是那一手漂亮的满文，赢得了全宫上下的称赞。她心灵手巧，在裁剪方面是行家里手，做出来的衣服既合身，又美观。她的马上功夫也不错，经常骑马替孝庄到宫外办事。最难得的是，她与孝庄朝夕相处，形影不离，虽名为主仆，但却亲如姐妹，是孝庄最信任的人。

　　正因为这样，她充当了玄烨的第一任老师。可以说，她是玄烨的启蒙老师，教给了玄烨很多东西。玄烨也非常尊敬她，称她为"额娘"，即母亲。

　　在孝庄的努力培养和关怀下，在苏麻喇姑的尽心教导下，年幼的玄烨虽然没有享受到父母之爱，但却也体会到了另一种亲情。在孤独的幼年生活中，这些亲情，为他带来了不少的温暖。

　　当然，仅仅是孝庄和苏麻喇姑的教导，肯定远远不够。孝庄能教给他的，是一些做人的道理；苏麻喇姑能教给他的，除了满文之外，也不多了。所以从五岁开始，孝庄就安排玄烨开始上学读书。

　　在清朝早期，皇族的规矩很严，那些皇帝们深深明白，皇子们的能力，关系着清朝宗庙社稷的兴亡。所以他们定了规矩，皇子们从幼龄开始，就必须刻苦读书，练习武事。按照宫中制度，每日寅时，皇子们就要起床去上书房学习，师父是从卯时开始授课。那些地位尊贵的皇子们，都要"披星戴月"地早起读书。就算是早餐和午餐，也是由下人们送至书房下屋，用完餐后接着学习。而一般到了下午，他们则开始由侍卫教授，练习武艺。

　　在孝庄的特意安排下，玄烨的学习更为严苛，除了学习满文、蒙文外，他还要学习汉文知识。孝庄像培养顺治皇帝那样，尽心尽力地培养他，希望他能够大器有成。

历史上的各朝各代，那一代皇族教育下一代的师资力量都不弱。可是，真正学到东西的皇子，能有几个？在教育机制里，师父只是辅，学生才是主。

幼时的玄烨虽然"家庭关系复杂"、"受到皇父忽视"，但由于祖母的关爱以及自身性格的原因，他并没有自暴自弃。他是一个品学兼优的好学生。

不论读书、骑射，他都认真学习。他"日所读书，必使字字成诵，从来不肯自欺"，而且"凡事留意，纤悉无遗"。遇到不明白的地方，他就问，直到自己弄明白为止。《清圣祖实录》说他："读书十行俱下，略不遗忘，自五龄后，好学不倦，丙夜披阅，每至宵分。"一个仅仅几岁的人，就知道收起玩儿心，勤奋学习，这实在是非常难得了。

勤奋好学，再加之天资聪颖，使他的学识突飞猛进。凡帝王政治、圣贤心学、六经要旨，他无不融会贯通，洞彻原委。而这些，都为他日后成为一代明君打下了坚实的基础。

大清的江山是从马背上打下来的，所以在对皇子们的教育中，武艺占了相当大的比重。小玄烨运气不坏，跟随一个叫作默尔根的侍卫学习骑马射箭。这名侍卫不仅武艺精熟，而且教授皇子极为严格，并没有因为身份有别而故意放水。在学习的过程中，但凡玄烨在姿势、方法上有一点儿差错之处，他就直言不讳地校正，从不马虎。从他那里，玄烨学到的不仅是武艺，更是一种做事的态度。回忆起往事的时候，他曾感慨地说："朕于诸事谙练者，皆默尔根之功，迄今犹念其诚实忠诚未尝忘也。"在他的心中，默尔根已经超脱了师父了范畴，也成了他的启蒙恩师。

好老师玄烨遇到了，孝庄、苏麻喇姑、默尔根，等等，都是最好的老师。他们通过自己的一举一动，潜移默化地影响了玄烨。而玄烨也确实没有辜负众望，他自小就意志坚强，耐性过人。在学习汉族传统文化中，他硬是按照传统的学习方法，给自己立下了规定：每一段、每一篇，都要朗诵百遍以上，然后背诵百遍以上，直到滚瓜烂熟、融会于心。

在那个时候，他还只是个小孩子。

因为经历太多，所以自小玄烨就比较成熟。他曾经说过："幼龄读书，即知酒色之可戒，小人之宜防，所以至老无恙。"他小时读书，居然品到了书中真味，并从小开始，决定戒酒、戒色、戒小人。结果，他终身不酗酒、不荒淫、不近小人。

学习使得他的目光也比他人要高远。《清宫述闻》里记载了一个故事，是这样的：有一天，皇二子福全、皇三子玄烨、皇五子常宁照例来向顺治皇帝请安。那一天顺治的心情不错，就问三个儿子，长大了都有什么志向。皇五子常宁那时只有三岁，不会回答；皇二子福全回答说："愿为贤王。"玄烨的年龄也不大，但却从容地回答："待长而效法皇父，黾勉尽力。"皇二子只想当个王爷，而皇三子却想"效法皇父"，志向大小一览无余。在这件事上，就连平时对他少有关爱的顺治皇帝，也开始对这个儿子另眼相看了。后来，他之所以会选择玄烨继承皇位，恐怕与小玄烨志存高远也不无关系。

第二章 ／ 少年天子

传位

顺治十八年（1661）年初，顺治皇帝染上了天花。这件事在宫里引起了极大的震动，那些刚刚挂上去的门神、对联、彩灯、彩带，全又都被撤走了，过年的气氛一扫而光。礼部更是奉旨宣布，免去一年一度的元旦大朝庆贺礼。

满朝上下，开始人心惶惶起来，大家都知道，出大事了！但是这个时候，在孝庄皇太后的授意下，顺治皇帝得天花的事情并没有外泄。她还心存幻想，希望顺治皇帝能像玄烨一样，从天花的魔爪中死里逃生。

但是，又怎么能一样呢？玄烨得天花的时候，虽然年幼，但精力旺盛，求生欲望极强。而顺治皇帝这个时候，早已经是沉疴绕身，且心如死灰。正因为如此，所以天意注定了顺治敌不过天花。

到了正月初四，眼瞧着顺治皇帝的身体一天比一天虚弱，再也难以支撑下去了，朝廷才正式向文武大臣宣布皇帝患病。为了祈求顺治皇帝能够早日康复，朝廷更是传谕全国"毋炒豆、毋点灯、毋泼水"，并大赦天下，将京城内除去死罪以外的犯人悉数释放。可是，这一切也不能使顺治的病有半点儿起色。

顺治自知大限将至，反倒泰然处之。他唯一放心不下的，就是大清皇位继承人的人选。这一人选，将直接关系到大清的国运。生在帝王之家，他已经见过很多次因为皇位问题而发生的内乱。父亲皇太极的皇位，是经过错综复杂的宫廷斗争、逐一打击竞争对手，最后通过满洲上层贵族会议推举得来的，里面充满了太多的血腥和杀戮。而他自己的皇位，则是当年争夺皇位的多尔衮和豪格互不相让，谁都不愿意看到对方登上皇位，才侥幸落到他的头上的。可是因为幼年登基，他还是当了多年的傀儡皇帝，直到多尔衮病逝，这种情形才慢慢改变过来。

现在，他担心的正是这些。他怕自己一个处理不好，就会引起内乱。他害怕大清朝在自己的手中乱了起来，那样他将无法面对大清朝的列祖列宗。

选择合适的继承人，成了他一生中最后的一道大难题。

我们知道，顺治帝死的时候，只有二十四岁。那时候不提倡晚婚晚育，虽然年纪轻轻，他也已经有了八个儿子了。除去已经病死的皇长子牛钮和四皇子荣亲王外，他身边还有六个儿子。也就是说，他并不缺乏继承人。可是，他的这六个儿子，最大的才九岁，最小的才两岁，年龄都太小，不能担当国家大任。顺治皇帝自己六岁即位，深知被人操控之苦，他不愿意自己的儿子重蹈覆辙。

所以，他不想让儿子继承皇位，而是考虑起自己的从兄弟们来了。据史料记载，顺治死的时候，他还有四位从兄弟在世，分别是辅国公叶布舒、镇国公高塞、辅国公常舒和辅国公韬塞。顺治帝原本是想从这几个人中选出一个继承皇位，但却遭到了孝庄皇太后的强烈反对。原因是，这几个人全是满籍妃嫔所生，唯独没有博尔济吉特氏，这对维持满蒙的关系极为不利。孝庄皇太后认为，皇位的继承人，要在努尔哈赤、皇太极、福临的直系血统中延续，如果顺治的兄弟继承皇位，那么顺治帝的儿子最高只能做到亲王、郡王。而且随着时间的推移爵位会越来越低，这样顺治皇帝的后人，将很难有机会再做皇帝。

为了说服顺治，她甚至抬出了宗室的意见。皇室中那些亲王、郡王们，都十分赞同孝庄的意见，认为只有从皇子中选择继承人，才能平衡宗室关系，不至于发生内乱。

遗诏

权衡再三之后，顺治听从了孝庄的意见，决定从诸皇子中挑选继承人。

不过还有一种说法是，顺治帝并没有向孝庄屈服，仍然坚持自己以"从兄弟"嗣位的做法。他召来信臣王熙，写好了"密封奏折"，并向王熙表露了自己的意思。只是他万万没有料到，被自己视为亲信的王熙，早已被孝庄皇太后牢牢控制住了。他的意思，很快就通过王熙，传到了孝庄的耳朵里。孝庄在震惊之余，立即召集诸亲王会议，并通知汤若望立刻入宫觐见顺治皇帝商量立新君之事。不过，虽然她和诸亲王都极力反对顺治帝的做法，但奈何顺治帝是一国之君，有权力选择自认为合适的继承人。他们只得另想办法。

顺治帝的病情恶化很快，到了初六那天，已经是奄奄一息了。他知道自己的病越来越严重，恐怕难以持久，于是忙召王熙等到养心殿商议遗诏之事。由于病重，他已经不能亲自写遗诏了，于是嘱咐王熙："朕患痘，势将不起，尔可详听朕言，速撰诏书，即就榻前书写。"王熙等人听到顺治帝这样说，也感觉顺治大限将至，不觉悲从中来，泣不成声。顺治听见哭声，睁开眼睛看看王熙，训斥道："朕平日待尔如何优渥，训尔如何详切，今事已至此，皆有定数。君臣偶合，缘尽则离，尔不必如此悲痛。此何时，尚可迁延从事，致误大事？"意思是说，我平时对你不错，对你殷殷教导，事情发生到今天这一地步，一切都是天数，有什么可悲痛的。你千万不要如此，以免耽误了大事。所谓的大事，自然是指遗诏了。王熙只得振作起来，擦干眼泪，在皇帝床前写起遗诏来。

可是，这遗诏如何写得？王熙心中暗暗叫苦，但却苦于抽不开身来。因为顺治皇帝特令他"就榻前书写"，皇帝不开口，他如何敢走？而这遗诏一旦写完，顺治帝盖上玉玺，那就无法更改了。就这样，战战兢兢地写完遗诏的第一段，他抬头一看，发现顺治帝倦容满面，于是心生一计。他对顺治帝说："恐过劳圣体，容臣奉过面谕，详细拟就进呈。"顺治帝已经心力交瘁，哪还有精力去想王熙为什么要这样做，只是认为他说得很有道理，便将遗诏的大概意思说明白。而王熙呢，则卷起诏书，退出养心殿，和麻勒吉一起在乾清门下的西围屏内连夜写诏书。

这次写诏书，可就方便多了。"凡三次进览，三蒙钦定"，一直修修改改到第二天中午才算搞定。而在这段时间里，孝庄皇太后等人完全有充足的时间按照自己的意图更改遗诏。而初七是顺治皇帝在世的最后一天，他就算没有病迷糊，但灵台却未必能够保持清醒，所以不知道遗诏被人动了手脚，也是理所当然。

当然，以上种种，只是康熙即位之谜的一种说法。这种说法，在史料中没有明确的记载。这其中有很大的成分，是后人根据史料记载中的蛛丝马迹，经过自己的推理、想象加工而成。他们认为，以顺治帝的性格以及其与孝庄皇太后之间的关系，顺治帝极有可能倔强到底。至于检讨自己的过失，似乎更是不可能。

那么，最终的继承人选，到底是不是顺治帝定的呢？

据史料记载，顺治帝起初确有立从兄弟为继承人的想法，但是遭到孝庄皇太后和诸多亲王的反对之后，这种想法也就作罢了。当父亲的，能让自己的儿子成为皇帝，哪有非得死推的道理呢？他和孝庄统一了意见，决定从六个儿子中选一个。

到底选谁？在这里，我们需要简单了解一下顺治帝的儿子们。据《清史稿》中记载，顺治帝临终时，总共有过八个儿子。皇长子牛钮，为顺治帝十四岁时所生，生母为庶妃巴氏，只可惜这个孩子不到两岁，就病死了；皇二子福全，为顺治帝十六岁时所生，生母为宁悫妃栋鄂氏，这时九岁；皇三子玄烨，为顺治帝十七岁时所生，生母为佟妃，这时八岁；皇四子没有名字，生下来仅三个月就死了，生母为董鄂氏；皇五子常宁，为顺治帝二十岁时所生，生母为庶妃陈氏，这时才五岁；皇六子奇授，为顺治帝二十二岁时所生，生母为庶妃唐氏，这时三岁；皇七子隆禧，为顺治帝二十三岁时所生，生母为庶妃钮氏，这时两岁；皇八子永干，为顺治帝二十三岁时所生，生母为穆克图氏，这时两岁。从这里我们可以看出，顺治帝的这些儿子们，都是庶出。顺治先后有过两个皇后，但他对她们并不钟情，所以直至他去世，两位皇后都没能留下一男半女。如果皇后能有儿子，那就不用费脑筋了，皇位的最佳继承人选，自然是嫡出。

当然，如果董鄂氏的儿子荣亲王没有死去，那就又另当别论。顺治帝对董鄂氏情根深种，爱屋及乌，对荣亲王也极为喜爱。刚得皇四子时，他就指定这个孩子为未来的皇太子。可是这个孩子没有福气，出生仅三个月就夭折了。

现在这六个孩子中，除了皇二子福全九岁、皇三子玄烨八岁，年龄较大一些以外，其余四个年龄都比较小。所以在选择继承人的人选上，顺治和孝庄，自然而然就把眼光放在了这两个孩子的身上。福全和玄烨的命运有些相似，都是庶出，都极少得到父亲的关爱。不过，玄烨的优势在于，他比哥哥福全更聪慧，也更有志向。当顺治帝想到他向几个孩子询问志向那一幕时，心理上的天平，不由自主地倾向了玄烨。

不过，这还不够，他还要再征求一个人的意见。这个人，我们在前面有提到过，他叫汤若望。

汤若望是意大利的耶稣会传教士，天主教耶稣会修士、神父。他在明末来到中国，历经明、清两个朝代，曾受到清朝皇帝的重用，尤其是顺治帝。

顺治皇帝亲政之后，大学士范文程引见汤若望给顺治皇帝。根据恩斯特·斯托莫的《通玄教师汤若望》记载，汤若望"天象示警"的奏请赢得少年顺治的好感。顺治帝在一天之内，加封给汤若望三个荣誉头衔：通议大夫、太仆寺卿、太常寺卿，使其官居一品。

此后，顺治皇帝与汤若望的关系非常融洽，"有如家人父子"。汤若望虽是传教士，但还擅长医术。每当有贵族患病向他求助时，他就一方面悉心治病，一方面传播教义。据史料记载，他曾经治好了孝庄皇太后的病，也治好了顺治帝皇后博尔济吉特氏的病。为此，孝庄非常感激他，拜他为教父。而顺治帝对汤若望则更加崇拜，称呼他为"玛法"。"玛法"是满语，意思为爷爷或者长者，由此可见顺治帝对汤若望的尊重。到了后来，顺治帝甚至下诏，允许汤若望"随意出入朝中，凡有启奏，俱准迳入内庭，不循常例"。根据费赖之的《在华耶稣会士列传及书目》记载，在顺治皇帝的特许下，汤若望可以自由地出入宫禁，无论顺治在寝宫还是在太后的住所，都无须太监通报，可以直接进去。考虑到汤若望年事已高，顺治皇帝甚至还免去了他觐见时的三跪九叩之礼。

现在，就选择继承人选的问题上，顺治帝想再听听这个自己平时最尊敬的人的意见。

汤若望的意见是，应该选择皇三子玄烨。原因很简单，因为玄烨出过天花，而出过天花的人已经有了免疫能力，不会再得天花。福全未曾出过天花，很有可能发生类似眼下顺治帝这样的悲剧。顺治帝正在病中，一听此言，顿觉非常有理，于是就听从了汤若望的意见。

至于玄烨因为出过天花而留下的满脸麻子，相较于皇帝的生死问题，那就微不足道了。于是，这个差点儿被天花夺走性命的孩子，却因祸得福，因为出过天花而被父亲和祖母选中，成了皇位的继承人。

顺治十八年（1661）正月初七夜，大清顺治帝崩。他在死后留下遗诏：

"太祖、太宗，创垂基业，所关至重，元良储嗣，不可久虚。朕子玄烨，佟氏妃所生，年八岁，岐嶷颖慧，克承宗祧，兹立为皇太子，即遵典制，持服二十七日，释服，即皇帝位。"

既然要立玄烨为太子，自然要将其夸奖一通了。

正月初九，玄烨即皇帝位。清廷分别派官员告天、地、宗庙、社稷。八岁的小玄烨穿上孝服，在顺治皇帝的灵位前，敬读告文，行三跪九叩礼，然后接受诏命。随后，他换上了礼服，登上了太和殿的皇帝宝座。殿下文武百官，整齐肃穆地站在他的面前。即位礼成，各官一起叩头行礼，山呼万岁。自此，大清朝拉开了新的篇章。

辅政大臣

虽然玄烨正式晋级，从皇子荣升为天子，但问题还是来了：无论天资多么聪明，他都只是一个八岁的小孩子，如何管理好一个国家？

关于这一点，顺治帝在死前已经为他想好了。

顺治帝也是以幼龄登基，在登基后的很长一段时间里，他的权力都被摄政王多尔衮把持。这件事在他心里留下了极深的阴影，所以他要改变这种局面。怎样改变？这可有些难了。如果不采取亲王辅政，权力放在外人手中，那不保险。可是权力放在亲王手中，又难免不会出现多尔衮之祸。想来想去，他想到了一个折中的办法：挑选忠心的大臣辅助幼主，但却不让一个人独自辅政，而是四人联合，互展所长，彼此牵制。这样，既辅助了幼主，也避免了一人专权之害。他的这个主意，可谓煞费苦心。他能为大清做的，就只有这么多了。

于是，在顺治皇帝的遗诏中，出现了四位辅政大臣。这四个人分别是：索尼、苏克萨哈、遏必隆、鳌拜。这四个人，是顺治帝经过深思熟虑挑选而出。我们来看看，他为什么会选择这四个人。

索尼是正黄旗人，为赫舍里氏，父亲硕色和叔父希福都是通晓满语、蒙语、汉语的"巴克什"。"巴克什"是满语，意为博士。出生在这样的"书香门第"，索尼的才能自然高于常人。从小，他就跟随父亲学习，长年不辍。等到成年，他也成为了通晓满语、蒙语、汉语的"巴克什"，而且熟悉弓马，可谓是文武兼长。年轻的时候，他曾为努尔哈赤的一等侍卫，"出入扈从，随军征讨"。在后金天聪三年（1629）的北京之战中，贝勒豪格被明军所围，索尼杀入重围，救了豪格一命。因此，他被豪格重用。皇太极死后，多尔衮和豪格争夺皇位，索尼支持豪格，私结盟誓，带领禁卫护军守卫大清门。多尔衮得势后，曾多次向索尼示好，但是"索尼终不附睿亲王，于政事多以理争，王由是恶之"。他的倔强，终于引起了多尔衮的憎恨。多尔衮找了个借口，将索尼削爵、罢官，发配到沈阳为皇太极守陵。直到多尔衮死去，顺治帝亲政，才为他平反。但是，也正是因为他始终没有向多尔衮屈服，所以顺治帝对他极为欣赏，不仅为他平反，更是升他为议政大臣、内务府总管。顺治帝认为这个人立场坚定，值得信赖。

苏克萨哈是正白旗人，为叶赫那拉氏，父亲苏纳娶努尔哈赤第六女，为额驸。所以，苏克萨哈是清太祖努尔哈赤的外孙。因为有了这层关系，加之苏克萨哈为人精明干练，所以其仕途一直非常顺利。等到顺治年间的时候，他已经升为三等阿思哈尼哈番了，即为从二品的副都统。多尔衮掌权时，对苏克萨哈也极为欣赏，曾力主升其为议政大臣。不过，多尔衮逝世后，聪明的苏克萨哈马上倒戈相向，率先举发多尔衮的罪状。正因为如此，苏克萨哈受到了顺治帝的重用，被提升为镶白旗护军统领。再后来，苏克萨哈又屡立战功，被顺治帝晋升为内大臣加太子太保。顺治帝对于这个"表兄"，极为倚重，所以托孤于他。

遏必隆是镶黄旗人，为钮祜禄氏，外祖父也是努尔哈赤。他的母亲，是努尔哈赤的女儿和硕公主，父亲是清朝开国五大臣之一的额亦都。天聪六年（1632），遏必隆以军功承袭父亲总兵官世职。而后，他因为战功一路升迁，直至顺治五年。顺治五年（1648）四月，他被亲侄诬告在皇太极死时有"变乱"之举，多尔衮大怒，遂将其革除官爵没收一半家产。和苏克萨哈的命运一样，多尔衮逝世后，他也得到了顺治的重用。不久，他就被顺治提升为议政大臣，兼侍卫内大臣、太子太傅。

鳌拜是镶黄旗人，为瓜尔佳氏，是大清朝开国五大老臣之一费英东的后裔。关于鳌拜，很多清史料中都有他的记载。他有勇有谋，为大清朝立下了赫赫战功。天聪八年（1634），他被授牛录章京世职，任参将职。他弓马娴熟，健壮有力，作战英勇，功绩卓著。皮岛之战初，清军失利，"鳌拜大呼，超越而上"，直前搏战，遂克其岛。战后，皇太极大喜过望，论功进行赏赐，鳌拜以首功晋爵三等男，被赐以"巴图鲁"的称号。而后，他一路升迁，做到了一等昂邦章京，也就是一等子爵。但是在顺治五年（1648），他却被多尔衮以此前谋立肃亲王豪格之罪，夺取世职，免死赎身。直到顺治亲政后，他才重新被顺治启用，并得到了重用，被授予议政大臣，兼侍卫内大臣、太子太傅的职位。

从上面四位辅政大臣的"简历"中，我们不难找到一些共同点。

首先，这四个人，都在开创清王朝的基业中，立下了汗马功劳，属于元老级人物。但是，他们都是异姓军功贵族，既不是宗室，也不姓爱新觉罗。他们是皇室之外的一股重要力量，可以牵制宗室贵族的一举一动。

其次，他们都隶属于上三旗。所谓上三旗，就是镶黄旗、正黄旗和正白旗。清朝初期，清太祖努尔哈赤自掌两黄旗，后来的皇太极和顺治帝，也都是亲掌两黄旗。由于两黄旗一直是皇帝亲掌，所以地位比较高。至于正白旗，原来是由多尔衮亲掌。多尔衮死后，正白旗也归顺治亲掌。这样，顺治帝手中就有了镶黄、正黄、正白三旗。因此，皇帝亲掌的这三旗被称作"上三旗"，实际地位要高出其他五旗。顺治皇帝挑选的四位辅政大臣皆出自上三旗，是有一定深意的。这不仅显示出四人出身的高贵，又可以平衡上三旗之间的关系，起到一种牵制作用。

再次，他们四个人中，有三个人是皇亲国戚。这样一来，他们四个人内部，也有一种相互制约的作用。

最后，这四个人，都和多尔衮之间有过矛盾。索尼、遏必隆、鳌拜三人，都属于黄旗人。他们在皇太极逝世之后，都曾因为拥立皇子继位，遭遇到了多尔衮的打压。但是，他们却都没有向多尔衮屈服。至于苏克萨哈，他虽然先属于正白旗人，但是在多尔衮死后，他反戈一击，及时地从拥护多尔衮的队伍站到了支持顺治的队伍之中。他的这种做法，自然赢得了顺治帝的信赖。

无论从何种角度来看，顺治挑选这四个人，都是合理至极。对内，这四个人可以尽心辅助幼主；对外他们又手握重权。他们不属于皇室成员，觊觎皇位的可能性不大，而且四人共同辅政，既少了专权的潜在危险因素，亦可相互监督。最重要的，是这四个人都非常忠心——至少顺治帝这么认为。在病榻上，他思虑良久，终于找到了这么一组最佳组合。他知道，这四个人必定会不负自己所托，辅助幼帝治理好大清王朝。而这，正是他最后的心愿。

誓言

　　无论任何人，倘若能够在人生的最后关头达成心愿，那么必定会走得非常安心。顺治皇帝放心了，他甚至没有召集诸王、贝勒和文武大臣商量，就做了让索尼等四人共同辅政的决定。

　　不过，他虽然放心地走了，可是四位辅政大臣却忧心忡忡：先皇挑选我等辅助皇上，那些王公大臣们，能服吗？万一不服，岂不是要天下大乱了？

　　忐忑归忐忑，该来的还是要来。当麻勒吉向诸王、贝勒、文武大臣宣读完遗诏之后，四位辅政大臣一起跪在地上，对那些王公贝勒们说："今主上遗诏，命我四人辅佐幼主。从来国家政务，唯宗室协理，索尼等皆异姓臣子，何能综理，今宜与诸王贝勒等共任之。"什么意思？顺治皇帝刚驾崩，他们就要推卸责任？

　　当然不是！这四个人，能历经几个皇帝，哪一个也不简单。他们之所以这样说，是想看看那些王公贝勒们的态度，知己知彼，方能百战不殆。

　　果然，那些王公贝勒们一听他们这样说，赶紧答复："大行皇帝深知汝四大臣之心，故委以国家重任，诏旨甚明，谁敢干预，四大臣切勿让。"这事可不是闹着玩儿的，王公贝勒们谁也不傻，顺治皇帝的遗诏明明白白放在那里，你敢有意见？别看四位辅政大臣让得起劲儿，你现在有意见，他们马上就能治你个忤逆之罪，还能让你无话可说。就是有意见，也自个儿放肚子里吧！

　　索尼四人看目的已经达到，于是便将诸王公贝勒拥护顺治遗诏的态度告诉了孝庄皇太后。最难过的一关已经过去，这事儿也算成了定局。

于是，四位辅政大臣和王以下的文武大臣，先后分别在顺治帝灵位前和大光殿各立誓言。索尼等四位辅政大臣立誓道："索尼等誓协忠诚，共生死，辅佐政务，不私亲戚，不计怨仇，不听旁人及兄弟子侄教唆之言，不求无义之富贵，不私往来诸王贝勒等府受其馈遗，不结党羽，不受贿赂，唯以忠心仰报先帝大恩。若复各为身谋，有违斯誓，上天殛罚，夺其凶诛。"

王以下的文武大臣也发誓道："冲主践阼，臣等若不竭忠效力，萌起逆心，妄作非为，互相结党，及乱政之人，知而不举，私自隐匿，挟仇诬陷，徇私亲族者，皇天明鉴，夺算加诛。"

古人相信誓言，认为誓言一出就必当依誓而行，如若不然，则必受誓言所谴。这个时候，无论是四位辅政大臣也好，还是文武大臣也好，心中所想的，定然都是效忠皇上，辅助幼主。尤其是四位辅政大臣，深受顺治知遇之恩，更是感恩戴德，热血沸腾。他们这个时候哪里会想到，人最难抗拒的是诱惑，无论是金钱还是权力，对有些人都会有着一种致命的诱惑。有些人一旦经受不住这种诱惑，那么所谓的誓言，只能是随口说过的话，如风一般而已。

这个时候，他们绝对忠心。四位辅政大臣在一定程度上代行皇帝职权，凡一切军政命令，均以"辅臣称旨"的名义，谕示王公贝勒大臣遵行。如此，四位辅政大臣的权力，已经很大了，甚至在一定程度上大过了幼年的玄烨。这个时候的玄烨，只是一个坐在皇帝宝座上的孩子，他除了充充样子，学习知识，练习骑射外，什么问题也处理不了。

不过，四位辅政大臣权力虽大，但却还是要听一个人的，那就是孝庄皇太后。这个时候，孝庄皇太后已经成为了太皇太后。顺治帝年幼的时候，孝庄曾经帮助其度过了那个非常时期。所以，孝庄在朝廷中有很高的威望。而如今，她又以太皇太后的身份辅佐幼帝，自然也在情理之中。其实，从顺治帝病危，到康熙帝玄烨登基，这期间的一切措施和安排，都出自孝庄的安排。就算是顺治帝的遗诏，也是在孝庄看过之后，改了又改，才最终敲定的。

四位辅政大臣都是聪明人，他们自然明白谁才是真正的掌权者。这个时候，真正的掌权者不是皇帝，更不是他们自己，而是孝庄太皇太后。所以从一开始，他们所做的任何事情，都要先经孝庄过目。诸位王公贝勒对待遗诏的态度，他们先告之孝庄，然后才在其授意下进行宣誓。宣誓完毕之后，孝庄还召集了文武百官，谕令他们务必偕四大臣"同心协力，以辅幼主"。这些其实都表明了，这个时候的大清朝，实际上掌握在孝庄手中。

孝庄这个人，确实可以称之为"贤后"。她手中有权，但却没有私心。她所做的一切，都是为了大清朝。所以，当有官员请她"垂帘听政"时，她拒绝了。她知道自己只是辅，大清朝今后真正要当家做主的人，是孙儿玄烨，是康熙皇帝。她要让康熙皇帝从现在起，就锻炼自己治理国家的能力。而最好的方法，是让他亲自实践，而不是假他人之手。

她一面偕同四大辅臣帮助玄烨治理国政，一面孜孜不倦地教导玄烨治国之道。可以说，康熙皇帝后来能成为千古名君，与孝庄的帮助和教导密不可分。所以，康熙皇帝也一直记着祖母对自己的好处。多年之后，他还在说："忆自弱龄，早失怙恃，趋承祖母膝下三十余年，鞠养教诲，以致有成。""设无祖母太皇太后，断不能有今日成立。"感激之情，溢于言表。

康熙初登大宝，正是因为有了孝庄的关怀，有了四大辅臣的辅助，大清朝才在稳定中向前发展。可以说，康熙最早的帝王生活，是在平和中度过的。

但是那个时候，他还只是个孩子。他会长大，会有自己的思想，所以总会发生矛盾。

第三章 ／ 亲政

膨胀的权欲

即位之后，年幼的康熙帝玄烨，着实过了一段幸福的日子。他从皇三子一跃而成为天子，身份变了，一国之君，当然可以做很多自己想做的事。虽然还没有亲政，但至少母亲佟妃成了皇太后，他抽空可以去陪陪母亲。即位之初，是他有生以来，陪伴母亲最多的日子。

至于军国大事，他不会操心，也不用操心，一切都由太皇太后和四位辅政大臣处理。他只需要看看辅政大臣们是怎样做的，然后在他们集议会批之后，盖上皇帝的玉玺就可以了。他最主要的任务，还是学习。

而孝庄太皇太后，也总会找些时间，勉励他要做一个贤明的君主。有一次，孝庄问他有什么欲望，他回答说："唯愿天下安，生民乐业，共享太平之福而已。"孝庄听后心中赞叹，但还是写下条幅告诫他："古称为君难，苍生至众，天子以一生临其上，生养抚育，莫不引领，必深思得国得众之道，使四海咸登康阜，绵历数于无疆，唯休。"这句话的意思是说，做君主很难，因为君主必须明白自己对百姓的责任。只有把百姓放在首位，才能受到人民拥护，长期统治下去。同时，君主还要思考得民心之道，使国家富强，人民富裕。智慧的长者，懂得如何在孩子小的时候，在他心里播下积极的种子。所以，康熙自小就立志高远，立下了要做一位贤君和明君的志向。

康熙二年（1663），康熙的生母佟氏抑郁成疾，在病榻上撒手人寰。这一年，康熙才十岁。这个时候，他甚至还没有走出两年前父亲去世伤痛的阴影，但母亲却又紧接着离开了。这件事对他的打击极大，母亲去世后，他昼夜守灵，不肯离开。《清圣祖实录》记载，他"擗踊哀号，水浆不御，哭无停声"，可见心中伤痛到了极点。

丧母的打击使他消沉了一阵子，但从此之后，他也慢慢蜕去了孩童的幼稚，开始走向了成熟。有些时候，痛苦的磨难，确实能让人成长起来。他开始重新审视周围的一切，包括自己的权力。

四大臣辅佐政务，说白了，其实就是代替幼帝行使皇帝的权力。这就好比一个孩童继承了家族遗留下来的一大笔家产，但是这么庞大的家产，小孩子怎么能支配？一不小心，可能会遇到贼，或者被不良人士觊觎，那可就不得了了。于是，家里几名忠心的仆人就先把这笔家产放在自己身旁，代为保管。这样家产暂时安全了，不会再有人来打它的主意。但是，这却埋下了另一个隐患——把这笔家产放在身边久了，一些人就会禁不住产生据为己有的想法。每个人都会有私心，更何况这笔"家产"，是最能让人眼红心热的权力。

康熙帝亲政之前，凡是由四大辅臣已定或未定的国家要事，都以"辅臣称旨"的名义，或是谕令诸位王公大臣会议与各部院和地方督抚，定议奏上，或是命令他们直接执行。从某种程度上来讲，"辅臣称旨"的威慑力，已经等同于皇帝的圣旨。"辅臣称旨"和"圣旨"唯一的区别就在于：在国家大事上，前者必须由四位辅臣集体讨论决定后，共同向皇帝上奏，个人是不能朝见皇帝的；而后者，完全由皇帝自己决定。不过即便如此，在康熙皇帝年幼未能亲政的情形下，四位辅政大臣手中的权力，也足以覆盖朝野了。

如果这四人出于私心，在某件事情上意见达成一致，那岂不是朝野大乱？虽然在形式上，四位辅政大臣的班行有先后之别，都又以共同辅政、集团制约的方式，保留权力的平衡，可是，他们一旦能够达成一致，那将会是一股可怕的力量。

幸好，这四个人根本无法结成一个利益共同体。我们前面介绍过四位辅政大臣的简历，他们虽然都同多尔衮有过矛盾，但矛盾的形式却不尽相同。其中，苏克萨哈原本属于多尔衮的正白旗，他的得势，完全来自于多尔衮去世后的反戈一击。他因为首告多尔谋篡帝位，因而受到顺治帝的重用。多尔衮摄政时，他所率领的正白旗，理所当然地成为了八旗之首，地位甚至凌驾于两黄旗之上。因为如此，所以正白旗和两黄旗之间一直都有嫌隙。现在多尔衮死了，但正白旗与两黄旗之间的矛盾却并未消失。这也就是说，苏克萨哈与索尼、遏必隆、鳌拜之间，也一直存在着矛盾。而且，索尼、遏必隆和鳌拜三人，都曾受过多尔衮的压迫，或被削爵，或被抄家，或被贬斥。这三个都是在顺治帝亲政之后，才重新被重用起来。很自然地，他们三个人走到了一起，结成了一个利益共同体，同正白旗出身的苏克萨哈对立起来。四大辅臣之间，开始慢慢形成两个对立的小团体。

有对立，就有斗争。于是，在辅政的过程中，这四个人之间，慢慢开始有了硝烟的味道。

索尼是四大辅臣之首，虽然他年轻时骁勇无比，但却终究败给了自然规律。过高的年事，使他不复当年之勇，渐渐丧失了锐气。遏必隆性子较为软弱，在处理政事上，总是抱着多一事不如少一事的态度，往往不能坚持己见。于是，在以索尼为首的小团体中，鳌拜就凸现了出来。

论资历，四大辅臣之中，要属鳌拜居末。除了鳌拜是四朝元老之外，其余三个人皆是五朝元老。所以在四大辅臣的排序上，鳌拜只能屈居末位。但是，这只是以资历而论，鳌拜的勇猛和智慧其实并不在索尼等三人之下。当年他正是凭借着勇猛和智慧，而获得了"满洲第一勇士"的称号。显赫的战功，高高在上的权位，使他"意气凌轹"，不可一世，朝中大臣"多惮之"。他强烈的权力欲望，开始随着辅政愈见增长。最重要的是，他的辅政班次排在了最后，这对一个拥有强烈权力欲望的人来说，根本就是长在心里的一颗毒瘤。他心中不平的感觉，开始随着权力欲望的增长而增长。因为此，在黄旗三位辅政大臣的小团体中，排在最后的鳌拜，反而渐渐居于最前。

辅政班次排在第二位的苏克萨哈，才器开敏，能力超凡。他善于广泛结交，只要是有能力有才干的汉官，他都乐意结交，并尽可能地将其收为门下。这种做法，无疑为他赢得了强大的后备力量。虽然他以一人之力对抗另外三大辅臣，但却并不显吃力。

由于鳌拜渐渐居于黄旗三位辅政之首，所以他与苏克萨哈之间的矛盾开始直接而尖锐起来。虽然他与苏克萨哈有姻娅之谊，但议论政事，两人往往抵牾，矛盾渐渐升级成为了仇怨。

本来，在辅政大臣之间出现矛盾，是必然的事。顺治帝当年选择四个人同时辅政，正是想利用人与人之间的矛盾，相互监督，相互掣肘。不过在这个时候，事情的发展已经完全超出了他的预料之外。他从来没有想到，尝到权力滋味儿的鳌拜，权力的欲望会膨胀得如此迅速。这个时候在鳌拜的眼中，苏克萨哈已经不是一个和自己意见相左的战友，而是对手了。他很清楚，在四大辅臣之中，唯有苏克萨哈是横在政途上，阻挡自己爬上更高权位的绊脚石。至于自己到底想爬多高，能爬多高，他还没有想好。他只知道，自己必须要想一些办法，扳倒苏克萨哈。

换地

应该来说，四大辅臣执政，基本上还是按照顺治帝福临制定的方针，出色地替康熙帝管理着大清王朝的。

康熙元年（1662），奉四辅臣之命，吴三桂执杀南明桂王朱由榔。这一场胜仗，使得西南各地小股抗清势力纷纷归降，偏居台湾的郑氏部属，亦有归顺者。康熙三年（1665），靖西将军穆里玛同定西将军图海，率八旗精兵及湖广、四川、陕西三省的绿营兵，镇压了大顺农民军余部李来亨领导的残余抗清力量。到了这个时候，大规模的民族征服战争结束，清王朝进入了相对稳定发展的阶段。

多年的战争，给大清朝造成了极大的破坏，经济凋敝，民生涂炭。面对这种局势，四大辅臣更是发挥了治国才干。他们大力恢复和发展生产，安置流民，奖励垦荒，施行赈济蠲政策，以苏民生。在他们的努力之下，大清王朝在几年的时间内，经济发展，年谷屡登，社会秩序趋向安定。可以说，对于康熙盛世的到来，四大辅臣功不可没。

而那些时候，康熙皇帝只是在看书学习，做一个逍遥自在的无忧天子。

可是，那种局面终将会被打破。而打破那种局面的，是权力的欲望。在辅臣的班次排位上，鳌拜渐渐后来者居上，排在了前面。但是这些还不够，他还想要更大的权力，他想要以一己之力控制整个朝廷，他认为自己有资格做到这些。但是在做这些之前，他必须想出一些办法，铲除苏克萨哈这块儿绊脚石。

办法他早就想好了。

清朝初期，多尔衮率清军入关，满族人口大量涌入北京附近。为了安置那些满族王公大臣，解决八旗官兵的生计，顺治元年 (1644)，多尔衮颁布了圈地令。他曾经三次下令圈地，使得京畿地区大量的土地归入王公大臣之手。因为圈地令是多尔衮颁发的，所以在实行上，他的正白旗就占了极大的优势，甚至超越了御前黄旗。这件事当然不怎么公平，但是多尔衮活着的时候无人敢提，他死了之后顺治皇帝也没有提，于是便不了了之。

这个时候，千方百计寻找突破口的鳌拜，从这件事上看到了机会。他开始蓄意煽风点火，意图重新挑起黄白两旗之间的矛盾和斗争，以达到制裁白旗势力和苏克萨哈的目的。

他的做法很简单：换地。他以黄、白两旗土地分配不均为由，要求将早已分定的两旗土地调换分配。索尼和遏必隆都属黄旗，所以他们对于鳌拜的做法完全赞同。有了两位辅政大臣的支持，鳌拜更加有恃无恐，开始着手进行部署。他料定苏克萨哈不会同意自己的主张，于是暗中唆使旗人向户部呈文，诉请将蓟、遵化、迁安的正白旗诸屯庄改拨给镶黄旗，把保定府、河间府、涿州府的镶黄旗诸屯庄换给正白旗。如果土地不足，可以另圈民地以补充。蓟、遵化、迁安等州县靠近永平，土地较好，而保定府、河间府、涿州府等地的土地较差，鳌拜这么做，摆明了就是想以次换好，挑起事端。苏克萨哈是聪明人，他当然明白鳌拜的用心。他还明白，鳌拜的身后，还有两位辅政大臣，所以这事儿自己不能亲自出头。既然鳌拜能指使旗人出面，那么他也能。他暗中授意旗人苏纳海，让他善加解决。

苏纳海是大学士兼户部尚书，这官儿放在今天，可着实不小。但是，他还是得看四大辅臣的脸色行事。当鳌拜指使的旗人的诉讼递到户部，传到苏纳海这里时，苏纳海立即上奏说："圈地分定已历二十余年，旗人安业已久，且康熙三年，又传旨不许再圈民地。故肯请将此文驳回，立罢换地之请。

抛开苏纳海正白旗的身份，他的奏请极为合理。正白旗人和镶黄旗人，都各自在自己的圈地生活了二十多年，早已习惯了那种生活方式。如此调换，恐怕两旗之人，谁都不会习惯。更何况，为了调养民生，康熙三年的时候，四辅臣也以"辅臣称旨"的名义发过一道谕旨，下令不许再圈民地。所以于公于私，苏纳海的做法都无可厚非。

但是鳌拜不这么认为。他认定了苏纳海是正白旗人，这么做就是和自己作对。他愤怒起来，把苏纳海看成了自己扳倒鳌拜的一个最大障碍。他决意先要想办法，置苏纳海于死地。对付苏克萨哈，他不敢明刀明枪地干，对方毕竟也是辅政大臣，但是对付苏纳海，他可没有那么多顾忌了：不管你是大学士还是户部尚书，既然选择了跟我作对，那就让家人等着给你收尸吧！他将换地的主张和苏纳海的奏疏，一并谕令议政王、贝勒、大臣、科道会议议定奏闻。

其时满朝文武，鳌拜的党羽已经很多了。他不怕会有太多的人反对，因为在各职能部门，他都早已安插下了自己的人。果然，康亲王杰书等议复，旗地有沙压水淹地十五万四千垧余，先前佐领尚未踏勘明白，等到踏勘明白后，再对此事进行复议。什么意思？意思就是，旗地之间确实存在问题，有很多沙压地和水淹地，应该把这些都调查明白了，再行换地。杰书虽为正白旗人，但是对于权势滔天的鳌拜，他还是心存惧意。他不敢驳回鳌拜的意思，只能把这事儿往后"拖"。

可是鳌拜却不想等，他马上遣派八旗满洲、蒙古、汉军都统、户部满汉尚书，及满侍郎、都察院左都御史、满左副都御史各一名，一同前往实地踏勘。很快，踏勘有了结果，鳌拜便迫不及待地以"辅臣称旨"的名义，谕令户部："今各旗以地土不堪具控。据都统踏堪复奏，镶黄旗不堪尤甚。如换给地亩，别旗分已立界截圈，不便更易。唯永平府周围地亩未经圈出，应令镶黄旗移住。且世祖皇帝遗诏，凡事俱遵太祖、太宗例行。今思庄田房屋应照翼给予，将镶黄旗移于左翼，仍从头挨次配给。至各旗不堪地亩，作何分别，圈占土地，作何补还，镶黄旗移出旧地，作何料理，着户部一并酌议。"

看样子，鳌拜已经做出让步了。原本他是想让镶黄旗与正白旗对换一些圈地的，但现在却把目光转向了未经圈出的永平府。这样的一块儿地，给了镶黄旗，似乎也没有太大关系。可是，对于正白旗来说，永平府的重要性，不下于其自身的圈地。原来，当年多尔衮得势时，打算驻在永平。所以他颁下圈地令后，下令留下永平的地不圈。同时，他又把镶黄旗应得左翼而靠近永平的蓟、遵化、迁安等州县的土地分给了正白旗。虽然永平县的土地久未圈出，但在正白旗人的心中，却早已是自己旗下的土地了。更何况，镶黄旗如果占据永平，那么就和正白旗成了"邻居"，鳌拜安的是什么心，已经昭然若揭了。对于鳌拜的用心，苏克萨哈自然心知肚明。可是，鳌拜走的是"正常途径"，他也无可奈何。

"辅臣称旨"可非儿戏，户部只得遵照这条指令，议定了圈换土地的两条建议：

"一议：镶黄旗近圈顺义、密云、怀柔、平谷四县之地毋庸拨完外，其在左翼之涿州、雄县、大城、新安、河间、任丘、肃宁、容城等处地，应照旧例，从此挨次拨换；将正白旗通州、三河迤东大路北边至丰润县地、永平府周围留剩地拨给镶黄旗，如不敷，将遵化至永平路北夹空民地圈给。其正白旗所撤通州迤东之地，亦应以永平周围地内拨补，不敷，将北夹空地、滦州、永定县民地圈给。一议：镶黄旗既有顺义等四县地，应将所移涿州壮丁，即于顺义等处民地圈给，其河间等七县所移壮丁，应将正白旗蓟州、遵化等地拨给，不敷，将夹空民地拨给。其通州、三河、玉田、丰润等处仍留正白旗。"

对于这两条建议，鳌拜的看法是："镶黄旗涿州壮丁移于顺义等县，依后议。其前议将正白旗通州迤东大路北边给予镶黄旗，南边留与正白旗之处，俟秋收后，差员将正白旗满洲地、投充人地、皇庄地丈量明白，取具实数，酌议拨，余俱俟镶黄旗迁移竣具题请旨。"

不管苏克萨哈愿不愿意，换地的事在鳌拜的强势下，就这么定了下来。

灭障

鳌拜这个人，能做到四大辅臣之一，自然有他的过人之处。至少在处理问题上，他决绝果断，雷厉风行。换地的事情一经确定，他立即派遣苏纳海、侍郎雷虎、直隶山东河南总督朱昌祚和巡抚王登联一起着手去办这件事。之所以派苏纳海去，鳌拜有他的想法，最主要的目的就是试探。他想知道，这个苏纳海是不是真的要与苏克萨哈一起，同自己对抗到底。

苏纳海虽然不赞同换地，但既然领导的命令下来了，那就还得领命干活儿。他和几名官员受命之后，立刻赶到蓟州等地忙碌起来。苏纳海是个文官，骨子里有着文人特有的执着，他是真正把这件事当成工作来做，没有敷衍与马虎。

可是，他和几名官员风餐露宿地忙了将近一个月，工作进度却极为缓慢。

这怪不了他们。无论汉人还是旗人，一听说要圈换土地，无不人心惶惶。确实，这事儿放在谁的头上，都得恐慌，原本住得好好的，现在却要换，把好地换没了怎么办？《八旗通志初集》中记载人们惶恐的原因："或因新圈地土瘠薄，反不如旧得原地肥美者；或因本旗旧地不堪，今圈得新地，仍最不堪者。"总而言之，原因多多，麻烦多多。汉人的工作还好做，可是满人的工作做起来就有一定难度了。在很多满人心中，大清的天下是满人打下的，所以满人也应该占据最好的土地。于是，各旗官丁视择肥薄，"皆呶呶有词"，终日相持不绝。

　　其实早在秋天换地令发出之后，这件事的不良影响已经凸现了出来。那些得到风声的老百姓，知道土地将要更换，于是不再耕种土地。这是人之常情，马上就要迁徙到别的地方了，再辛勤耕地也没有用，还不如歇歇，留待换完地再说。《清史稿》中记载，从那年秋天开始，"圈地议起，旗民失业者数十万人"。一时间，太平盛世突然风起云涌。很多百姓失去了生活来源，只好乞讨度日，导致流寇四起。

　　这样的混乱局势，朝中官员也许体会不到，但苏纳海等人却是亲身体验。眼看着换地引发的恶果越来越严重，他们不得不相继奏请康熙停止圈换土地。

　　最先向康熙请奏的是直隶山东河南总督朱昌祚，他在奏疏中说："臣等履亩圈丈，将近一月，而两旗官兵，较量肥瘠，相持不决，且旧发房地，垂二十年，今换给新地，未必尽胜于旧，口虽不言，实不无安土重迁之意。至被圈夹空民地，百姓环塑失业，尤有不忍见闻者。"他在奏疏中历数自己的所见所闻，强调换地民众之苦，希望皇上能够体察民情，立即停止换地之举。

　　在他之后，直隶巡抚王登联也上奏康熙，希望能停止换地。

　　他们的奏疏，自然是先到了鳌拜手中。看到奏疏，鳌拜惊怒交俱。他没有想到，这几个人会如此大胆，竟然明目张胆地拆自己的台，忤逆自己的意思。他又想到，派去换地的镶黄旗官员都已经回来了，而苏纳海却一直迟迟未归，甚至没有着手调换土地。原来他就意存试探苏纳海，现在似乎已经有了答案，这个人是苏克萨哈的同伙。而朱昌祚是镶白旗人，他与正白旗的苏克萨哈是"同系"，嫌疑也很大。至于王登联，他既然敢"悖逆"自己，自然也是苏克萨哈的"同谋"。

　　这当然都是鳌拜的揣测，并无真凭实据。但是自古以来，枭雄往往都会"宁错杀，不放过"，极力除掉一切可能的祸患。从这件事上，鳌拜已经真正将苏纳海列为苏克萨哈的手足了，还搭上了朱昌祚和王登联。他决定，必须先将这三个"灭戮"，坏去苏克萨哈的左膀右臂。主意一定，他就立刻着手行动。

此刻的鳌拜，在四大辅臣之中也是横行无忌，真可谓一人之下万人之上。他真正忌惮的人，不是康熙皇帝，而是孝庄太皇太后。而孝庄呢，却又总是居于深宫，不理朝政。所以在朝中，鳌拜的话往往就成了金科玉律。他想要除掉苏纳海三人，再容易不过。他以"辅臣称旨"的名义，发出了一道谕令，指出苏纳海三人本应妥善处理圈地之事，但他们越行干预，却只是去做一些自己不该做的事情。这件事影响极坏，吏部和兵部应该商量商量，治他们的罪，以正纲纪。

可是，不等吏部和兵部商量，他就等不及了，迅速派人逮捕了三人。欲加之罪何患无辞，苏纳海的"罪名"是观望拖延，忤逆上令；朱昌祚和王登联的"罪名"是不遵钦办事，阻挠圈换地土。于是，这三个人都被革了职，投入了大狱。

三名大臣被革职，这可是一件大事，自然引起了朝野上下的关注。康熙皇帝虽然年幼，但却心如明镜，清楚这件事的前因后果。他故意召来四大辅臣问讯，想要试探他们的口风，找出搭救苏纳海三人的方法。但是，他失望了。四大臣中，鳌拜坚持要重治苏纳海三人，索尼和遏必隆附合鳌拜，苏克萨哈不置可否。四个人，竟然没有一人为苏纳海等人辩护。无奈，康熙只好拿出自己皇帝的"权力"，否决了鳌拜重治苏纳海三人的请奏。

事情发展到这里，对抗的角色已经变了，变成鳌拜与康熙。鳌拜在朝中跋扈惯了，又怎能容忍这个还未成人的小孩子对自己指手画脚？他不顾康熙的反对，还是对三人治了重罪。苏纳海三人，都被判了绞刑，没收了家产。

至于换地一事，他还是照常进行。就算是孝庄让他停止圈换土地，他也置若罔闻。苏纳海等人被处死之后，他立刻派遣侍郎巴格着手处理此事。巴格是他的人，办起事来自然不遗余力，只用了月余，就完成了这项工作。鳌拜达成所愿，狠狠地给了苏克萨哈一刀。这件事，使得他的权欲更是膨胀到了极限。

皇权岂容践踏

虽然索尼和鳌拜在对抗苏克萨哈的争斗中，站在了同一阵营里。但是他却和鳌拜不同，至少，他没有鳌拜那样像棉花一样膨胀的野心。之所以肯和鳌拜、遏必隆一起对抗苏克萨哈，那是因为他是正黄旗人，和鳌拜、遏必隆系出"同源"。

但是现在，他后悔了。冷眼旁观，他看到了让自己胆战心惊的情形：鳌拜权势日张，根本就不把康熙皇帝放在眼中，在朝中结党营私，跋扈嚣张，且与苏克萨哈水火不容。他虽然老了，但却并不糊涂，知道大臣之间小有摩擦是好事，但过犹不及，一旦矛盾过了头，将会酿成大祸。他后悔自己一时耳软，曾经听信了鳌拜之言，和他一起对抗苏克萨哈。而现在，他是有心无力。

他真的是有心无力，地位尴尬，且年老多病。

其实从一开始，索尼的辅臣之路，就不太好走。当年顺治帝遗命，将他列为辅臣，而孝庄太皇太后在给辅臣排位的时候，又将他排在了四大辅臣之首。这看起来不坏，但他却一直有一种"是儿欲使吾居于火炉上"的感觉。怎么想，他都觉得辅臣之首的位置不应该自己来坐。为什么？首先，他觉得自己的性格不适合做辅臣之首。年轻的时候，他虽然骁勇，但在处事上却缺少了一些"亮点"。他既不像苏克萨哈一样能够圆滑处事，也不像鳌拜一样能够当机立断，而这些性格特质都不是一个"老大"应该有的。

其次，爵位让他尴尬。大清以军功定爵位，而爵位的高低则表明了一个人身份的高低。可是在四人之中，他的爵位却并不是最高的。辅政之前，遏必隆是一等公，鳌拜是二等公，而他只是一等伯。四人之中，他的爵位只高过了身为一等子的苏克萨哈。位不高而权重，这确实让人尴尬。至少他得考虑：其余三人会怎么看我？他们能服我吗？答案是什么，他自然明白，要让讲究身份的人去服一个爵位低过自己的人，那太难了。

最后，出身也让他尴尬。多尔衮在世的时候，上三旗之中，以正白旗排第一，镶黄旗排第二，正黄旗排第三。多尔衮死后，这个顺序就变了，变成镶黄旗排第一，正黄旗排第二，正白旗排第三。索尼是正黄旗人，而鳌拜和遏必隆则是镶黄旗人，孰优孰劣一较而知，索尼也心中有数，就是按旗来分，他的位置也应该排在遏必隆和鳌拜之后。

但事实是，他却排在了四人之首。这样的情形，让他一直尴尬到如今。之前不能做好四大辅臣之首，现在更不能了，他已经预感到自己时日无多。难道，就这样浑浑噩噩老去，愧对先帝的重托？

索尼知道，自己应该做点儿什么了。他不能眼看着鳌拜的野心和权力一天天膨胀，然后有一天掩盖住皇权的光辉。于是，他做了一个大胆的决定。康熙六年（1667）三月，他上书奏请康熙皇帝亲政。他以顺治皇帝十四岁亲政为由，上书说，"今主上年德相符"，恳请康熙亲政。

这个时候，康熙已经做了六年"朝外之君"。虽然年幼不理朝政，但他天资聪颖，一直在处处留意朝堂政事。对于四大辅臣之间的明争暗斗，他也早有耳闻。但是他什么也没有说，他知道就是说了也没有用，因为自己还只是一个有名无实的小皇帝。有些问题，他需要在亲政之后才能解决。

对于康熙来说，索尼提出让自己亲政，正是一个天大的好机会。可是他却不能同意，有些时候小孩子也要玩一玩儿大人的伎俩，孙子兵法中有一招叫作"欲擒故纵"，正好可以拿来用用。他的回复是："年尚幼冲，天下事务殷繁，未能料理。"他告诉四大辅臣，让他们继续辅政数年。

得到康熙如此回复，索尼急了！数年？自己还能等数年吗？不行，还得再奏！于是，索尼像着了魔一样继续上奏。面对连接不断的上奏，康熙只将奏疏"留中未发"，并不多加理会。

不过三个月后，索尼就不上奏了。原因是，他再也无法上奏了。康熙六年（1667）六月，四大辅臣之首的索尼病逝。他本想在死前为顺治帝的重托多做一些努力，可是却未能成功。也许死前他还在心中叹息：皇上不肯早日亲政，如此懒惰，大清江山堪虞！

可是他不知道的是，十四岁的康熙皇帝玄烨，已经具备了成人的心智。

看到时机成熟，索尼逝世一月之后，也就是康熙六年（1667）七月，康熙把索尼多次呈请皇上亲政的奏疏向文武百官宣布，并上奏太皇太后。孝庄当然乐意孙儿早日亲政，于是传出懿旨，让康熙"择吉亲政"。"吉日"那一天，康熙皇帝在太和殿接受王以下文武百官的贺礼，同时"布告天下，咸使闻知"。自此以后，十四岁的康熙皇帝定期到乾清门听政，而鳌拜等三人，仍以辅政大臣的身份处理国事。

按照常理，皇帝亲政，意味着辅臣制的历史使命结束，但是鳌拜却不愿意失去自己的权力，既然还可以用辅臣的身份处理国事，那就继续权力的荣耀。

在这种情形下，就出现了一种怪异的局面，一山有了二虎，谁听谁的？康熙本是一国之君，照理应该号令天下，但是鳌拜位高权重，根本不愿意听小皇帝的话。当两人意见不一致时，矛盾的产生就成了必然。不过大多时候，鳌拜都不会遵从康熙的旨意。他手中握有重权，就算悖逆了康熙的意思，康熙也莫能奈何。

于是，在康熙皇帝亲政之后，原本四大辅臣之末的鳌拜，俨然成了辅臣之首，权势越来越大。这一切，康熙都看在了眼里，苏克萨哈也看在了眼里。但是两个人的心态却是不同的，康熙是愤怒发愁，而苏克萨哈却是害怕忧愁。因为，苏克萨哈和鳌拜，本就是死对头。鳌拜想要除掉自己之心，苏克萨哈又岂能不知？鳌拜权势如日中天，自己应该何去何从？苏克萨哈不能不为自己多想一想。

考虑的结果是，他要退出这场角逐游戏。打不过，只能逃了。他向康熙皇帝上书，恳请解职。他在奏疏中说："臣才庸识浅，蒙先皇帝眷遇，拔授内大臣，夙夜悚惧，恐负大恩。当先皇帝上宾之时，唯愿身殉，以尽愚悃；不意恭承遗诏，臣名列于辅臣之中，分不获死，以蒙昧余生，勉竭心力，冀图报称。不幸一二年来，身婴重疾，不能始终效力于皇上之前，此臣不可逭之罪也。兹遇皇上躬亲大政，伏祈令臣往守先皇帝陵寝，如线余息，得以生全，则臣仰报皇上鞠育之恩，亦得稍尽矣。"要想退出，也得有个理由，他的理由是，自己本就没有什么才能，得到先帝重托，才兢兢业业地辅政治国，不敢走错一步。现在皇上也亲政了，而自己又年老多病，想借此告老，去守先帝陵墓。

苏克萨哈想得很明白，退到任何地方，鳌拜都能追上来给自己一刀。但是，如果退守皇陵，那么鳌拜或许会看在先帝的面子上，放自己一马。

他的想法没错，战略上也是无懈可击。可惜的是，他低估了鳌拜的为人。鳌拜是满人中的"巴图鲁"，极为彪悍，这使得他的性格也极为暴戾狠辣。对待对手，他不会心慈手软，就算苏克萨哈已萌生退意。

看过苏克萨哈的奏疏，他立刻以"辅臣称旨"的名义，斥问道："有此何以不得生？守陵何以得生？"这不是秃子头上的虱子，明摆着的吗？谁把苏克萨哈逼迫得想要退守皇陵以求自保，满朝文武尽皆知道。可是，他还是大声问了出来，跋扈嚣张以至于斯。

只是斥问当然不够！鳌拜指使下属，罗列了苏克萨哈二十四条"罪状"，包括"怀抱奸诈，存蓄异心，欺藐主上"、"不愿归政"，等等。拿着这些"罪状"，他理直气壮地召开了议政王大臣会议，并强横地将苏克萨哈定了罪。苏克萨哈与其子查克旦被凌迟处死，其余直系亲属，无论大小，尽皆处斩，家产没收。苏克萨哈的一些党羽，也都遭到了革职之厄。

无论是正史还是民间传说，都认定苏克萨哈是被冤枉至死。他的最大错误在于，一不小心成了鳌拜的对手，进而升级为敌人。可以说，这桩冤案的前因后果，再清楚明白不过了，难道康熙就没有看到？

康熙当然看到了，只是心有余而力不足。一直以来，对于四大辅臣之间的明争暗斗，他都洞若观火。所以他清楚地知道，苏克萨哈是被冤枉的。当鳌拜上奏此案与判决书之时，他曾执意不允。可是他的坚持在鳌拜面前，却成了一个不听大人话的小孩子。鳌拜竟然在朝堂上"攘臂上前，强奏累日"，和他耗了下去。这情景十分尴尬，满朝文武百官站在堂下，鳌拜气势汹汹地挥动着手臂，指着小皇帝，坚持着自己的意见。皇帝不同意，那就再奏，直奏到同意为止。

　　结果是,康熙最终同意了鳌拜的上奏。他敢不同意吗?鳌拜在朝堂上的所作所为,让他害怕恐惧恨。除去鳌拜之后,康熙曾在《钦定罪状谕》中讲述了此事。他在谕中说:"朕亲政之初,有告发苏克萨哈之事,当即交王、大臣等审议。王、大臣等均因畏惧鳌拜、遏必隆等威力,即夸大其罪,议拟凌迟,具疏奏报。时朕若坚意不肯,则王、大臣等因一时畏其权势,故免冠叩请,朕亦精神恍惚,凌迟苏克萨哈,于心不忍,遂降旨绞之……如今念之,后悔莫及,殊甚愤恨……"这些记录,详细道明了他当时的处境,明知是冤案,却又不得不为之。这是一种怎样的无奈!但是这些,也加强了他想要除去鳌拜的决心。大清朝的最高权力,应该掌握在皇帝手中,而不是在一个臣子手中。鳌拜僭越了!

　　至高无上的皇权,又岂容践踏!

"一战"定乾坤

　　苏克萨哈一案,使两个人的心态起了极大的变化,一个是鳌拜,另一个是康熙。

　　在朝廷里,鳌拜一直视苏克萨哈为最大敌人。现在苏克萨哈死了,他更觉得自身权威已经无人能比,自我膨胀之心愈加严重。他结私营党,气焰嚣张之极,连康熙皇帝和孝庄太皇太后的旨意也敢拂逆。当然,他有嚣张的资本。

早在康熙还未亲政之前，鳌拜就欺负其年幼，暗中培植自己的党羽，建立自己权力的绝对优势。长期以来，他在康熙周围的重要职位上，安插了不少自己的亲信。比如，他的弟弟穆里玛是镶黄旗满洲都统，掌握镶黄劲旅；秘书院大学士班布尔善、吏部尚书阿思哈、兵部尚书噶褚哈、工部尚书马迩赛等，都是他的死党。可以说，他的党羽遍布朝中的每一个角落，康熙皇帝和朝中大臣的一举一动，都逃不出他的耳目。

　　灭了苏克萨哈之后，他的羽翼已成。"文武各官尽出门下"，他当然更加骄横。他甚至敢"拦截奏章"、"阻塞言路"，公然切断诸大臣同康熙的直接联系。很多时候，大臣呈上来的奏疏都要先过他这里，然后再转呈康熙。这样一来，朝中大臣更是不敢得罪了他，以免惹火上身。但即便这样，对于朝中那些不肯依附自己的大臣，他还是进行残酷迫害。他想要自己辅政的局面长久下去。

　　虽然辅政大臣还有两个，但此时鳌拜却是一人独大。在辅臣班次上，鳌拜原居遏必隆之左，遏必隆则居鳌拜之右。可是遏必隆为人软弱，看到苏克萨哈的下场，不免胆战心惊，对鳌拜惧意更甚。有一次上朝，遏必隆特意后退数步，低头哈腰地对鳌拜说："我怎好上座!"这一"让贤"之举让鳌拜心怀大畅，昂首上前而坐。他的爵位也一加再加，到康熙七年（1668），他被授予一等公加太师。

　　此刻的鳌拜，可谓春风得意。

　　如果说鳌拜是春风得意，那么康熙却如身在寒冬。当了那么多年名义上的皇帝，如今终于亲政了，却还是被人处处掣肘，岂能不令人气恼？内院缺满学士一名，康熙主张提拔礼贤下士、在朝廷内外很有些名气的奉天国子公来院任职，鳌拜力持不可，竟然不遵圣命。结果，只得让内院满学士一职长期空着。康熙曾经下诏谕令群臣陈述时政得失，但是鳌拜却明令禁止科道陈言，让官员们该说的说，不该说的最好休提。他甚至当着康熙的面，大声呵斥大臣，视皇帝为无物。这一切，都让康熙十分气恼。《清圣祖实录》记载，他忍无可忍，曾在一道谕旨中说道："鳌拜于朕前办事，不求当理，稍有拂意之处，即将部臣叱喝。又引进时，鳌拜在朕前理宜声气和平，及施畏震众，高声喝问。""又凡用人行政，鳌拜欺朕专权，恣意妄为。"从中我们不难看出，康熙对于鳌拜的怒火，已经烧到了极限。

他开始坚定自己除掉鳌拜的心。

在很多历史故事中，都有康熙智除鳌拜的故事，称赞他年纪轻轻，心态老成，智谋无双。当然，这其中不乏文学家夸大的成分，一面是十六岁的少年天子，一面是党羽遍布朝野的四朝老臣，力量上的悬殊，确实为这一故事增添了许多传奇色彩。但是我们必须尊重历史，康熙皇帝这一仗，打得并不轻松。

对手之间的较量，虽然智谋很重要，但力量却是实实在在的硬件。一个瘦骨伶仃的弱者想要摔倒一个身材魁梧的壮汉，仅用智谋确实不易。这个时候康熙较之鳌拜，用弱者与壮汉来形容，最贴切不过。鳌拜是四朝元老，又辅政多年，党羽遍布朝廷，俨然一棵大树；而康熙呢，刚刚亲政不到两年，除了戴着一顶皇帝的帽子之外，甚至没有几个可以信任之人。康熙知道，要想打赢这场仗，必须先壮大自己。

他开始间接地向文武大臣们暗示自己对鳌拜斗争到底的决心。他知道，朝中有很多人对鳌拜的专权跋扈都不满意，可是迫于形势只能隐忍。而自己，就是那些人的希望，他们一直在看着自己。所以，他必须让那些人知道，自己不是小孩子了，已经决定要除掉鳌拜。《清圣祖实录》中讲了一个故事很有意思：

　　有一次，康熙听政时，有人援引恩诏误赦一人。这本是一件小事，康熙随口便问大学士李霞应当如何处理。李霞认为，既然圣意已出赦免了那人，就应当将错就错，这样才能保证朝廷的威信。康熙听了，意味深长地说，给一个人活命，可以将错就错，如果是要一个人的命，也能将错就错吗？身为大学士，李霞自然极为聪慧，他听出了康熙的弦外之音。苏克萨哈刚刚冤死，康熙之意正在于此，他不会善罢甘休。李霞喜出望外，他从这话中看到康熙在悄悄成熟起来。

　　慢慢地，更多大臣开始向康熙示好，他们决意同康熙一起对抗鳌拜。

　　另一方面，康熙也更加注意保护自己的亲信。有一次，一件题本已经过康熙批示，由内阁过朱后，发六科抄录有关衙门执行。鳌拜却认为，这其中颇有不妥之处。于是，他取回朱本擅加更动。给事中冯溥知道了此事，马上向康熙禀告，认为"凡一切本章，既批红发抄，不便更改"。这一下，他可得罪了鳌拜。鳌拜大怒，想要治冯溥的罪。但是康熙却将此事压了下来，说冯溥不仅无罪反而有功。他嘉奖了冯溥，并对鳌拜说："此后当益加详慎批发。"在刻意保护下，他的羽翼也开始日渐丰满起来。

　　自古以来，能在朝廷中为官者，无论胸中是否具有真才实学，眼神往往都极为敏锐，能够审时度势。没有这一项本领，则很难在权力场中生存下去。康熙虽然有意掩藏了自己的变化，但朝中大臣还是眼睛雪亮。他们明白，有一场大变故就要发生了。再三思量之后，君臣有别的传统观念，使很多人站在了康熙一边。

　　不过康熙有了这股力量，却还不是鳌拜的对手。鳌拜在朝中的势力，是经过多年的细心培植而来，早已是根深叶茂，又岂能一朝一夕伤到筋动到骨？

所以在力量的对比上，康熙虽然有了一定的分量，但还差得很远。这一点上，康熙明白，鳌拜也明白。

康熙明白，所以他不敢轻举妄动。尽管一有机会，他就会抵制鳌拜的言行，但表面上还是十分尊重这个专权的大臣。他知道鳌拜骄横自大，因此给予其无限尊荣，希望麻痹对方那颗膨胀的心。

鳌拜明白，所以他更加得意。其实康熙做的一些小动作，鳌拜早有所耳闻。他的党羽遍布朝中，自然对康熙的举动一清二楚。可是，他却并不在乎。在他看来，自己此时的权力，已经覆盖了整个朝廷，没有人敢真正与自己作对。小皇帝之所以会这样做，无非是觉得自己权力受掣，心有不甘，耍小孩子脾气罢了，少年人心性，过一阵子，碰到些钉子，自然就会蔫了下来。

不过对于康熙和鳌拜来说，这一切都只是个开始。

这一年，康熙刚满十六岁，而对手却是号称满州第一勇士的鳌拜，这多少使他心中惶恐。为了增加自己身边的保卫力量，他调来了亲信索额图。索额图是已故辅臣索尼的次子，皇后的叔父，康熙对他极为信任。索额图初为侍卫，康熙七年（1668）任吏部侍郎。康熙八年（1669），他又忽然自请解任，复为一等侍卫，效力康熙左右。其实这个"自请解任"，只是对外界的说法，意在瞒过鳌拜的耳目。

为了进一步麻痹鳌拜，康熙和索额图商议之后，决定延用古人韬晦之计。他竭力装作酷爱玩耍，无心处理政事的样子，让鳌拜更加放心。他的做法是，精心挑选出一批与自己年纪相当，身体强壮，手脚又利落的侍卫，天天和他们一起玩儿一种叫布库的摔跤游戏。做戏要做全套，有时候鳌拜和大臣们有事上奏，他还是同小侍卫们玩儿得不亦乐乎，从不回避。

见得多了，鳌拜心中窃喜，认为少年人就是少年人，年幼无知，贪玩儿成性，根本就不关心政事。当然，一些有心对抗鳌拜的大臣见得多了，不免心中失望，认为这个小皇帝实在太不长进。不管怎样，鳌拜的心中是越来越坦然，戒备之心也越来越小。他在宫中进进出出，继续享受自己的权力美梦。

康熙是在玩儿，但他却也在认真监督小侍卫们练习摔跤，提高他们的擒拿技能。一段时间之后，小侍卫们的摔跤水平都有了很大的提高，而鳌拜的警惕之心也渐渐消失殆尽。时机成熟了！

康熙八年（1669）五月十六日，是鳌拜觐见皇帝的日子。这天，康熙把小侍卫们召集过来，问道："汝等皆朕股肱耆旧，然则畏朕欤，抑畏鳌拜也？"意思是说：你们都是我的左膀右臂，那么是害怕我呢，还是害怕鳌拜？小侍卫们一直跟着康熙，眼中自然也只有皇帝，一起回答道："独畏皇上。"康熙听了，心中大喜。

我们不得不说，康熙年纪轻轻，虽然心中害怕，但做事却极为缜密。他不露声色地训练了一批小侍卫，但却始终没有吐露自己的真实意图。隔墙有耳的道理他懂，皇宫的墙并不见得比别处的厚。正是他的细致，让耳目遍布天下的鳌拜始终没有得到风声。

这一天，鳌拜和往常一样，大摇大摆地独自入宫上奏。康熙见到鳌拜，不容他说话，就急忙说道：鳌卿家，你是满州第一勇士，帮朕调教调教这些侍卫如何？康熙不等鳌拜开口，就用眼神暗示，那群小侍卫们一拥而上，擒住了鳌拜。鳌拜甚至还没有明白过来，就被小侍卫们迅速捆绑了起来。满州第一勇士，就这么稀里糊涂地输给了一群乳臭未干的孩子。

紧接着，康熙立即传谕议政大臣等速审鳌拜的罪行。

眼见皇帝发威擒住了鳌拜，议政大臣自然是战战兢兢不敢怠慢。他们迅速定了鳌拜三十条罪状，经康熙审阅后公开宣布。鳌拜的党羽自然不能放过，康熙派人，迅速抓获了鳌拜集团的一些首脑，并宣布了罪状。其中，内大臣大学士班布尔善等、鳌拜弟穆里玛、侄塞本得、吏部尚书阿思哈、兵部尚书噶褚哈、户部尚书玛迩赛，等等，都处以死刑。至于遏必隆，他知道鳌拜结党乱政，没有干预弹劾，但也没有结党。康熙念在他的功劳很大，故对他从宽处理，只是免去了他的太师和公爵之位。

鳌拜是最大的权臣，他的党羽都被定了死罪，他自然也不能例外。不过，他有着同那些党羽不一样的地方，那就是功劳很大。康熙亲自审问他的时候，他直承罪行深重，但仍然希望能够免除一死。当着康熙的面，他揭开了衣服，袒露身体，露出了满身的伤痕。尤其是他救皇祖皇太极时留下的伤痕，更是触目惊心。康熙沉默了，他知道自己无法对鳌拜下手。于是，他下令把鳌拜的死刑改为终身监禁。

一代权臣鳌拜，最终病死在狱中。鳌拜集团，也最终冰消瓦解。不过，这些也成全了康熙。在中国的历史舞台上，少年康熙智除鳌拜，永远是千古一帝一生中最绝美的篇章。这段历史，总是被文人墨客所津津乐道。

这是亲政以来，康熙皇帝的"首战"。经过这一战，鳌拜的政治势力终于被彻底清除，这也意味着，康熙亲政路上的阻力也被清除。自此以后，他才是名副其实的皇帝，可以畅快地动用自己手中的权力，做自己想做的事情。他为鳌拜一手造成的大批冤案平反昭雪，包括苏克萨哈案、苏纳海案，等等。他的帝王"天赋"，在鳌拜倒台后，才得以真正发挥出来。

不管怎么说，辅臣辅政的时代已经过去了，等在少年康熙皇帝面前的，将是一条漫长而精彩的道路。

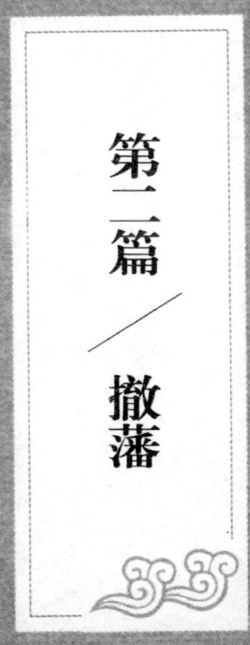

第二篇／撤藩

第四章 ／ 王权？皇权？

源起

毫无疑问，少年康熙运用计谋将鳌拜集团连根拔起，是一步极其漂亮的好棋。这步好棋的威力非同小可，使得很长一段时间内，朝廷内外风平浪静。大臣们栗栗自危，生怕一不小触到了虎须，惹怒了这位天纵奇才的少年天子，那可就要引火烧身了。

可以说，智除鳌拜之后的康熙皇帝，政治生活上可谓顺风顺水。

不过，随着年龄的增长，在他渐渐敛去了骄傲之心后却忽然发现，朝中并不像自己想象中的那般平静。他的威慑力，还远远不能压住有些大臣那蠢蠢欲动的心。这其中，就包括三个藩王。这三个藩王，即为靖南王耿仲明、平南王尚可喜、平西王吴三桂。

明末名将袁崇焕全力抗清，使得皇太极大为头痛。袁崇焕这个人，很会打仗，一生无一败绩，但是过于刚烈，不知变通。他曾经一怒之下，杀了骄恣浮夸的左都督平辽总兵毛文龙。之后，他自己又被明末崇祯皇帝所杀。这一下，最得便宜的是毛文龙手下的三名将领：孔有德、耿仲明、尚可喜。他们三个看到明朝的气数已尽，干脆带着兵马投降了皇太极。皇太极自然极为高兴，在崇德元年（1636）封孔有德为恭顺王、耿仲明为怀顺王、尚可喜为智顺王，时称"三顺王"。顺治元年（1644），明朝大将吴三桂又在山海关投降了多尔衮，被封为平西王。至此，清初就有四位汉人被封王。

那个时候，清朝刚刚在中原建立政权，极不稳定，所以需要一些汉人将领的扶持。因此，"四王"的军队没有被编入八旗，还是由他们亲自统领，相对独立。在顺治年间，"四王"的军队配合八旗军打了不少胜仗，为清朝立下了很大的功劳。但与此同时，他们的势力也开始越来越大。

顺治九年（1652），孔有德镇守桂林时，城陷自杀。于是，"四王"就剩下了"三王"。随着时间的推移，这"三王"的势力也越来越大，越来越稳固。到了顺治十七年（1660），"三藩"格局成形，即：平西王吴三桂镇守云南、平南王尚可喜镇守广东、靖南王为耿仲明之子耿继茂镇守福建。这三位藩王各自雄踞一方，拥兵自重，而朝廷也是鞭长莫及。

现在，我们来细细看看这三位藩王的履历：

耿仲明，祖籍山东，后徙辽东盖州卫。明末时，他任登州参将，是毛文龙的旧部。后来毛文龙被袁崇焕所杀，他和孔有德一起，被调到了山东巡抚孙元化麾下任职。但是孙元化不能容人，他派耿仲明和孔有德出战，却不发军饷。一怒之下，他率众投降了皇太极，并被封为怀顺王，后来又被封为靖南王。顺治六年（1649），耿仲明病死，他的儿子耿继茂世袭受封，成为靖南王，镇守福建。康熙十年（1673），耿继茂病死，其子耿精忠世袭爵位，成为靖南王。

尚可喜，祖籍山西洪洞，后迁到辽东海州。明末时，他为广鹿岛副将。因为不得志，屡受压迫，他于天聪八年（1634），率众投降了皇太极，后被封智顺王。顺治元年（1644），他随睿亲王多尔衮入山海关，追剿李自成起义军，直至李自成死于九宫山，才班师回京。顺治三年（1646），他又奉命平定了湖南动乱。因战功卓著，顺治六年（1649），他被改封为平南王，镇守广东。

吴三桂，祖籍江苏高邮。崇祯年间，他的父亲曾为锦州总兵，而他则以武举人的身份随父作战。这些经历，练就了他过人的胆识和丰富的作战知识。因为建有战功，他被升为都指挥。后来，他曾与清军一起，大败李自成于山海关。投降清军之后，他因战功被封为平西王，清廷令他南下追击李自成余部，并上谕给吏部和兵部，凡云南文武官举黜及兵民一事，吴三桂暂行总管。康熙元年（1661），吴三桂杀南明永历帝朱由榔于昆明。由此，清廷晋封吴三桂为亲王，总管云贵两省。吴三桂的权力，达到了巅峰。

在历史上，三藩之中最为出名的是吴三桂，而其中尤以吴三桂降清的一段最为精彩。在明朝灭亡之前，吴三桂被封为平西伯，荣宠一时。可是很不幸，明朝被李自成灭了。吴三桂按兵山海关的时候，其实并未打算投降大清，他还想着伺机而动，恢复大明江山。遗憾的是，他听到了李自成霸占自己爱妾陈圆圆的事。这件事的刺激，使他恼羞成怒，挥师东进，决意与李自成一决生死。不过他虽然愤怒，但却并不糊涂，知道李自成的力量不可小觑，于是便请清军入关，共同夹击李自成。可见，清军之所以能够进入山海关，吴三桂有着很大的功劳。也正因为这样，他才被清廷重用，成为三藩中势力最大的人物。

在清朝统一中原的过程中，三位藩王起到了不容忽视的作用。战事频繁期间，他们都曾为清政府立下了赫赫功绩；稳定之后，他们又对巩固边疆安定产生了一定的效果。但是，特殊的位置，使他们的心开始躁动起来。

三位藩王的特殊在哪里？

首先，他们都是汉人。在汉人的观念里，这些少数民族的人，始终是外来者。这种观念根深蒂固，实在不容易改变。三位藩王都是土生土长的汉人，若说他们的思想中没有这种观念，那是不可能的。正因为如此，想要让他们完全听从朝廷的话，不大可能。

再次，他们都手握重兵。其他省份暂且不提，仅云南一省，每年都要耗饷数百万两白银，最高时达到九百万两之多。从军饷上，我们不难看出三藩手中兵力的强悍。手中有了绝对的强权，要想心中还是波澜不惊，也着实困难。

最后，他们都在镇守边疆。三位藩王镇守的地方，真正可以称之为"天高皇帝远"，皇帝在北京，一南一北相差太远。所以，藩王们招个兵买个马，只要不是太过大张旗鼓，皇帝也不太容易发觉。这样一来，皇帝的威慑力，已经淡到不能再淡了。

更何况，在他们看来，康熙皇帝太年轻，无论是从经验还是从智慧来说，都还不够成熟。如此种种"有利"条件摆在眼前，如果说心不动，那才叫怪事。

当然了，藩王们也并不是觊觎皇位。他们也明白，以如今自己的力量，镇守边陲绰绰有余，但是想要打回京师，可就有些困难了。他们要的，只是能够在自己的地盘上取得专制权，也就够了。

可是这些，皇帝能给吗？当然不能！王权和皇权，根本就不是一个等级的概念。他们想要的东西，已经触及到了皇帝的利益。

三藩之害

其实，藩王们不只是心动了，还做出了行动。其中，动作最大的就是吴三桂。

刘凤云博士曾经在她的《吴三桂传》中这样评价吴三桂："倨功而倚势擅权，恃宠而构陷异己，贪婪而厚自封殖，骄狂而穷奢极欲，纵欲而佳丽三千。"吴三桂曾在昆明兴建王宫，其间亭台楼阁极尽奢华，红亭碧水极尽雅致，绵延广阔，居然占地有数十里。吴三桂通音律、喜歌舞，王府养着戏班子，藏着佳丽三千。《清朝野史大观》中记载："三桂在滇中奢侈无度，后宫之选不下千人。"他的生活享受，已经堪比皇帝。一个人，奢侈到了这种地步，欲望也必定很大。吴三桂的欲望，就是想把昆明彻底变成自己家的后花园。

他是平西亲王，总管云贵两省，难道昆明还不是他家的后花园？当然不是！当臣子的，都知晓"普天之下，莫非王土"的道理，他自然也知道，云南再好也是皇帝的，皇帝那一天不高兴了，说要收回这个后花园，他就得拱手送上，丝毫没有商量的余地。这些，是他不能容忍的。所以他要想个办法，把昆明切切实实变成自己家的后花园，这样觉才能睡得安稳。

那么，用什么办法呢？《庭闻录》中有一段记述很有意思：有一次，洪承畴到云南巡视，将要离开时，吴三桂向其请求训示。吴三桂和洪承畴同为明朝降将，关系也是非比寻常。洪承畴对吴三桂说："不可使滇一日无事也！"他在告诉吴三桂，要想让朝廷离不开你，那就别让云南太平下来。这一招够狠，但也的确切中了要害，只有云南多战乱，像吴三桂这种藩王才能屹立不倒。吴三桂受教之后，照此方针，不断想办法制造祸乱。他是云南的土皇帝，这点儿事自然难不倒他。于是，云贵边陲地区，兵火不断，战争连绵，军饷更是激增。以顺治十七年（1660）为例，这一年全国赋收入银两千五百万余两，可是拨给云南、福建、广东三省的银两就达到了两千余万两。这让清政府很是头痛，可是不给却又不行，如果不给，祸乱更甚。

可是，谁又能想得到，如此劳民伤财，只是藩王为了保住自己的地位呢？事实上，吴三桂有钱。他广开鼓铸，一方面停铸云南厘子钱，一方面按康熙钱的式样，铸行汉字制钱。当新制样钱刚刚颁发，云南刚开始鼓铸时，朝廷就传令停铸。可是，吴三桂立即向朝廷提出，云南百姓所信的只有钱，一日没有钱，就非常不便。朝廷也没有办法，只好让他继续铸钱。

吴三桂自幼在战火中长大，带兵打仗很有一套，眼光上看得也比常人更远。他知道，要想长治久安，绵延子孙，仅仅用这一套显然不够，必须要有实力。什么实力？割据一方，让朝廷真正忌惮，不敢轻举妄动的实力。只有如此，才能真正成为不受朝廷管制的一方霸主。

想要有与朝廷对抗的实力，必须兵多将广。这对于总管云贵两省的吴三桂来说，有难度，但绝非不可能。原本云贵两省的一切军民事务皆"听王节制"，但他还是不放心，故把自己的亲信安插到两省的各个角落。不仅如此，他还以放牧为借口，强圈百姓土地，畜养马匹以备战事。他专制滇中十多年，"日练士马，利器械"。经过多年的囤积，他手中的兵更强，马更壮。

有了这些做后盾，他安心多了。

至于另外两个藩王，也不本分。耿继茂和尚可喜也垄断着地方大权，成为清政府的一大心患。他们虽然没有吴三桂那般显眼，但还是把持地方财政，大肆建造华府楼台，广征严苛，欺压百姓。

抛开镇守的意义不说，到了后来，三藩实际上已经成为朝廷的心腹之患，严重影响着边陲百姓生活的安定和国家的长治久安。我们已经说过，三藩的军饷开支极大，已经成为了清政府沉重的负担。在三位藩王的授意下，云贵闽浙地区战事不断，百姓生活在水深火热之中。长期的动乱，更使得这些地方的物价暴涨，最严重的时候，每石米的价格涨到了二十多两白银。很多百姓生活不下去了，只好举家迁徙。

三藩不以百姓为重，没有因为百姓生活困苦而有所收敛。相反，他们更是横征暴敛。康熙五年（1666），广东巡抚上奏说："粤东武职各官，借名军需，发银州县，采买谷米、稻草、牛皮、牛角、弓弰、箭竹、木炭等项，所发之价，十仅四、五，州县不敢动其分文，照数缴还，谷米等项，俱派里排备完，仍用民夫民船装运交纳。"《清圣祖实录》记载，藩王们还"滥派民夫，折征银两，又有棍徒，假冒营旗，串同蠹役，私出牌票，勒索银两，咨行逼索，稍迟鞭责，小民日见剥削"。三藩如出一辙，做了土皇帝之后，都把百姓疾苦抛到了九霄云外，弄得这几个地方民不聊生。他们的倒行逆施，给社会带来了太多不安定的因素。

三藩在边陲拥兵自重，招兵买马，而且还弄得天怒人怨，如果皇帝不能知晓，那也太过无能了。事实上，清政府对于这几位汉人藩王，一直都不怎么放心。早年三位藩王用处极大，清政府便采取笼络政策，以公主下嫁的方式加以安抚。顺治初期，吴三桂的儿子吴应熊娶了皇太极的第十四女、顺治帝之妹和硕恪纯长公主为妻，成为了额驸，久居京城。尚家的尚之隆、尚之孝，耿家的耿昭忠、耿聚中，也同样都为额驸，久居京中。这样一来，三藩实际上都成为了皇室的亲戚。这样的笼络政策，也着实起到了很大的作用，使得朝廷和三大藩王之间相安无事多年。

四大辅臣辅政的时候，也已经意识到了三藩存在的潜在威胁。不过，早年四大辅臣要处理的事情实在太多，无暇顾及三位藩王的那些小动作。等到大事处理的差不多了，几个辅臣又忙于争权夺势，自然又把那三位藩王撇在了一边儿。四大辅臣唯一做的，就是采取了一些"怀柔"政策。

他们曾经暗示吴三桂，让其交出平西大将军军印。但是吴三桂用这枚大印用着甚为顺手，就装傻充愣，硬是不愿意交出。四大辅臣虽然光火，但却毫无办法，云南太远，人家不给，你想硬抢，门儿都没有。没办法，他们只好派人对额驸吴应熊说：过去明朝的永历皇帝在缅甸，边疆多事，朝廷这才授予你父亲大将军印。可是现在，天下太平，已经没有仗可打了，你父亲却不还大印，是何居心呢？这话问的已经够直白了，传到吴三桂耳朵里，他怕落人话柄，只好心不甘情不愿地缴上了大将军印。

康熙四年（1665），四大辅臣以节省军费为由，悄没声息地裁掉了云南绿营兵五千人。两年后，清廷接受了左都御史王熙的奏请，又令吴三桂酌情裁兵，以节省军费。不过，这些裁兵政策对于吴三桂等人来说，根本没有什么影响。他们把明面上的军队转入地下，继续招兵买马。

康熙亲政之后，眼见三藩的势力越来越大，对地方造成的不良影响也越来越大，也积极地采取了一定的措施。

一方面，康熙尽可能地解除吴三桂等人过多的兵权。康熙六年（1667），吴三桂为了麻痹清廷对自己的戒备，故意借"目疾"为名，要求清廷解除自己云贵两省事务。他料定康熙投鼠忌器，必定不敢答应自己这一请求。但是他没有料到的是，康熙也正有此意，痛快地答应了他的请求。康熙立即下旨，表彰他"久镇岩疆，总理两省，勋劳茂著"的业绩，并表示对他"因事繁过瘁"，以致积劳成疾的关怀，特恩准其解除云贵两省事务的请求。这样一来，云贵大小官员的任命由原来的吴三桂亲点改为吏部指派。之后，他又派出隶属汉军正蓝旗的甘文焜出任云贵总督，驻扎贵阳。他想要让甘文焜在贵阳牵制、进而逐步取代吴三桂。同时，他更是派出亲信出任广东、广西和福建等地的总督、巡抚，进一步牵制三藩的势力。

另一方面，他对三藩刻意恩宠。康熙七年（1668），他晋升吴应熊为少傅兼太子太傅，同时将耿继茂的两个儿子耿昭忠和耿聚忠，以及尚可喜的儿子尚之信晋升为太子太傅。当然，他也派人严密监视了这几个人，让他们成为人质，留在京城无法离开。

少年康熙刚刚铲除鳌拜集团不久，正是意气风发之时。他滴水不漏地做完这一切，就开始悄悄地静观其变。他就像是一个少年老成的钓者，在耐心地等待着鱼儿上钩。其实很多时候，他也在担心：以自己的能力，能对付得了那些久经沙场的老将吗？

虽然有点儿信心不足，但他敢于一搏！

机会

三藩的势力越来越大，康熙一直忧心忡忡，尤其是亲政之后，他更是将三藩问题当成了头等重要的大事，绞尽脑汁思虑对策。《清圣祖实录》中记载，康熙十分担心三藩问题，他说："朕自少时，以三藩势焰日炽，不可不撤。"他还说道："朕听政以来，以三藩及河务、漕运为三大事，夙夜廑念，曾书而悬于宫中柱上。"由此可见，他的撤藩之心不是一时兴起，而是酝酿了很久。藩是一定要撤的，关键是在于时间的把握，什么时候撤！

康熙十年（1671），南明遗臣查如龙在云南鼓动吴三桂反清，并向吴三桂上血书煽动其起兵自立为王。不过，这件事却不慎走漏了风声，传到了康熙的耳朵里。康熙大怒，立即传谕吴三桂，让其把查如龙押解进京并处以极刑。

查如龙被处决了，年轻的康熙皇帝也开始焦躁起来。他不得不怀疑，吴三桂真有造反的企图。之前他想要撤藩，大多理由都是因为三藩雄踞一方拥兵自重，离造反还有一段距离。可是从这件事上，他看到了三藩造反的苗头。不管查如龙有没有说动吴三桂，他觉得自己都应该采取行动了。

康熙想要采取行动，三位藩王都不是糊涂人，也都各自在打着自己的算盘。他们为了更好地保存自己，都作好了相应的戒备。在中国历朝的开国史上，不断重演着"飞鸟尽，良弓藏，狡兔死，走狗烹"的悲剧故事，这些都在三位藩王心中留下了阴影，他们不得不防。这时候，清廷和藩王之间的关系很微妙，双方都紧绷了弓弦，看谁先把箭放出去。又或者，看谁先松下弦来。

康熙十年（1671）正月，靖南王耿继茂上疏说："臣旧疾日剧，闽省滨海重地，寇盗蠢动不测，病躯岂能料理。臣长子耿精忠，侍从多年，在臣军前阅历又经四载，尽堪报效，伏祈恩赐管理军务。"这是要权来了，耿继茂怕自己有病，康熙会借机削了自己藩王的权位，因此早一步开口。康熙当即批复下去，准许耿精忠暂管军务。同年十一月，平南王尚可喜以疾上疏，请其子尚之信回粤暂管军务，康熙没有犹豫，也同意了。这些藩王老虽然老了，但是心中却是雪亮，他们稍微拉了一下弓弦，想看看皇帝的反应。如果皇帝反应过烈，那他们就要赶紧另作打算了。

幸好在这个节骨眼儿上，康熙还算有耐心。有时候，安抚人心也需要技巧。康熙十二年（1673），康熙遣一等侍卫吴丹，带着御用貂帽、团龙貂裘、青蟒腋袍各一袭，束带一围，前往云南赐给了平西王吴三桂。同时，他还派人给平南王尚可喜也送去了礼物。他耐着性子，尽量向藩王们示好，安抚着他们那颗忐忑的心。他在等待一个机会，一个可以撤藩的机会。

这个机会终于来了。给他带来这个机会的，是平南王尚可喜。

平南王尚可喜曾想趁着自己功成名就的时候，及早引退，为子女们请得良田大宅，以度安逸悠闲的平民生活。因此，早在顺治十年（1653）的时候，他就以"东西底定"、"痰疾"为理由，向清廷提出了解兵还京的请求。对于他这一请求，顺治帝没有同意，而是极力挽留。那个时候局势刚刚稳定，清政府正是大量需要人才的时候，又岂能放过他这样的将才。

不过，尚可喜并未死心，而是在两年之后，即顺治十二年（1655），又向朝廷提出了请辞。这一次他的理由是：积劳多病，子女众多。他什么也不想要，只想要一块儿地，可以和家人一起共享天伦之乐。可惜的是，他提出请辞的时候，正值广东时局未稳之际。清廷自然拒绝了他的请求，让他继续为国效力。

虽然尚可喜早有退心，但是两次请求解兵归田未果之后，他就不敢再提了。有道是伴君如伴虎，他不得不考虑顺治皇帝会不会因此怀疑自己，那样可就得不偿失了。虽然他还是害怕自己位高权重，有朝一日会惹来杀身之祸，但还是打起精神做起了平南王，这一做就是许多年。

尚可喜的长子尚之信返粤管理军务之后，肆无忌惮，跋扈骄横，竟然连自己的父亲也不放在眼里。就算是尚可喜的部属，只要惹怒了尚之信，"小则鞭，大则杀"，这使他凶名素著。每次尚之信向父亲禀报军务，总是非常不耐烦，烦躁不堪。看到儿子这样，尚可喜非常生气，但却又无可奈何。尚可喜的一名幕僚，亲眼看到了尚之信的专横，担心其日后会惹出什么祸及全家的祸事来，于是向尚可喜献计说："朝廷方嫌尾大，计莫若率诸少子及左右亲信归耕辽东，避俺答去，朝廷必大喜，则君臣父子之好，可两全无祸。"意思是说，你儿子这样无法无天，迟早会酿出大祸。你不如先向朝廷请辞，带着家人归耕辽东。这样就算出了事，也不会祸及家人。这一条计策，让尚可喜平息了二十多年的请辞之心又活了起来。

康熙十二年（1673），年近七十的尚可喜再次请辞。他想要带着一家老小迁回辽东，让儿子尚之信承袭自己的爵位。

康熙皇帝经过反复思量，认为这正是自己要等的机会。

顺水推舟

既然是机会，就得好好把握。于是，康熙顺水推舟，颁下了圣旨，准许尚可喜告老还乡。

在圣旨中，他表彰了尚可喜为大清朝立下的赫赫功绩："自航海归诚，效力累朝，镇守粤东，宣劳岁久。"还称赞他归老辽东的奏疏"情词恳切，具见恭谨，能知大体，朕心为喜悦"。他是真心地喜悦，等了许久，终于等来了一个天赐良机，能不喜悦吗？

不过，对于藩下官兵家口的迁移安插问题，他却提出要经议政王大臣会同户部和兵部，商议后再定。说是商议，但议政王大臣中可没有傻瓜，他们清楚地揣测到了康熙的意思，提出同意尚可喜的奏请，但否决了由尚之信袭爵继承镇守广东的请求。

说实在的，尚可喜确实想要请辞，这从他曾经两次上书请辞中就可以看出。但是，他想请辞，却并不代表不想让自己的儿子承袭爵位。只是他没有想到，康熙会把这件事一斩为二，彻底剥夺了尚家的军权。他心有不甘，却又无可奈何。

就这样，三藩之一的平南王尚可喜，终于被"撤"了下来。消息传出，吴三桂和耿精忠大为震动。在某种角度来看，三藩其实是一个利益共同体。三位藩王的背景相似，地位相似，面对的问题相似，利益更是相似。尚藩被撤，这无疑是一个信号，震得两位藩王心头呼呼乱跳。他们不得不担心，撤藩的事，会不会很快找到到自己头上？撤藩之后，康熙会不会翻出一些陈芝麻烂谷子的旧账，搞到自己不得善终？

靖南王耿精忠率先做出反应，他随即上书奏请撤藩："臣袭爵二载，心恋帝阙，只以海氛叵测，未敢遽议罢兵。近见平南王尚可喜乞归一疏，已奉前旨。伏念臣部下官兵，南征二十余年，仰恳皇仁，撤回安插。"耿精忠曾经在北京待过一段日子，对于皇帝威严的感触，较之那些久经沙场的老臣要敏锐得多。他眼见康熙意在撤藩，内心挣扎一番之后，也赶忙紧随尚可喜之后。他不愿意撤藩，但思前想后，却又无可奈何。

吴三桂是平西亲王，三藩之中官儿最大，自然也最担心这个问题。在得到儿子吴应熊从京城传回来的消息之后，他立即召集幕僚商议对策，以求摆脱目前的困境。这确实是个困境，虽然康熙并没有言明，要求其他两位藩王撤藩，但尚藩被撤已经表明了这位年轻皇帝的意图。作为臣子，既然揣测到了圣意，总不能毫无表示，揣着明白装糊涂吧！更何况，此时耿精忠又自请撤藩。

吴三桂的意思是，也跟着上疏要求撤藩。他认为，三藩之中已有两藩请求撤藩，自己如果特立独行没有表示，那就太过招摇了，搞不好会把小皇帝惹毛的。虽然，他并不怕这位小皇帝。

对于他的计划，谋士刘玄坚决反对。刘玄说："上久思调王，特难启口，王疏朝上而夕调矣。彼二王辞者自辞，王永镇云南，胡为效之耶！不可！"刘玄的意思是说，这道疏你万万不可上。你位高权重，皇帝早就想把你调离云南了，却一直难以开口。这次你如果跟着上疏，必定正中他的下怀。

吴三桂这个人，骄横跋扈，非常自大。他听了刘玄的劝谏，怒道："予疏即上，上必不敢调予，具疏所以释其疑也。"他自持手握重兵，又在云南镇守多年，康熙皇帝必定要顾忌三分。所以他认定，康熙皇帝敢撤其他两位藩王的藩，却必定不敢撤自己的藩，自己上疏只是为了打消康熙的疑虑罢了。

于是，他抱着试探和侥幸的心理，于同年七月三日，向康熙上了一道奏疏，自请撤藩。他说："臣驻镇滇省，臣下官兵家口，于康熙元年迁移，至康熙三年迁完。虽家口到滇九岁，而臣身在岩疆，已十六年，念臣世受天恩，捐糜难保，唯期尽瘁藩篱，安敢遽请息肩！今闻平南王尚可喜有陈情之疏，已蒙恩鉴，准撤全藩。仰恃鸿慈，冒干天听，请撤安插。"这道疏，虽然是自请撤藩，但也是在表功。他想告诉康熙，你如果真有撤藩的意思，还是掂量掂量再做决定吧！

不可否认，对于人心的揣测，吴三桂确实很有一套。如果换了一位老成一些的皇帝，肯定不会贸然同意他撤藩的请求。但他千算万算，却漏掉了一点，那就是当今的天子，只是一个年轻人。年轻人应该有的优点他全有，年轻人会出现的缺点他也有，包括冲动。

康熙审阅吴三桂和耿精忠的奏疏，不由得抚案而笑了，因为这两个人的奏疏几乎如出一辙。一个说"臣身在岩疆，已十六年"，为报答"天恩"，只想要"尽瘁藩篱"而不敢"遽请息肩"。另一个说"臣袭爵二载，心恋帝阙"，而"臣部官兵，南征二十多年"，只是因为"海氛叵测"，所以也不敢"遽议罢兵"。这算什么？这不是明着在说"我们其实不想撤藩，之所以提出撤藩，实在是出于无奈"吗？他们的字里行间，除了精忠为国、护卫边疆的"一片忠心"之外，就只剩下一种无可奈何之情了。难怪康熙看后要发笑，这两道请辞书，上得也太勉强了些。

不管他们心中有多么不情愿，康熙却非常"珍惜"这个来之不易的机会。他决定假戏真做，打算批准他们的请求。可是，在与大臣们讨论这个问题的时候，他的这个想法却遭到了一部分大臣的强烈反对。多数大臣认为，"滇、黔苗蛮反侧，若徙藩必遣劲旅驻防，劳费，不如勿徙"。这其实只是一小部分原因，那些大臣们心如明镜，知道撤藩如同虎口拔牙，一个不慎，就有可能会遭到反噬之祸。耿精忠还好，可是吴三桂身后的势力，就不能不让人忧惧了。

议来议去，大臣们分成了两派，一派同意撤藩，而另一派反对撤藩。

以兵部尚书明珠、刑部尚书莫洛和户部尚书米思翰为首的支持派，认为可以撤藩。他们赞成将吴三桂及其官兵家口全部迁移，酌情安插在山海关一带。以大学士索额图、图海为首的反对派则认为，自吴三桂镇守云南以来，地方虽然偶有动荡，但还算安宁。如果撤藩命其迁移，则需另派官兵前往镇守，恐生祸端。还不如继续让吴三桂镇守，维持地方安定。

双方说的都有道理，那么该听谁的？其实对于撤藩一事，康熙早就有了打算。他一句话就堵住了所有人的口："三藩俱握兵柄，日久滋蔓，驯致不测。"谁还敢说什么？三藩手握兵权是事实，现在不撤藩，万一以后闹出点儿什么事来，谁能担当得起这个责任？

于是，撤藩的事就这么定了下来。康熙也考虑到了对方兵变的可能，但转念一想，"三桂子、精忠诸弟皆宿卫京师，谅无能为变"。三藩都有家眷在京，对方投鼠忌器，总要有所顾忌吧。想到这些，他大为宽心，对王大臣做了批复："吴三桂请撤安插，所奏情词恳切。着王率领所属官兵家口，俱行搬移前来，其满洲官兵不必遣发，如有用满兵之处，该藩于起行时，另行奏请，然后遣发。俟官兵到后，王来亦不至迟误。余依议。"

千等万等，康熙皇帝终于等来了撤藩的机会。然而，他没有想到的是，撤藩之路会如此坎坷。

风起云涌

撤藩命令传下去之后，康熙满心欢喜地着手部署迁藩事宜。

这一年是康熙十二年（1673），康熙皇帝二十岁了，他已经能够深刻体会到父辈们对于藩王的担忧，也亲眼见到了藩王为祸之深。可是今天，这件困扰了大清许久的难题，将要在自己手中得以和平解决，这确实值得欢喜。在心中，他不由得暗暗感激先皇帝的庇佑。

于是在撤藩的工作上，他忙得不亦乐乎。他连续向兵部、吏部和户部发出指令，命令他们做好迁藩的善后工作。他在谕令中强调，凡是有关三藩搬移的地方应行事务及兵马机宜，"必筹划周详"。而且，"应各遣大臣一员，前往会同该藩及总督、巡抚、提督商榷，究竟作何布置官兵防守地方，如何照管该藩等起行，应差官员职名，开列具奏"。就连藩王们官兵家口的安插问题，他都考虑得极为周详："所需房屋田地等项，应预为料理，务令到日，即有宁居，以副朕体恤迁移至意。"他就像一个达成愿望的孩子，喜不自胜地享受着胜利的果实。纵然这个所谓的胜利果实，只是水中花、镜中月。

另一方面，他让兵部和吏部开始筹谋云南等地撤藩完成之后的事宜，包括官员的添设和任命等。这几个地方在藩王们手里多年，是需要好好整顿整顿了。

安排好零零碎碎的准备工作之后，他迫不及待地派礼部侍郎哲尔肯和翰林院学士傅达礼前往云南，派户部尚书梁清标前往广东，吏部右侍郎陈一炳前往福建，会同当地的督抚、提督一同办理撤兵事宜。他虽然年轻气盛，但并不糊涂，心中也有些担忧云南之行。临行前，他赐给哲尔肯和傅达礼每人一把御用佩刀和两匹骏马，以示关怀。同时，他又派遣侍卫传谕给福建总督范承谟说："福建边疆重地，海氛未靖，尔其益加勉励，副朕委任。"他其实是在提醒范承谟要打起精神，以防撤藩有变。他不得不考虑周详，包括可能发生的最坏结果。

同年九月，哲尔肯和傅达礼到达了昆明，他们带来了康熙撤藩的诏书。在诏书中，康熙极力称颂吴三桂"夙笃忠贞，克摅猷略，宣劳戮力，镇守岩疆，释朕南顾之忧，其功懋焉！"康熙知道吴三桂心里肯定不痛快，所以就先给他戴了一顶高帽子，尽数其功劳。说完好的，该说正事了吧！接着，康熙诏谕指出了为什么要撤藩。为什么要撤藩？从大的方面来讲，无非就是自古帝王平定天下，都需要依靠武将和军队的效力，但是武将带领的是国家的军队，仗打完了，天下太平了，就得把军队还给国家。从小的方面来讲，你镇守边疆多年，年事已高，也该解甲归田，好好享享清福了。他甚至还在诏谕中保证，要让吴三桂的荣誉和王爵世世代代承袭下去。

康熙这一纸诏书，可谓是煞费苦心。他从前尘讲到往事，从现在讲到将来，从弊讲到利，目的只有一个，就是想让吴三桂乖乖就范。为了达到这个目的，他尽力满足了吴三桂提出的各种要求，包括"赐拨安插地方"要比顺治帝"所拨关外至锦州一带区处更加增廊"。

但是，历史事实告诉我们：吴三桂并没有乖乖就范。

当时，吴三桂之所以会上疏请求撤藩，纯粹是做做面子工作。尚家和耿家都要求要撤藩了，他再无动于衷不合适。在这种形势下，他心不甘情不愿地上了疏。不过，重兵在手，他相信康熙小皇帝会三思而行，驳回自己的请求，并极力挽留自己继续驻守云南。他甚至幻想着自己能效仿明朝沐英世守云南的故事，从而永远做云南的土皇帝。可是他万万没有想到，不识趣的康熙皇帝，竟然真的下令撤藩。

接到撤藩的谕令后，他先是惊愕，继而气愤。人的天性中都会有自私的一面，在紧要关头往往想的都是自己，吴三桂此时就是这样。他想到清廷之所以能够得到天下，自己居功至伟，可是现在天下太平了，小皇帝就要卸磨杀驴。一想到这里，他就觉得愤懑难平。几十年浴血奋战换来的荣华富贵啊，难道就要这样白白拱手相让？

不能这样！他深刻明白这样一个道理：军权与军队才是自己拥有权位、荣誉和财富的支柱，一旦交了兵权，自己将一无所有。更何况，没有兵权之后，自己只会是一块儿任人宰割的鱼肉，谁能保证清廷真的会优待吴家？

吴三桂一生戎马，浴血疆场，一步一步爬到了如今这个位置。除了骁勇以外，他最大的凭借就是智慧。他很聪明，在心中把顺从康熙和不顺从康熙可能会得到的结果，一个个过了一遍。最后他发现：顺从康熙，吴家要么举家平安，过上一种富足的百姓生活，然后悄悄沿袭下去，要么被康熙加上个什么罪名，家破人亡；不顺从康熙，那就必须得反，吴家要么得胜成王，享受比现在更大的荣华富贵，要么兵败，还是家破人亡。

这么一比较就很明显了，既然都有家破人亡的可能，为什么不搏一搏呢？欲望激起了他的勇气！反！

这个反，自然就是造反。造反除了要有勇气以外，还得有资本，吴三桂有资本吗？他认为自己有这个资本。首先，他"自负才武不世出"，可堪重任。是不是"不世出"，这无法考证，但很显然，吴三桂带兵打仗确实很有一套。他以此为傲，也并不意外。

其次，滇中的形势非常特殊。"南扼黔粤，西控秦陇，财用富饶，兵革坚利"。在战争中，这样特殊的地形，往往进可攻，退可守，是一块兵家宝地。吴三桂认为，有了云南做后盾，即便是造反失败，也大可以退回来，与清朝分而治之。

再次，自然是兵力了。吴三桂手下的精兵强将，大多都是从孙可望、李定国和张献忠旧部投顺过来的身经百战的劲旅。他们打仗勇猛自不必说，而且都是一心追随吴三桂。这些，是吴三桂真正的资本。不仅如此，他的党羽更是遍布各省，如云南十镇大帅、贵州提督李本深、四川总兵吴之茂、陕西提督王辅臣，等等，全都是其同党。

最后，对手太弱。吴三桂的对手，当然是清廷了。康熙一直在留意三藩，吴三桂也一直在关注清廷。他知道到康熙十二年（1673）为止，朝中已经没有什么能打仗的老将了，而康熙本人又是一个乳臭未干的毛头小子，根本不足为惧。他唯一担心的是自己的儿子吴应熊。不过想来想去，他认为吴应熊刚刚娶了公主，清廷最多拿其做人质而不会伤害他，遂放下心来。

万事俱备，只欠东风。只要这股东风一到，就可以放心反了！

第五章 ／ 最艰苦的岁月

反了！反了！

吴三桂的手下很会审时度势，及时为他送来了东风。

他的女婿夏国相、左都统吴应麟、右都统吴国贵、副都统高得捷等人，在得知皇帝将要撤藩后，都大感愤慨。在云南，吴三桂是土皇帝，他们就是土皇帝的大臣，自然也跟着享受了不少荣华富贵。如果吴三桂垮了台，他们难免会深受其累。于是这几个人纷纷向吴三桂进言："王威望、兵势举世第一，戎衣一举，天下震动。只要把世子、世孙接回滇地，可与清廷划地讲和。这就是汉高祖'分羹之计'也。如果迁于辽东，他日朝廷吹毛求疵，我们只能引颈受戮！不如举兵，父子可保全。"

这些话真正说到了吴三桂的心坎里，坚定了他造反的决心。不过要反抗清廷，终究是一件天大的事，吴三桂唯恐自己思虑不周，遂请教谋士方光琛。

方光琛和吴三桂是世交，也是明朝旧臣。他来到云南以后，一直在吴三桂幕下充当其孙儿吴世璠的老师。吴三桂深知其才，常常和他一起议文讲武，评论世务，十分投机。

方光琛向吴三桂剖析了当今的形势，指出"闽、粤、豫、秦、蜀，传谕可定状，余战胜攻取，如指之掌"。什么意思呢？方光琛告诉吴三桂，这几个地方，你只需要传个话儿，就可以轻而易举地拿下。这就是说，如果不谋反，就太对不起老天了。吴三桂大喜，开始积极策划谋反之事。

一方面，他派遣亲信守住云南的各个关口，凡来往的车马行人，只能进不能出，严密封锁消息。对于钦差折尔肯等人来的到来，他表现得非常热情，装作听命诏旨的样子，并且向其请示了起程的日期。但在暗地里，他却煽动地方官员向哲尔肯上书，请求让自己继续留在云南。接二连三有人上书之后，哲尔肯大怒，他斥责那些人说："吴王自己要求移家，你们谁敢挽留！那不是与吴王作对吗？"自此之后，上书之事才渐渐息了苗头。

另一方面，他开始着手说服部下将士。虽然那些亲信已经表示要追随于他，但亲信毕竟只占其中一小部分，他需要说服更多的官兵。有一次，他特设酒宴，大宴诸将。酒过三巡之后，他端起酒杯，悲痛地对宴上的将领们说道：老夫与各位共事将近三十年了，一起同患难，共甘苦。今天四海安定，我们已经没有用武之地了。现在，皇上打定了主意，要把我们迁移到别的地方，君命不可违，我们也没有办法。这顿饭，权当我们的离别宴吧！大家尽情畅饮，共叙旧情，以后再相见，不知要到什么时候了！说罢，他已是老泪纵横，端起酒杯一饮而尽。部将们见此，无不伤感。他们跟随吴三桂多年，已经把云南当成了自己的家乡。很多人听见吴三桂这么说，甚至哭了出来。诸将领沉寂片刻，忽然一起站起来，对吴三桂说：愿听吴王旨令，约期待变。

吴三桂为人工于心计，懂得如何收揽人心。他绝不是一个多愁善感的人，但却知道在什么样的场合，可以用眼泪博取大家的信任。他慢慢地，把更多将领的心揽了过来。就算有些将领无心谋反，但看到大家皆是如此，也就不敢多说什么了。

想要与朝廷对抗，必须得出师有名，否则的话，那就真正成为乱臣贼子了。那用什么名义反清呢？鉴于吴三桂已经反过明朝一次，再用明朝的口号恐不能让人信服，于是方光琛建议他借鸡生蛋。也就是说，他借用复明的旗帜，然后自立名号。

吴三桂不愧是一个江湖老手，还未开战，他就开始适时地煽动人心。《庭闻录》中记载，他曾经对将领们说："行期紧迫，朝廷的严谴是不可避免了。近来使臣屡屡催逼，令诸君马上迁移，不然，诸君定会遭受使臣的侮辱。"其实，哪里有钦差大臣催逼！康熙曾经下令，对于他的迁移，各地方大臣都要给予最大的便利。是他故意拖延时间，才惹得哲尔肯等人忍不住催了几次。但这一催，却被他利用起来，煽动各部将领。果然，将领们听后，无不愤慨，表示要誓死追随于他。

虽然吴三桂拟定了确切的搬迁日期，预定十一月二十四日全藩启程北迁。但是日子一天天过去，他却没有一点儿动静，哲尔肯等人不免焦急起来。他们不知道，吴三桂早已要紧锣密鼓地谋划起兵了。

十一月十五日，等得极为不耐烦的哲尔肯会同云南巡抚朱国治前去拜会吴三桂。他们想要弄明白，为什么搬迁日期将至，而吴府上下却全无动静。

对于他们的到来，吴三桂依旧盛情接待，他准备了一桌丰盛的酒席请两人把酒言欢，却又绝口不提搬迁之事。朱国治性子较直，他看大家都不提此事，便忍耐不住了，于是大着胆子对吴三桂说："吴王无意迁移，三大人自去回旨。"意思是说，这三位大人来了有一段时间了，如果吴王你没有搬迁的意愿，不如就请他们回京城赴命吧！这本来是一句大实话，却触怒了吴三桂，他当即翻脸，指着朱国治的脸大骂说：云南是我用自己的鲜血换来的，你们这些小奴，竟不容我住了？朱国治等人哪里还敢多言，哲尔肯见势不好，连忙出面调解，说："王请息怒，搬迁事与巡抚无关。"言罢，他们匆匆起身告辞。虽然没有弄明白吴三桂葫芦里卖的是什么药，但他们却都看出来了，吴三桂绝不想迁移。

怎么办？哲尔肯等人经过商议，决定由傅达礼回京复命，其余人暂时留守云南，静观事态变化。不过，他们没有想到是，吴三桂早已下令封锁云南各个要道，许进不许出，傅达礼没走多远就又被拦了回来。这个时候他们才知道，吴三桂是想要谋反！不过他们知道的太晚了，云南是吴三桂的地盘，他们根本无法将消息传递出去，只能空自着急。

十一月十八日，吴三桂在郊外举行了阅兵典礼。霎时，鼓角齐鸣，军容肃然。三军将士严阵以待，长枪、大剑、画戟、雕戈，罗列左右，吴三桂身披战甲，居于其中。表面上，他是在做撤藩前的最后一次阅兵，但真实目的却不言而喻，这分明就是谋反前的一次大阅兵。

十一月二十一日，吴三桂命令军队起程，他自拥大军殿后。他的女婿吴国柱带领一支队伍，包围了云南巡抚朱国治的府邸，朱国治被擒。吴国柱对朱国治说：今天，我们就要反清复明了，你可愿意跟随我们？朱国治当即拒绝，并大骂反贼，结果被杀。吴国柱割下了他的头，提着去见吴三桂。吴三桂装作捶胸顿足，焦急地说："尔辈杀我！尔辈杀我！我三百口死不旋踵！即尔辈也必遭灭族之罪！"官兵们一听，都大呼："反了！反了！"

至此，吴三桂真正开始起兵造反。

开战

康熙十二年（1673）十一月二十一日，平西亲王吴三桂起兵反清。他率领精兵，杀了云南巡抚朱国治，处置了朱国治手下抗拒从叛的官员，举起了反清大旗。他自称"天下都招讨兵马大元帅"，建国号为"周"，议定明年为周元年。

一场自康熙登基以来最惨烈的拉锯战，就此拉开了序幕。

既然反了，那么最先要做的，自然是要安抚军心。吴三桂挑选了一个吉日，率部众拜谒了明朝永历帝的陵寝，誓师北伐。在永历帝的陵前，他指着自己的头问诸将道："我先朝曾有这样的帽子吗？"又指着自己身上的衣服问道："我先朝曾有这样的衣服吗？"诸将大声答道："没有！"于是，他下令诸将领蓄发，更换衣帽。

清朝自建国伊始，就定下了一项政策，那就是无论明朝降将、汉族官员或者汉族百姓，都必须剃发易服，改穿满族服饰，如若不然，就是不遵国体。这样会被视为对清朝不忠，是大逆不道之罪。民间有很多反清组织，都是以蓄发、改服为标志。吴三桂命令部属重新蓄发、改服，标志着他同清朝彻底决裂。

在永历帝陵前，吴三桂亲自酹酒，失声痛哭。有意思的是，明朝永历帝是他擒获的，又是他下令秘密处死的。可是时隔十多年，他却又拜倒在永历帝的陵前失声痛哭。他是在后悔，还是在悲伤？当时他的心情到底如何，已经无从考证。但是很显然，永历帝成了出师的一块招牌。他是在告诉世人：我吴三桂之所以反清，是为了光复大明江山，而不是为了自己。我所率领的军队，是正义之师。

他的目的显然达到了，他跪伏在永历帝的陵前失声痛哭，牵动了三军的民族感情。于是乎，三军同哭，"声震如雷"。之后，他"擦干眼泪"，对依附于自己的官员一一进行封赏，对反对自己的官员一一进行制裁。他本就是行伍出身，知道如何铲除异己，营造一支铁血之师。他自己是兵马大元帅，下设金吾前、后、左、右四将军，以下依次置左右、两翼将军、骁骑前、后、左、右将军，又有奋威、从威、亲威、建威、广武、勇略等将军。再往下，他又设了征朔、讨朔、复朔、灭朔、珍朔、破朔、剿朔、靖朔等八大将军。他手下本就兵多将广，此时一番封赏，俨然国运昌隆。

要打仗了，在打之前，总得告诉天下人一声，自己为什么要打仗吧！于是，他让幕僚精心制作了一道讨伐清廷的战斗檄文，全文如下：

原镇守山海关总兵官，今奉旨总统天下水陆大师兴明讨虏大将军吴，檄告天下文武官吏军民人等知悉：

本镇深叨明朝世爵，统镇山海关。一时李逆倡乱，聚贼百万，横行天下，旋寇京师，痛哉毅皇烈后之崩摧，惨矣！东宫定藩之颠踣，文武瓦解，六宫恣乱，宗庙瞬息丘墟，生灵流离涂炭，臣民侧目，莫可谁何。普天之下，竟无仗义兴师勤王讨贼，伤哉！国运夫曷可言？

本镇独居关外，矢尽兵穷，泪干有血，心痛无声，不得已歃血订盟，许虏藩封，暂借夷兵十万，身为前驱，斩将入关，李贼逃遁，痛心君父，重仇冤不共戴，誓必亲擒贼帅，斩首太庙，以谢先帝之灵。幸而贼遁冰消，渠魁授首，政（正）欲择立嗣君，更承宗社封藩，割地以谢夷人。不意狡虏递再递天背盟，乘我内虚，雄踞燕都，窃我先朝神器，变我中国冠裳，方知拒虎进狼之非，莫挽抱薪救火之悞（误）。本镇刺心呕血，追悔无及，将欲反戈北逐，扫荡腥气，适值周、田二皇亲，密会太监王奉抱先皇三太子，年甫三岁，刺股为记，寄命托孤，宗社是赖。姑饮泣隐忍，未敢轻举，以故避居穷壤，养晦待时，选将练兵，密图恢复，枕戈听漏，束马瞻星，磨砺竞惕者，盖三十年矣！

兹彼夷君无道，奸邪高张；道义之儒，悉处下辽（僚），斗筲之辈，咸居显职。君昏臣暗，吏酷官贪，水惨山悲，妇号子泣，以至彗星流陨，天怨于上；山崩土震，地怨于下；官卖爵，仕怨于朝；苛政横征，民怨于乡；关税重征，商怨于涂；徭役频兴，工怨于肆。

本镇仰观俯察，正当伐暴救民，顺天应人之日也。爰率文武臣工，共勷义举，卜取甲寅年正月元旦寅刻，推奉三太子，郊天祭地，恭登大宝，建元周启，檄示布闻，告庙兴师，刻期进发。移会总统兵马上将耿（精忠）、招讨大将军总统使世子郑（经），调集水陆官兵三百六十万员，直捣燕山。长驱潞水，出铜驼于荆棘，奠玉灼于金汤，义旗一举，响应万方，大快臣民之心，共雪天人之愤。振我神武，剪彼氛，宏启中兴之略；踊跃风雷，建划万全之策，啸歌雨露；倘能洞悉时宜，望风归顺，则草木不损，鸡犬无惊；敢有背顺从逆，恋目前之私恩，忘中原之故主，据险扼隘，抗我王师，即督铁骑，亲征蹈巢覆穴，老稚不留，男女皆诛；若有生儒，精谙兵法，奋拔谷，不妨献策军前，以佐股肱，自当量材优擢，无靳高爵厚封，其各省官员，果有洁己爱民、清廉素著者，仍单仕；所催征粮谷，封贮仓库，印信册籍，赍解军前。其有未尽事，宜另颁条约，各宜凛遵告诫，毋致血染刀头，本镇幸甚，天下幸甚！

这篇讨伐檄文，写得确实不错，至少从文采上，它简直无可挑剔。虽然它在内容上有很多不实之词，但那也无关紧要了，最重要的是，它向世人展示了"清朝统治的无道"，以致天怒人怨，从而证实了反清是真正"伐暴救民"的行为。他甚至在檄文中巧立名目，"推奉先皇三太子恭登大位"。先皇三太子在哪里？这恐怕只有他自己才知道了。对于当年他所犯下的过错，引清兵入关或者追杀永历帝，他则轻描淡写地几笔代过，说自己只是迫不得已而为之。

真真假假，已经不那么重要了！吴三桂的用意是出师有名，现在"名"已经有了，他就又把这道檄文传送各地，动员全国汉人反清。他亲自致书平南王与靖南王，号召他们同自己一起反清。与此同时，他还运用各种手段，或利诱，或威逼，尽量拉拢云贵各地官员，动员他们起兵响应。

不管怎么说，这篇写得荒唐但又不失"完美"的伐清檄文，确实起到了一定的作用。大清朝立国未久，汉族和满族之间本来就有一定的嫌隙，这篇慷慨激昂的檄文，对挑起满汉之间民族矛盾仍然具有一定的影响。据《康熙起居注》中记载，"天下骚动，伪檄一传，四方响应"，吴三桂的目的达到了。

云南本就是吴三桂的老巢，他的心腹和党羽一直遍布各职能部门。这个时候，他大旗一举，伐清檄文一发，全省的官吏大多都积极响应。像永北总兵官杜辉、鹤庆总兵柯泽、布政使崔之英，等等，都响应了吴三桂的号令。当然，也有一些官吏，如按察使李兴元、云南知府高显辰、同知刘昆，等等，很有骨气地抗拒不从。可是在吴三桂的地盘上，不从就意味着死亡。他们几个人，最终都为吴三桂所害。

据《清史稿》记载，吴三桂很想把那些有才干的人都招在麾下，他曾经派人反复劝降过李兴元等人，但是几人誓死不从。劝降者说："你们几人与旗员不同，都是明朝世家，如今正要恢复明朝，你们应该效力才是。"刘昆驳斥道："你说错了！顺治元年，吴三桂等辈迎王师入关，此其一；顺治十八年，其又于缅甸擒永历，此其二。你倒是说说，前明之亡，是谁干的？在明朝，亡明朝；事清朝，叛清朝，是两朝乱贼，天地不容！难道你们还想侮辱我这七尺之躯吗？"这话恰恰戳到了吴三桂的痛处。

其实在当时，天下人多这样看待吴三桂。之所以会有多人响应他的号召，多半都是存着私心而来，想借着他的手驱逐满清。不管响应的人怀着什么样的目的，总而言之，吴三桂的力量是越来越大了。他在云南毫不费力地消除了"异己"微不足道的反抗，把云南彻底变成了自己的天下。

康熙十二年（1673）十二月初一，吴三桂自云南发兵，向清朝展开了战略进攻。这次战争，无论是对康熙来说，还是对吴三桂来说，都非常重要。

震惊朝野

撤藩之前，康熙多存了一个心思，把甘文焜安插在贵阳牵制吴三桂。吴三桂也明白这一点，所以他一直把甘文焜视为眼中钉肉中刺，欲除之而后快。甘文焜曾因丧母回过京城一段时间，吴三桂就趁机把督标五营兵丁尽调云南，并从中挑拨督标兵丁和甘文焜的关系。

甘文焜闻知吴三桂谋反后，立即调兵遣将，准备抵御吴军。但他万万没有料到，他手下的官兵受到吴三桂的蛊惑，根本就不听从调遣，纷纷逃散。康熙原本是想在吴三桂眼皮子底下安插一枚钉子，却没有想到钉子会变成沙子，被风一吹就散了。

好在甘文焜的应变能力还不错，他调集官兵未果之后，赶紧致书川湖总督蔡毓荣，告诉他吴三桂谋反了，要赶紧做好准备。他命令贵州提督李本深，要其进兵普安，扼守盘江上游，不能让吴三桂由云南进入贵州。他又命令威宁、大定、黔西、安龙等地总兵，让他们"同心同德、共勤王事"。他一面安排防御工作，一面派人快马加鞭地去北京报信。

甘文焜虽然反应迅捷，但却还是晚了一步。他忘记了人心多变，贵州提督李本深早就依附了吴三桂。所以，他的精心布置也就成了一纸空文。反过来，李本深还写信劝他归降。甘文焜大怒，回信痛斥李本深，并表明了立场："即复寇孽猖獗，孤城受困，本部院任两省封疆，唯有效张巡、南霁云以身殉国，即身无兵革裹还，断不稍存携二也。"李本深深知甘文焜的为人，知道劝降无用，于是发兵进攻贵阳。

此时，甘文焜手下已经无兵可用了。怎么办？危急之下，甘文焜当机立断，退守镇远。镇远的地形比较特殊，外可召荆楚之兵，内可守滇黔要道，是兵家必争之地。事不宜迟，甘文焜当即令不便随行的家人自缢，抱着杀身成仁之心，带着第四个儿子和十几名随从，连夜奔赴镇远。他想要在镇远，带兵截住吴三桂。

只可惜，他又失算了。镇远守将江义也早已归顺了吴三桂，正等着他的到来。在万般无奈的情形下，甘文焜只好自杀殉国。

开战之初，吴三桂打得顺利得超乎想象。他几乎没有损失一兵一卒，就带着二十万大军冲出了云南，杀进了贵州。说是杀进贵州，其实有点儿过了。原本他最大的心腹大患是云贵总督甘文焜，可是如今甘文焜死了，贵州官吏大部分降了，还需要杀吗？他只是顺手一收，贵州就尽归其麾下。这仗打得让吴三桂喜不自胜：照此下去，恐怕用不了多久，我就能打进北京！开心之余，吴三桂指挥着大军，继续向湖广挺进。

清朝时期，通讯可不像现在这样发达。吴三桂造反的事在南方已经传得沸沸扬扬的了，但北京却一点儿也不知情。没办法，那时最快的通讯手段是"快马加鞭"，但是再快的马也需要时间来跑路。甘文焜当初派了兵部郎中党务礼和员外郎萨穆哈前往京城送信，这两个人原本正在贵州备办吴三桂搬迁所需要的粮草和船只，却没想到祸起萧墙，于是不顾一切向京城赶去。

康熙十二年（1673）十二月二十一日，党务礼和萨穆哈经过十一昼夜的日夜疾驶，终于赶回了北京。他们骑马一直奔到兵部衙门，下马后两人同时瘫倒在地，口不能言。堂吏见状，知道有急事发生，慌忙用水灌进了他们的口中。过了好一会儿，党务礼先醒过来，他的第一句话就是："吴三桂反了！"接着，他把吴三桂造反的事情详细说了出来。

"吴三桂反了！"这句话很快引起了朝廷的动荡。康熙得到奏报后，也是极为震惊。他紧急召集议政王大臣，商讨对策。

毫无疑问，撤藩是吴三桂造反的导火索。当初在是否撤藩的问题上，大臣们曾经分成两个派别，一派支持撤藩，一派反对撤藩。现在好了，出事了，于是反对撤藩的大臣们开始鼓噪起来。以大学士索额图为首的反对撤藩的大臣们，把吴三桂造反的事归咎于主撤者，纷纷要求处决支持撤藩的大臣，以此谋求与吴三桂的和解。

康熙坐在大殿上，望着殿前争论得满脸通红的大臣们，只说了一句话：

"此出自朕意，他人何罪？"言罢，堂下大臣们鸦雀无声。康熙说的是事实，当初商讨撤藩与否的时候，大多数大臣都持反对意见，他们怕的就是逼急了吴三桂。可是康熙年少气盛，拍板做出了撤藩的决定，那些反对撤藩的大臣们也不好说什么。现在果真出事了，怪谁？怪康熙吗？怕是没有一个大臣有这样的胆量吧！

其实康熙也有些后悔。此时吴三桂已经六十二岁了，他对朝廷的威胁再大，但是还能活几年呢？如果多等几年，等他死了以后再撤藩，那样说不定就没有这些变故了。可是现在不是后悔的时候，他必须先稳定住满朝大臣们的心，然后才能做出应对之策。而他稳定大臣们慌乱之心的唯一办法，就是拿出天子王者之气。

事实上，他拿出来了。

要战便战

年轻人，自有一种年轻人应有的豪气；年轻的帝王，这种豪气更甚。吴三桂的反叛，更坚定了康熙撤藩的决心，所以面对那些主张议和的大臣们的建议，他不为所动。

这一次，他又拍板决定：既然吴三桂反了，那咱们就打吧！

打？怎么去打？康熙虽然也读过不少兵书，但那都是纸上谈兵，没有经过实战的锤炼，不敢轻易拿出来用。不过虽然身为帝王，又非常年轻，但他却还是知道集思广益，博采众长。他让议政王大臣们献计献策，然后自己把那些零散的思路集中起来，做出了以下安排：

第一，他决定调派八旗劲旅前往荆州阻截吴军渡江，并把荆州作为清军的大本营。他认为荆州是长江南北的咽喉之地，关系最大，必须牢牢守住。为此，他任命多罗顺承郡王勒尔锦为宁南大将军，统领多罗贝勒察尼、都统觉罗朱满、都统觉罗巴布尔、前锋统领硕岱等一大批八旗将领前往荆州。考虑到大部队行期太长，他就命令硕岱带领佐领前锋一名，日夜兼程，赶往荆州，以安定军心。

第二，战略要地的防守。考虑到广西与贵州临境，必须要设法保住广西。于是，他下旨任命定南王孔有德的女婿孙延龄为"抚蛮将军"，责令其固守广西。四川与云南临境，所以四川的防守也是极为重要。于是，他命令西安将军瓦尔喀率军星夜奔赴四川，坚守御敌，等待援军。他知道吴军必进攻四川，然后由四川进军陕西，所以派了重兵据守。

第三，派遣军队支援。山东兖州地近江南、江西、湖广；山西太原地近陕西、四川，都属于孔道地区。这两个地方，便于集结部队，然后支援南方战场。于是，他命令副都统马哈达领兵驻兖州，副都统扩尔坤领兵驻太原。

这一番布置，可谓非常周详，把云贵的左邻右舍统统兼顾到了。他的想法是，只要吴三桂冲不出这个圈子，自己就有充足的时间来调兵遣将。他吴三桂再凶悍，总凶不过满洲的勇士们吧！更何况，大清的八旗精兵，又岂是他区区一个吴三桂可以抵挡得了的？

所以，直到这个时候，他还是一点儿也不惧怕。当然，后来他惧怕了。

着手布置兵力的同时，康熙还采取了几项措施。这几项措施，用得明智之极！

首先，他下令停撤平南王、靖南王两藩。他知道，平南王和靖南王虽然没有反，但必定心里也是对撤藩极为不满。之前他是君，两藩王是臣，他自然不必考虑两藩王的感受。但是现在他得考虑了！如果继续让两藩王不痛快，也许他们就会和吴三桂站在一起。反了一个平西王，他还能勉强应付，如果再反了一个平南王或者靖南王，或者两王都反，那局势就危急了。所以，他必须要想办法安抚平南王和靖南王的心。据《清圣祖实录》记载，获知吴三桂反叛的消息后，他立即下了手诏给两藩王："朕闻云南作乱，靖南王相应固守地方，不必搬家。平南王亦如之。"

其次，安抚军心。吴三桂当了几十年的官，出自他门下的官员，自然是不计其数。那些官员有的仍然在云南做事，有的外调他省任职，有的已经退休但亲戚仍在云南任职，等等。吴三桂造反了，那些人肯定会想：我出自吴三桂的门下，会不会受到株连？于是，康熙就下了一道圣旨，说道："概不株连治罪，自今以后，各宜安心守职。无疑虑。"这是一枚定心丸，及时地平复了一大批人的心情。

再次，向所有战略重地通报吴三桂造反的事情，并告诉他们应该做何准备。作为一名有潜质的军事家，康熙不得不深谋远虑，考虑到将来可能会发生的事情。万一吴三桂打开了缺口，冲了过来该怎么办？所以他早早谕知各地守将，要他们安心镇守，切勿轻举妄动。他这样做，使得全国军队都缓缓过渡到备战状态当中。

最后，他下诏削去了吴三桂的爵位，并向云贵军民发布了一份通告。通告全文如下：

逆贼吴三桂，穷蹙来归，我世祖章皇帝念其输款投诚，授之军旅，赐封王爵，盟勒山河，其所属将弁崇阶世职，恩赉有加，开阃云南，倾心倚任。

迨及朕躬，特隆异数，晋爵亲王，重寄于城，实托心膂，殊恩优礼，振古所无。讵意吴三桂，性类穷奇，中怀狙诈，宪极生骄，阴图不轨，于本年七月内，自请搬移。朕以吴三桂出于诚心，且念其年齿衰迈，师徒远戍已久，遂允所请，令其休息，乃敕所司安插周至，务使得所。又特遣大臣前往，宣谕朕怀。朕之待吴三桂，可谓礼隆情至，蔑以加矣。

近览川湖总督蔡毓荣等疏称，吴三桂径行反叛，背累朝豢养之恩，逞一旦鸱张之势，横行凶逆，涂炭生灵，理法难容，神人共愤。今削其爵，特遣宁南靖寇大将军统领劲旅，前往扑灭，兵威所至，刻期荡平。但念地方官民人等，身在贼境，或心存忠义，不能自拔；或被贼驱迫，怀疑畏罪，大兵一到，玉石莫分，朕心甚为不忍。爰颁敕旨，通行晓谕，尔等各宜安分自保，无听诱胁，即或误从贼党，但能悔罪归诚，悉赦已往，不复究治。至尔等父子兄弟亲族人等，见在直隶各省，出仕居住者，已有谕旨，俱令各安职业，并不株连。尔等毋怀疑虑，其有能擒斩吴三桂头，献军前者，即以其爵爵之；有能诛缚其下渠魁，及兵马城池，归命自效者，论功从优叙录。朕不食言，尔等皆朕之赤子，忠孝天性，人孰无之！从逆从顺，吉凶判然，各宜审度，勿贻后悔。地方官即广为宣布遵行。

康熙这一步做得极其巧妙。吴三桂造反了，云贵地区很多官员也跟着造反了，但那些官员并不见得是真心实意地跟着造反。康熙能想象得到，那些官员如果不跟着反，将会有什么样的下场。所以他针对吴三桂的"伐清檄文"发了一份通告，怒斥了吴三桂的罪行，表明了朝廷与其势不两立的立场。他是想要让那些思想动摇的官员再摇一摇，认清局势，搞清楚自己该站在哪一边。

过去人们思想中的等级观念非常严重，君王就是臣子的天，"君要臣死，臣不得不死"。所以，纵然吴三桂的军队声势浩大，但军心却并不是那么稳固。康熙抓住了这一点，赶紧发出一份通告，及时扩散了吴军中的不稳定因素，这确实非常高明。

从得到吴三桂反叛的消息，到做出这些应对措施，康熙仅仅用了六天时间，一个星期而已。但是，他已经做得很好了。他胆大、心细、沉着、冷静、果断，一旦认为方法可行，马上付诸行动。这个时候，他杰出军事家的潜能开始慢慢发挥出来。

一直以来，吴三桂都认为康熙只不过是个毛头小子。他之所以敢起兵反叛，这也是其中一个重要因素。虽然康熙确实是个毛头小子，但是吴三桂却忘记了，在血与火的磨炼中，毛头小子也会成长。

节节败退

康熙十三年（1674）伊始，战争正式拉开序幕。

吴三桂带兵多年，知道兵贵神速。他不费吹灰之力地占领了贵阳之后，拒绝了部属想要庆功的要求，迅速进兵湖南。他先遣马宝、吴国柱等由贵州进逼湖南；遣王屏藩进军四川，再进逼陕西。吴军和清军的第一场大仗，是在湖南沅州展开的。

湖广总督蔡毓荣派遣总兵崔世禄镇守沅州，可是康熙听闻后却说："沅州为滇、黔门户，非崔世禄一人能守。"他马上命令湖广提督桑峨率兵赶赴沅州救援。可是还是迟了一步，在吴军的强势进攻下，沅州失陷，崔世禄被俘。

康熙很有军事家的天赋，他的应对策略很周全。可是，他却少算了一件事，那就是清兵的整体素质。大清之所以能够夺取天下，与八旗兵丁骁勇善战密不可分。可是自清朝建国以后，社会逐渐安定下来，战事也越来越少，军队训练自然也就松懈下来。尤其是那些八旗中的王公贵胄，他们已经过惯了安逸的生活，没有吃过多少苦，更缺乏实战经验，突然之间让他们上战场，肯定比不过精锐的吴军。

吴三桂在云南经营多年，他是武将出身，时时不忘操练军队。而且云南地处边陲，动乱频繁，吴军时时有仗可打，所以整体素质要较清军为高。正是因为这些，清军的行为显得果断不足而散漫有余。而吴军呢，就显得比较勇猛了。

比如沅州之战，在康熙派遣桑峨救援沅州之前，湖广总督蔡毓荣已经派彝陵总兵徐治都、永州总兵李芝兰等率兵救援了。可是这两支救援队伍，一直到吴军攻陷沅州之后还未出现。结果是，吴军进出湖南如入无人之境。

当然，清军官兵除了战斗素质差外，胆子也似乎很小。看到吴军攻势凶猛，有一些清军官兵居然吓破了胆，闻风而逃。驻防长沙的巡抚卢震就是其中之一。这位巡抚的胆子小得实在是不可思议，当时吴军还远在沅州，他竟然就害怕了，丢弃长沙于不顾，匆匆忙忙逃到岳州去了。康熙闻知此事，勃然大怒，命人抓住卢震并将其治罪。可是即便是治罪，这样的人在战争中造成的损失终究无法挽回。

在他的不断督促之下，他派往荆州的军队总算陆续到达。康熙十三年(1674)正月二十四日，前锋统领硕岱率兵到达荆州；二月初一，护军统领伊尔度齐率兵到达荆州；二月初二，护军统领额司泰率兵到达荆州；二月初六，都统觉罗巴尔布率兵到达荆州。至此，荆州的兵力部署才让康熙稍微安心。

战事吃紧，康熙的脑子却越发清明。他意识到"武昌重地，不可不予为防守"，于是特命正都统觉罗朱满领兵前往武昌。他给觉罗朱满的命令是，"保固地方"。意思是说，如果吴军强悍，你就老实给我守着，只要保住武昌不失就行。考虑到常德为水陆要冲之地，康熙谕令护军统领硕岱率前锋兵士移赴常德。常德和武昌都是兵家重地，康熙自然极为重视。

他的想法很正确，但是那些领兵的将军们却太不争气。硕岱、觉罗朱满等人是康熙十二年底领命出发的，但却都慢慢悠悠地在路上走了一个月。好容易到达荆州了，理应稍事休整，就赴常德等地进行备战。可是，他们却"畏贼势盛不敢进"，白白丢失了大好机会。

而吴军，确实是猛不可挡。吴三桂以六十二岁高龄亲自披甲上阵，直杀得清军人仰马翻。在常德之战中，吴三桂又是亲自督战，吴军兵锋所指，如尖矛利箭，锐不可当。吴兵所到之处，清兵多有不战而降者。更何况，常德城中有吴三桂安插下的内应。所以很快，吴军就攻下了常德。

吴军将领夏国相奉命夺取常德以北的澧州，更是容易。常德之战已经使得澧州官兵军心不稳了，所以吴军一战，城内官兵马上易帜献城。

至于长沙，吴军夺取的也同样容易。张国柱在攻陷衡州城之后，迅速向长沙进军。这个时候，适逢巡抚卢震刚刚逃跑，城内人心动荡，官兵无心守城。看到吴军杀气腾腾地来袭，守城官兵更是心惊肉跳。于是几个副将一商议，便决定了长沙的命运。他们决定投降献城，归顺吴军。张国柱也是不费一兵一卒，就夺取了兵家重地长沙。

几场"战斗"下来，吴军屡战屡胜，士气高昂；而清军则萎靡不振，不堪一击。在这种情形下，吴军向北的推进速度更加迅猛。

三月初，吴军大将吴应期和张国柱水陆大军齐进，直攻洞庭湖之滨重镇岳州。康熙知道岳州的重要性，因此慎之又慎地在这里安置了重兵。可是，张国柱和吴应期却不与清军硬碰。他们派人偷偷潜进岳州城，策反城内守将。在他们重金的诱惑下，岳州参将李国栋领兵降敌，也是乖乖把岳州城献给了吴军。

　　仗打到这里，吴三桂笑了，康熙却咬牙切齿。从康熙十二年（1673）底沅州之战开始，到康熙十三年（1674）三月，整整三个多月的时间，清兵无一胜仗。吴军所到之处，清军皆望风而逃，甚至不敢正面交锋。沅州、常德、长沙、岳州等地，均是战略重地，但却都是被吴军轻而易举地攻下。这是事实，谁也无法更改，兵部给康熙的奏章中，只能如实禀报："吴三桂反叛以来，湖南绿营官兵多附贼。"康熙恨极，却又无可奈何。

　　据《清圣祖实录》记载，万般无奈的康熙在面对这种一边倒的战局时，只好采取大臣的建议，对负责的官员施行奖惩制度。对于那些所辖地区出问题的官员，予以重罚。可是这样做，终究不能解决实质性的问题。

　　从一开始，就有很多人对这场战争持观望态度。吴军在湖南境内大获全胜的消息，就像是一阵狂风，吹得一些人露出了原来的面目。那些本就对清朝不满意的人，便开始趁机响应吴三桂。

　　四川巡抚罗森、提督郑蛟麟、总兵谭洪、总兵吴之茂等人起兵响应吴三桂。康熙刚刚任命的"抚蛮将军"孙延龄在广西起兵，靖南王耿精忠在福建起兵。再后来，陕西提督王辅臣和广东尚之信，也相继起兵。

　　与湖南仅有一江之隔的湖北也开始乱起来，风云突变。康熙十三年（1674）三月十五日，襄阳总兵杨来嘉在谷城宣布起兵，响应吴三桂。杨来嘉原为郑经部将，后来降清。康熙并不怎么信任他，认为这个人才能平庸。吴三桂举兵反叛，康熙就谕示大将军顺承郡王勒尔锦密切注视杨来嘉的动静，以防其降吴。果不其然，杨来嘉最终投降了吴三桂，所幸勒尔锦事先有所防备，才没有造成太大的损失。

杨来嘉举兵反叛以后，郧阳副将洪福也举兵反叛。但是，这只是个开头，自他们之后，湖北境内不断有守将反叛的消息传来。战争的天平，越来越向吴三桂倾斜。年轻的康熙皇帝，越来越感觉到了沉重的压力。他心急如焚，但却又拿不出什么具体有效的应对之策，只能望南长叹。

前线战事吃紧，后方也不安稳。吴三桂湖南大捷的消息传到了北京，很快引起了一阵骚动。那些立志"反清复明"的人，也紧锣密鼓地展开了行动。有京城里，有一个叫杨起隆的人，自称是"朱三太子"，以此为号召，秘密组织起事。史书上所载的"朱三太子"，指的是明朝崇祯皇帝的第三个儿子。明朝灭亡时，他不知所踪，下落成谜。可是，他的名头却常常会被一些反清的组织借用。杨起隆趁着这个机会，借用"朱三太子"的名头，在京城里汇聚了一股力量，打算冲进紫禁城，诛杀康熙。

不过，他们的计划还没有来得及实施，就被清廷发觉了。清军包围了他们的秘密聚集点，抓捕了上百人之多。有一部分人逃脱了，清军官兵就关上城门，在城里大肆搜捕。一时间，京城内人心惶惶。

这次事件虽然没有造成什么损失，但却引起了京城百姓的恐慌。人们纷纷传言：吴三桂带领着白马铁骑，要打进京城了。这样的流言每天都在传，让康熙头痛不已。

他越发痛恨起吴三桂来。

其实刚开始的时候，康熙对于这场战争，还是抱有一定幻想的。吴三桂的儿子吴应熊，一直以额驸的身份留居在京。吴三桂起兵反叛，按照大清律例，他的家人应该被处于严刑的。但是康熙却对吴应熊格外开恩，没有将其惩办。这其实也印证了吴三桂当初的猜测，认为康熙投鼠忌器，必定不敢轻动吴应熊。后来，吴三桂挥军北上，且屡战屡捷，议政王大臣又提出"吴应熊系反逆子孙，理应诛戮，以彰国法"。但是，康熙仍然不忍将其处决。吴三桂猜测的并不完全正确，康熙不杀吴应熊，确实是有所顾忌，但最重要的是，康熙与姑母感情十分深厚。康熙与姑母年龄相若，幼时常在一起，亲如兄妹。因为这层关系，他才不忍心处决姑丈吴应熊，一拖再拖。他甚至还曾幻想，吴三桂疼爱儿子，说不定有一天会幡然悔悟，改过自新。但是，这只能是幻想。

吴三桂越打越勇猛，一直杀到了湖北境内，甚至威胁到了京城的安危，这让康熙不得不收起幻想。他要同吴三桂决绝，必须要用破釜沉舟的勇气。这个时候，大臣王熙向康熙密奏，"请诛逆子"。康熙思前想后，认为王熙说得有理，吴应熊不能留了。于是，他下令将吴应熊及其子吴世霖处死。

处死吴应熊，一切都无法挽回了！

消息传回南方，对吴三桂的打击很大。其时吴三桂正在吃饭，忽闻这个噩耗，一时"惊悸发疾，竟似死人"。人到老年，往往事事处处都会以儿女为重，这是人之常情。吴三桂当初就是算准了康熙不敢对吴应熊下手，才孤注一掷起兵反清的。可是，他小瞧了康熙。

从战争开始，康熙就一直在节节败退。也许直到此时，他才算"小胜一场"，虽然，这只是心理上的胜利。

第六章 / 鲜血之上的险胜

有限的野心

民间流传着这样一个小故事：吴三桂很相信神灵，凡事总喜欢讲求天意。他领兵夺取衡阳时，听说衡山有座岳神庙，庙里供奉着一只铜钱般大小的白龟，十分灵验。当地人把白龟放到神坛上，按时去朝拜它，向它占卜吉凶祸福。于是，他也带着亲兵朝拜了这只神龟。

他把全国的山川地图铺放到神座面前，将小白龟放到了地图上，然后开始默默祈祷。他想看看，自己到底有没有机会夺取天下。小白龟在地图上慢慢地爬来爬去，但却总爬不出长江以南地区。爬了半天，小白龟居然又爬回了云南，停止不动了。如此占卜了三次，每次都是相同的情形。

这时候，吴三桂更相信自己以云贵为根据地，实现割据长江以南地区的构想是符合天意的。既然天意如此，那就顺天而为吧！于是，他将军队推到了长江南岸，就按兵不动了。

如果历史中真有吴三桂占卜问白龟这件事儿，那么康熙皇帝真得感谢那只小白龟，因为它挽救了大清江山。

这个时候，吴军士气如虹，一路北上势如破竹，而清军未集，江北早已是风声鹤唳。如果吴三桂能在此刻一鼓作气，渡江北上的话，那么清军绝对难以讨好。清军虽然兵马众多，但奈何分散太广，一时半会儿很难汇聚起一支破敌劲旅，而吴军出动的都是锤炼多年的精锐，优劣自然不可同日而语。只不过，这个千载难逢的好机会，吴三桂白白错过了！

吴军兵至松滋，吴三桂下令三军停止前进，屯驻了三个多月。他的谋士刘玄看到这种情形，大为焦急，赶紧给吴三桂写了一封信，想让他继续挥兵北上。但是吴三桂却不肯，只是按兵不动。

难道吴三桂老糊涂了？竟然甘心放弃这大好时机？当然不是！揣度心理，吴三桂一辈子都是臣子，就算是爵至平西亲王，他见到康熙皇帝依然要屈膝下跪。所以在骨子里，对于自己的举兵反叛，他始终心有惴惴。说白了他只是云南的一个土皇帝，为云南付出了不少心血，只因为不甘心失去一切，才妄图通过战争来实现自己的梦想。他只是心疼自己画的饼被人夺走，想拿回自己的饼，却不怎么想去抢夺别人的饼。换句话说，他的野心，也只有半边天这么大了。

起兵之初，他的部属就向他提过"汉高祖分羹之计"的谋略，大谈将来"划地讲和"的政治理想。此时打到了长江边上，如果康熙同意讲和，那么他和部属们的"理想"就完全达到了。正因为如此，所以他指挥军队停住了前进的步伐。他想在这里，同康熙讲和。

可叹这个戎马一生的武将，在胜利的节骨眼儿上却犯了一个致命的错误。

这就好比两人正在打架，他已经捏住了对手的脖子，只需再用把力就能扼死对方，可是他却忽然停手了，想讲和。他想讲和，康熙愿意吗？答案是否定的！

吴三桂在长江南岸按兵不动，并遣被软禁起来的礼部侍郎哲尔肯和翰林院学士傅达礼携带自己的奏章返回京城。他在奏章中向康熙提出了分而治之的要求，想要划江而治。战火烧了三个多月，直到此时才平息下来，双方军队都得到喘息的机会。康熙更是抓住这个机会，调整战略，安排兵力。充足的时间，使得康熙可以从容调兵遣将，牢牢守住长江。吴三桂屯兵江南的这三个月，是这场战争的关键，它决定了战争的胜负。自此之后，吴三桂再想北上，已经没有机会了。

转机，亦危急

虽然与吴军的对战出现了转机，但这并不意味着康熙可以放下心来。

为什么？

因为此时的大清朝，已经硝烟四起。吴三桂起兵造反是一场大火，康熙忙乎了小半年，总算把这场大火的势头控制住了，却没有料到风已经把火星子刮得全国都是。各地反叛的声音，仍然络绎不绝。

康熙下令撤藩，是三藩同撤。吴三桂火气这么大，其他两位藩王也是一肚子怨言。不过，他们的兵势不如吴三桂强大，反应也就没有那么激烈。但毫无疑问，他们也不想就这么失去一切。平南王尚可喜还好，他是自动请辞，没有过多的怨言。可是靖南王耿精忠可就不同了，他同吴三桂一样，也想继续做土皇帝，所以就没有那么安分了。

其实早在康熙十二年（1673）八月，吴三桂还未起兵谋反，耿精忠就曾与麾下诸将密议应对撤藩之法。他没有吴三桂的精兵强将，议来议去也不敢轻举妄动，只好修书一封，差人送到了台湾。他所能想到的最好办法，便是策动郑成功之子郑经与自己一起起兵。他在信中说道："王孤忠海外奉正朔而存继述，奋威中原举大义以应天人，速整征帆，同正今日疆土，仰冀会师，共成万古勋业。"台湾郑氏是明朝遗臣，一直与清朝政府势同水火。郑经得到耿精忠的密信，自然是大喜过望。他在十月之初就率领军队渡海，驻扎在澎湖，等待耿精忠的到来。

不过，他们的计划还没有实施，吴三桂却按捺不住了，率先举兵反清。如此一来，耿精忠反而不着急了，打算先静观其变，先看看热闹再说。

康熙揣度人心确实很有一套，从吴三桂谋反这件事上，他猜测平南、靖南两王也不会老老实实同意撤藩。他知道这个时候藩是不能撤了，强制撤藩，搞不好会再反一个藩王，那可就得不偿失了。既然不能撤，那就赶紧停吧。于是，在吴三桂起兵谋反之后，康熙急忙下旨停止撤藩。康熙十三年（1674）正月，诏书传到了福建，康熙在诏书中命令耿精忠"固守地方，不必搬家"。下过诏书后，康熙还不放心，又派大臣去了福建，令原属耿精忠所辖的两翼官兵仍归其管理。他实在是有些怕了，想要通过这种方式，尽量拉拢剩余的两位藩王。

这诏书，下得正是时候。如果康熙再晚几天下诏书，有可能耿精忠就会联合郑经起兵。其时清军在吴三桂的猛攻下正在节节败退，如果在那个节骨眼儿上耿精忠再起兵，那可真是乱上加乱了。还好，接到康熙的诏书后，耿精忠马上派人赶到澎湖转告郑经，稍缓行动。

为了更好地安抚耿精忠，康熙先后两次谕示福建总督范承谟，让其搞好与靖南王之间的关系。范承谟接到谕令，立即停止撤藩工作，并将已经收回的藩府左右两翼七千官兵原数归还。不料，耿精忠却摆起了架子，拒绝接收。范承谟很是生气，亲自到藩府交涉。他对耿精忠说："我奉兵部密咨，理无不交；而王既奉手诏，亦断无不受之理。"这话说得不卑不亢，意思是我奉皇命而来，当然得交，而你是大清臣子，怎能不奉命接收？耿精忠无言以对，只好接收。

　　福建是耿精忠的地盘，康熙先后两次派人传谕给范承谟，自然是逃不过耿精忠的眼线。这件事引起了耿精忠的警惕，他怀疑康熙是要暗算自己。其实，这也不能怪耿精忠多疑，这是人之常情。三藩镇守南疆多年，虽然各自为王，但是在利益上却是休戚相关。吴三桂谋反了，康熙自然会猜忌其余两藩，那么用手段对付也就顺理成章。耿精忠虽然暂时按兵不动，但实际上已经成了惊弓之鸟。

　　恰巧在这个时候，福州街头巷尾传出了一首歌谣，内容是这样的："七星再拜真天子，分明火从耳边起，杀尽三山牛出血，身骑白马军中止。"什么意思？福建省城为防火灾，在布政司直街前有七井，而这个地方正是藩府的所在地。"七星再拜真天子"的意思就是说：藩府要出真命天子了。那么，谁是真命天子？歌谣马上又唱出"分明火从耳边起"，火耳合并是个耿字，这个真命天子姓耿。"杀尽三山牛出血，身骑白马军中止"。"三山"是福州的别号，"杀尽三山"意味应当起兵谋反，这才是顺应天意。

　　当然，这首歌谣是有心人编造出来的。但是我们不得不说，编造者的水平实在高明，这歌句句唱到了耿精忠心坎里。既然起兵谋反是顺应天意之事，为什么不起兵？当然要起兵，耿精忠也按捺不住了。又隐忍了两三个月后，耿精忠展开了行动。

康熙十三年（1674）三月十五日，耿精忠诈称海寇来犯，派人到督署邀请总督前往王府议事。倘若有海寇来犯，身为福建总督的范承谟焉有不知之理？他虽然感觉到了不对，但还是应邀前往。部下让其多带些人去，他却说："众寡不敌，备无益焉！"意思是说，如果要出事，多带人也没有用，这里是耿精忠的地盘啊。说完，他会同巡抚刘秉，一同前往王府。

在王府里，耿精忠早已安排妥当，擒获了范承谟。随后，耿精忠又派人冲入督署，抓捕了范承谟的家人。至此，耿精忠开始举兵反清，与吴三桂相呼应。他自称"总统兵马大将军"，以曾养性、白显忠、江元勋为将军，以福建巡抚刘秉为兵曹尚书，以史萧震为布政使，开始一步步蚕食福建各个城池。

福建本就是耿精忠的地盘，其党羽遍布各职能部门。起兵之后，他一呼百应，很快就完全控制了福建。

当然，耿精忠的野心也不仅仅只有福建。控制福建之后，他还想要夺取更大的地盘。他主动邀约吴三桂进军江西，自己则与之配合作战。同时，他又煽动潮州总兵刘进忠，骚扰广东。当然，他也没有忘记自己同郑经的约定，他提出让郑经在东南沿海举兵，而自己则在福建吸引清军的注意力。

耿精忠的反叛，给原本平衡下来的局势又增加了一个沉甸甸的砝码。战争的天平，又开始向叛军倾斜了。

让康熙最为头痛的自然是吴三桂了，其次是耿精忠，再次是孙延龄。

前面我们已经介绍过，吴三桂一发难，康熙就想到了广西。他想要通过固守广西的方式，牵制吴军北进。广西与云南临境，如果能够在广西安置一支劲旅，那就等于在吴三桂家门口立了一支长矛。吴三桂想要挥军北上，总得考虑老巢是不是安全。这样一来，他有所顾忌，北上就不能那么随心所欲了。康熙的脑筋转得很快，仓促之中就能想到这一层，实在很不简单。而且很快，他就想到了肩负这一重任的合适人选。

他想到了孔有德的女婿孙延龄，并且任命孙延龄为"抚蛮将军"。孙延龄是辽东人，其父孙龙原为孔有德部将，早年随孔有德一起投降清朝。后来孔有德南下，便留孙延龄镇守广西。孔有德感念孙龙追随自己多年，便将独生爱女孔四贞许配给了孙延龄。不过，还没有等到孔四贞和孙延龄成婚，孔有德和孙龙便都战死于桂林。战后朝廷论功行赏，便批准孙延龄承袭了其父二等男爵的爵位。康熙五年（1666），康熙任命孙延龄为镇守广西将军，统辖孙有德旧部，驻守桂林。

对于孙延龄，康熙寄予了厚望。他认为，朝廷对孙延龄如此厚待，其必定能忠于朝廷，不负众望。

然而，孙延龄终归让康熙失望了。

康熙十三年（1674）二月二十七日，孙延龄在桂林举兵反叛，投降了吴三桂。康熙原本的计划很好，他让孙延龄盯着云南伺机而动，清军则南下抗吴，时机成熟时还可以两下夹击吴三桂。可是人算不如天算，孙延龄降了。这下倒好，连广西都成了吴三桂的地盘，吴军势更大了。

反了就反了吧！反了更好，不用提心吊胆地防止他们反叛了。不知道康熙当时有没有这种无奈的想法，但战事如此发展，确实出乎了他的意料。

这个时候，吴三桂在湖南督战，与清兵相持；耿精忠在福建起兵，并向江西展开了进攻；孙延龄在广西降吴，自称"安远大将军"，控制广西。这一切，都让康熙既愤怒又心惊。一个吴三桂已经如此难以应付，再加上耿精忠和孙延龄，这仗怎么打？好不容易出现的转机，又让突如其来的危急给颠覆了。

好在，在风云突变的战事中，康熙的心智愈发成熟了。

逐个击破

对于这场突如其来的战争，康熙原先是估计不足的。他年少气盛，得知吴三桂谋反的讯息后，就毫不犹豫地挥军南下。他想要用年轻人的血性，给吴三桂一个沉痛的教训。

然而，得到教训的却是他自己。当时前去荆州阻击吴军北上的宁南靖寇大将军多罗顺承郡王勒尔锦曾经放出豪言，"进取云贵之期，不过八月！"可是直到八年之后，这场战争才算是真正结束。甚至，如果吴三桂能够果断一点儿，那么康熙最后能否继续坐在皇帝宝座上面，还是未知之数。

在这场战争中，康熙的的确确得到了教训。前线战场连番失利之后，他终于意识到，要平定这场战争，不是轻而易举的。所以，再给前线将领下谕令的时候，他的谋略变了："云南尚未可轻进，必俟四川全定，方图进取。""今唯先取常德、长沙，以寒贼胆，方为制胜。"他想要稳扎稳打地扳回战局。

恰好，吴三桂又"识趣"地给了他喘息的机会。他抓住吴三桂屯兵江南的机会，赶紧完成了兵力部署。之后，他把岳州、长沙作为战略进攻的重点，开始了反击。他认为，岳州是水陆要冲，急需攻取。这个时候的吴军与清军之间，开始出现一种平衡状态。何为平衡？这也就是说，之前那种一边倒的局势，已经有所改观，双方你争我夺，展开了拉锯战，互有胜负。就算是耿精忠反了，孙延龄也反了，康熙还是把重点放在了吴三桂身上。

对于耿精忠的反叛，康熙采取征剿与招抚交替使用的策略应对。他憎恨耿精忠的谋反，但却又不像恨吴三桂那样深入骨髓。采用这种策略，他就能够在政治上瓦解敌人，最大限度地孤立吴三桂。在他看来，耿精忠及一干反叛势力，只是吴三桂的帮凶，吴三桂才是真正的恶首。他要慢慢解决这些帮凶，然后集中全部力量铲除吴三桂。

所以，针对耿精忠的军事动向，康熙命令定南将军希尔根、平南将军赖塔、平寇将军根特巴鲁，分别由江西、浙江、广东三面进行围剿。同时，他又命令扬威将军阿密达、镇西将军席卜臣、安南将军华善、镇东将军剌哈达等将领带兵驻扎东南京口等地，伺机而行。沿海地区郑经也在忙着动乱，于是康熙又派杭州、镇江水师护卫海疆。

前番战场的失利，使康熙意识到清军的不足之处。为了解决清军的种种恶习，康熙果断派出一些亲王贝勒们上前线督战。他授和硕康亲王杰书为奉命大将军，固山贝子傅喇塔为宁海将军，让他们驻守江南。他还派安亲王岳乐驻扎南昌，简亲王喇布驻守江宁。他给这些亲王极大的权力，让他们严肃军纪，大力整顿散乱的军队。有了这些亲王贝勒坐镇，军容果然为之一改。

吴三桂谋反，康熙最终杀了其儿子和孙子。但是耿精忠谋反，康熙却予以区别对待，只是削了其爵位，收禁了其在京的兄弟。甚至，他还发出布告，宣布了一些极为诱人的政策。什么政策？他在布告中说："凡被贼迫胁之官员兵民，有能擒斩精忠投献军前者，优加爵赏；或以兵马城池纳款者，论功叙录；或力有不逮自投来归者，亦免罪收用；其原系所属之人，见为直隶各省文武官员者，概从宽宥；虽有父子兄弟见在福建者，亦不株连。"清代犯上作乱是重罪，是要株连灭族的。耿精忠谋反了，他的部属迫不得已也跟着谋反，按照大清律例他们已经没有了退路。但是现在退路来了，皇帝说胁从者不问，死路变成了生路，他们的心自然要动摇起来。

不仅如此，康熙还给了耿精忠极大的悔过空间。他曾传谕剿耿将领，说耿精忠虽然也是叛逆，但却与吴三桂不同。耿氏一门三代，已经为大清效力四十多年，而吴三桂则是中途投诚。所以耿精忠谋反，必定是受了吴三桂的挑唆，罪不当诛。他特别强调，只要耿精忠能够"革心悔祸，投诚自归，将侵犯内地海贼，进剿图功，即赦免前罪，视之如初"。

他的这种策略虽然有效，但在刚开始时却没有起到太大作用。其时耿精忠刚刚举兵反叛，打了一些胜仗，尝到了一些甜头，所以对于康熙下诏从宽一事置若罔闻。他甚至还扣留了康熙派去下诏的官员，以示与清廷势不两立。不得已，康熙只得谕示剿耿将领，招抚不能脱离军事征剿，而必须结合军事征剿同时进行，绝对不能因为招抚而耽误了征剿。这是康熙的底线，如果耿精忠不服，就打到他服为止；如果他死不悔悟，那么也可以将其斩杀。

有了康熙的这些政策，清兵打起仗来，就顺手多了。自康熙十三年（1674）七月衢州之战开始，耿军开始屡屡战败。再往后，这位自以为顺应天意的"总统兵马大将军"，终于慢慢尝到了失败的果实。在清军与耿军的交战中，耿军都是败多胜少。不得已，耿精忠只好指挥部属慢慢朝福建退缩。

耿精忠在战场上连番失利，自然是气急败坏。郑经曾向耿精忠借漳州、泉州招募军队，但却遭到其拒绝。于是，这队盟军的关系开始迅速恶化。这又让康熙抓住了机会，分而攻之。

此时，耿精忠已经濒临绝境。在军事上，他节节败退；在政治上，他内外交困。长期的战乱，使得福建民不聊生，更使得耿军军饷匮乏。在这种情形下，开始有士兵偷偷逃亡。而且很快，逃亡就形成了一股强风，吹遍了耿军。而他的后方也不稳定，郑经趁其军心不稳，在沿海地区争抢地盘。耿精忠的造反之路，已经走到了头。

到了这个时候，康熙还是对耿精忠极为宽容。他谕示康亲王杰书，"其以时事晓谕耿精忠速降"，为的是不使福建百姓生活更苦。

万般无奈之下，耿精忠只好投降。他派遣精奇尼哈番刘蕴祥等赴延平献出了总统将军印，又派儿子显祚把清军迎到了福州城。而他自己，则率领文武官员出城投降。康熙没有食言，他仍然保全了耿精忠靖南王的爵位，并让其随大军一起征剿郑经，将功赎过。他的弟弟耿昭忠被封为镇平将军，驻守福建。

这一切，自然让耿精忠感恩戴德。他率领部属奋勇作战，于康熙十六年（1677）将郑经逐回厦门，尽复福建失地。

对于孙延龄的反叛，康熙在失望之余，也给了其极大的悔过机会。孙延龄起兵起，康熙曾对兵部发出了旨令：

"逆贼孙延龄，原系定南王下末弁之子，本无才能功绩，祗缘定南王孔有德航海归诚，出师尽节，世祖章皇帝悯其忠贞茂著，官兵人等不忍分离，收拾散亡，俾为一族，仍以所属官员统之，养赡加恩，概从优厚。迨朕御极，念孙延龄既配王女，理应量加宠荣，故授为将军，使之管理定南王所遗官兵，镇守粤西。在孙延龄叨冒崇阶，自应恪恭职掌，殚忠报效。乃历任以来，屡有过犯，及累经王永年等讦奏赃罪，部议从重处分。朕犹以定南王之功，曲加贷宥，仍令管兵如故。近复赐以抚蛮将军印，委任有加，恩宠罔替，不意孙延龄包藏祸心，背恩忘义，结连逆贼吴三桂，辄行反叛，煽乱地方，国法难容，宜加显戮！

"今削其将军职衔，大兵指日进剿，立正典刑。但念其所管官兵，系定南王旧人，受恩累朝，忠义素着，必不甘心从逆，弃前勋，其所管人员及地方官兵，有能擒斩孙延龄投献军前者优加爵赏，或以兵马城池纳款者，论功叙禄；或力有不达，能自拔来归者，亦免罪收用。至于伊等父兄子弟，见在京城、直隶各省者，概不株连，毋得心怀疑畏，自罹法纲，负朕好生之意。尔部即速行遍谕。”

其实，孙延龄起兵，纯属偶然。在年龄上，他和康熙相差无几，都是二十多岁的青年。他并没有深远的政治目的，之所以起兵谋反，只是因为报复。一年之前，其部下都统王永年、副都统孟一茂、参领胡同春等人上疏，揭发他诸多不法事，包括贪污国家财政、纵容部下残害百姓、昼闭城门、乡民不敢入城等罪状。这事最终传到了康熙耳朵里，他极为震怒，要求兵部撤查此事。为此，兵部专门派人前往广西调查。结果是，孙延龄的这些罪行都是属实。兵部据实向康熙禀报，并要求将孙延龄治罪。但是康熙考虑其与孔家的渊源，最终决定宽大处理，免予处分。

这件事藏在孙延龄心里，慢慢萌发了仇恨的种子，他把王永年等人看成了自己的仇人。吴三桂云南起兵后，康熙十分重视广西的安危，于是对孙延龄和王永年都委以重任。这样一来，孙延龄是又惊又怕。他对付不了王永年，更怕其将来还会弹劾自己。正当他一筹莫展之际，吴三桂适时送来一封书信，劝他起兵。为了能够找王永年等人报复，他甚至没有多加考虑，就答应了起兵。

但是起兵不久，他就有些后悔了。他的妻子孔四贞是孔有德之女，而孔有德则是大清的功臣。孔四贞不愿意自己最后落上“叛贼”的罪名，所以她一直在极力反对孙延龄反叛。而孙延龄这个人一直又很惧内，因此他的心神又开始动荡起来。而且，吴三桂原本就看不起孙延龄，认为其没有多大本事。这让孙延龄很是窝火，常常找借口不配合吴三桂的军事行动。

吴三桂生性多疑，自然看出了孙延龄在左右摇摆，于是决定将其除掉。

康熙十六年（1677），孙延龄在妻子孔四贞的说服下，决意归顺清廷。康熙接到孔四贞的密报，龙颜大悦，决定赦免孙延龄的罪过。可是这件事却被吴三桂知道了，他大为恼怒，派遣孙儿吴世琮赶赴桂林，杀死了孙延龄，软禁了孔四贞。自此之后，广西直接归于吴三桂辖下。

不过，广西官兵多是孔有德部下，他们并不愿意降吴，只是迫于形势似意奉迎而已。虽然吴三桂控制了广西，但实际上，广西对于清朝的威胁已经不大了。

力平尚藩

追根究底，三藩之乱是从尚可喜请辞开始。

尚可喜虽然一心想要告老还乡，但却还是希望自己的儿子能继任王位。所以，对于康熙撤藩一事，他虽然不敢多说什么，但心中还是有些不满。

康熙十三年（1674），户部尚书梁清标、郎中何嘉祐奉命到广东会见尚可喜。其时吴三桂已反，康熙下旨暂停撤藩，但是尚可喜等人却并不知情，他们以为钦差是来催行的，所以有点儿不高兴。尚可喜对待两位钦差的态度很冷淡，甚至不愿意与他们交谈。

第二天，尚可喜再度与梁清标和何嘉祐会面。尚可喜带着将领，表达了自己的意愿："启行艰难，我们愿守广东，报效朝廷。"他想要以自己的年迈之体，为朝廷尽自己的一份力。

梁清标笑着对他说：诏令还没有宣读，怎么言及启行呢！下官离京时，皇上私下交代，平南王劳苦功高，与诸藩不同，当永镇南疆。接着，他向尚可喜宣读了康熙的诏书。康熙在诏书中极力称赞尚可喜的功劳，让他率军抵御吴军。

尚可喜欢天喜地，但是他的儿子尚之信却并不怎么高兴。尚可喜本来就要告老还乡了，可是如今还要继续留在广东，尚之信又怎么能高兴得起来？他们父子之间的关系，一向不睦。

没过多久，吴三桂派人送信给尚可喜，劝其举兵响应自己。尚可喜一心报效朝廷，想都没想，就抓住了吴三桂派来的使者，并将这封书信转交了朝廷。在耿精忠、孙延龄举兵反叛之后，他又赶紧上书以示清白。他在奏疏中说："臣与耿精忠本系姻娅，今精忠反，不能不踧踖于中，窃臣叨王爵，年已七十有余，虽至愚极陋，岂肯向逆贼求功名富贵乎！唯知捐躯矢志，极力保固岭南，以表臣始终之诚。"康熙大为高兴，认为广东有尚可喜，吴三桂终不能成事。

于是他给了尚可喜极大的权力，谕令兵部，两广一应军机调遣事宜，尚可喜与总督金光祖可共同酌情调拨。同时，他还接受了尚可喜的推荐，让其次子尚之孝承袭平南王。对于新任的平南王，他也给了很大的信任，下令凡是督抚提督以下，俱听王节制，文武官员听王选补奏闻。康熙十四年（1675），康熙又封尚可喜为平南亲王，授尚之孝为平南大将军，尚之信为平寇将军。这一下，尚家的权势比之撤藩之前，反而更大了。

康熙看人没有错，尚可喜的确很忠诚。但是，他还是高兴得太早了！尚家出现了一个变数，也是这个变数导致康熙的计划全盘失败。这个变数，是尚可喜的长子尚之信。

原本在兵力上，尚可喜与吴三桂就有很大的差别。吴三桂举兵谋反以后，南疆地区更是有很多将领归于其麾下。这就导致尚、吴两藩之间的兵力悬殊更甚。吴三桂分兵进攻广东，尚可喜也阻挡不住，形势十分危急。屋漏偏逢连夜雨，广东连州、惠州、河源等地方的反清势力看准了机会，也开始蠢蠢欲动。没有办法，尚可喜只好分出部分兵力去平息动乱。这样一来，他的兵力部署更是薄弱。

另一方面，耿精忠带兵攻占了江西的建昌、抚州、赣州等地，与占据袁州、吉安的吴军互为犄角，切断了清军和广东的联系。这样一来，尚可喜就成了孤军奋战，其窘迫可想而知。在这种情形下，尚可喜开始连连失利，四面楚歌，军心涣散。

此时尚可喜已经七十多岁了，连日焦虑之下，终于病倒在床。没有办法，他只好让还在身边的尚之信代理军事。

尚之信是尚可喜的长子，但为人暴虐，所以并不得尚可喜看重。按照常理，尚可喜的平南王爵位，应该由尚之信承袭，但是最终却落在了尚之孝身上。这让尚之信十分怨愤，但摄于父亲的威严，却又无可奈何。

这对父子之间的矛盾，吴三桂摸得一清二楚，他适时地收买了尚之信，并许诺事成之后封其为王，世守广东。而这些正是尚之信梦寐以求的，于是他答应吴三桂举兵起事。

康熙十五年（1676）二月二十一日，尚之信发动兵变，接管了平南王的职权。同时，他也接受了吴三桂的"招讨大将军"印。两广总督金光祖等人随他一起降了吴三桂。

得知儿子举兵谋反的事后，尚可喜又愧又恨，觉得自己对不起浩荡皇恩。

他本就身患重病，此时又心神激荡，导致病情更加严重。很快，他就接近弥留。临终前，他对守护在身边的几个儿子说："吾受皇朝隆恩，时势至此，不能杀贼，死有余辜！"随后，他让儿子为自己穿上官服，向北叩头而亡。这一年，他已经七十二岁。

尚可喜死后，尚之信软禁了弟弟尚之孝，自己则执掌了藩府兵权。这个王位是尚之信一直想要得到的，为此，他已经付出了太多。

不过，尚之信降吴也非出于真心。他不傻，知道吴三桂想要什么，自己想要什么。他的野心不大，只是想世守广东，做广东的霸主，也就够了。所以他名义上接受了吴三桂的封赏，但却一直并未采取什么实质性的行动。他的军事策略很简单：坐山观虎斗，保存自己的实力。甚至吴三桂想要借道广东，他也不肯。这很有意思，他举起了谋反大旗，但却坐得远远的，生怕自己吃了大亏。

他的这种态度，自然对清军极为有利。

慢慢地，战争的天平开始越来越向清军倾斜。尚之信看到这种变化，知道如果再不做决定，就会追悔莫及了。康熙十二年（1673）十二月，他派人前往清军营前乞降。这时候，距他举兵反叛，仅仅只有十个月。康熙接到他的乞降书后，自然喜不自胜，下旨嘉奖了他，准许他戴罪立功。

康熙十六年（1677），尚之信打开广东门户，邀请清军入粤。康熙抓住这个机会，命令驻军江西的镇南将军莽依图率军急速向广东韶州开拔。清军进入广东，使得吴三桂侧面上多了一把长枪，他不得不分出兵力拒敌。

对于尚之信的及时悔悟，康熙十分欣喜。他下令尚之信袭平南亲王爵，让其继续驻守广东，抗击吴三桂。

至此，尚藩之乱稍平。

大局渐定

在这场战争中，除了尚藩举兵反叛外，还有一支反清力量也让康熙吃尽了苦头。

吴三桂甫一举兵谋反，四川巡抚罗森和提督郑蛟麟等人归顺了吴三桂。这样一来，四川也几乎尽在吴三桂的控制之下。吴三桂指挥大军，一方面据江抵御清军，另一方面让罗森、郑蛟麟等人取道汉中进攻陕西。

对于陕西，吴三桂是志在必得。吴三桂本人精通兵法谋略，深知陕西对于战局的重要性。陕西是边陲要地，西控新疆，南通四川，地理位置十分重要。而且最重要的是，陕西各地方的将领以汉人居多。换言之，如果他能夺取陕西的话，那么就可以直接威胁到京城的安全。到那时候，康熙必定会收回兵力护卫京城，那么吴军在南方战线上就会轻松很多了。

吴三桂能想到的，康熙自然也能想到，他同样知晓陕西的重要性。康熙十三年（1674）二月，他任命刑部尚书莫洛为陕西经略，率领精兵驻扎西安府，命他会同陕西提督一起拒吴。他给了莫洛极大的权力，"巡抚、提、镇以下，悉听节制；兵马粮饷，悉听调发；一切应行事宜，不从中制；文武各官，听便选用，吏、兵两部不得掣肘；邻省用兵，当用援者，酌量策应；如有军机，将军总督领兵而行"。不久，他又加封莫洛为武英殿大学士。他想在陕西建立一个以莫洛为中心的铁桶政权，让吴三桂无从下手。

他的这些策略，确实很有用，吴军打到陕西边境，不得不止住了脚步。

于是，清军和吴军在西北战场上展开了一场场血腥厮杀。在莫洛的有效调度下，清军慢慢掌握了主动权，给吴军以痛击。

但是谁也没有料到，清军还是出现了问题。康熙十三年（1674）年底，陕西提督王辅臣变节。

王辅臣祖籍河南，同吴三桂一样，也是明朝降臣。他作战勇猛，靠着战功一步步升成了副将。顺治五年（1648），他随大同总兵姜壤一起投降了李自成。李自成兵败后，他又降了清廷。后来，明朝降将洪承畴路过河南，看中了王辅臣的勇猛，遂推荐其在吴三桂手下做了右营总兵。王辅臣善于奉迎，在云南时极力讨好吴三桂，结果很得重用。

康熙听说王辅臣是个将才，就将其调往平凉任提督。王辅臣离开云南前去赴任的时候，吴三桂亲去送行，并赠送其两万两银子作盘缠。对此，王辅臣非常感激。王辅臣与吴三桂之间，有着非同寻常的主仆之情。

当然，康熙也很看重王辅臣。他曾多次宣王辅臣进京叙话。有一次王辅臣从京城返回平凉，临行前向康熙辞行，康熙赐了他一杆蟠龙豹尾枪，并对他说："这枪本有两支，是先帝赐给我的。我每次外出，就将此枪列于马前，表示不忘先帝。你是先帝的老臣子了，我把此枪赠你一支，希望你能好好护卫平凉重要。"康熙的信任让王辅臣感动不已，他久久跪伏于地，立志誓死报效皇恩。

可是，他最终还是辜负了康熙的信任。

吴三桂谋反后，很快就想到了王辅臣，他深知辅臣之才，决意将其招降。于是，他派王辅臣在云南的老部下汪士荣，带着自己的一封亲笔信，劝其举兵响应自己。看到吴三桂的来信，王辅臣曾经有了动摇。但冷静下来后，他抓住了汪士荣，将其连同劝降书一起送到了京城。王辅臣的态度让康熙很是放心，他认为陕西有了莫洛和王辅臣，已经不惧吴三桂了。

不过他怎么也没有想到，王辅臣和莫洛之间的矛盾，会使得局势发生了变化。莫洛经略陕西，位高权重，所以他对王辅臣的很多意见都听不进去。这让王辅臣非常生气，开始痛恨起莫洛来。后来，由于战略意见不同，王辅臣与莫洛之间的嫌隙越来越大。莫洛甚至利用自己手中的权力，开始故意刁难王辅臣。王辅臣曾与莫洛一起出征，当王辅臣率领部将与吴军周旋请求增兵时，莫洛却只给其两千骑兵，而且这两千骑兵，尽是人弱马瘦。王辅臣的忍耐已经到了极限，他对部将说："经略尽调我良马他往，以疲瘠者予我，欲置我于死地！"

任何人，一旦有了这种危机意识，往往都会为了自保而采取行动。王辅臣别无他法，只好举兵谋反。

康熙十三年（1674）十二月初，王辅臣突然发兵，袭击了经略莫洛的军营，并杀死了莫洛。

王辅臣的反叛，完全打乱了康熙原定的战略部署。康熙知道，军情刻不容缓，如果王辅臣与吴三桂合在一起，那么陕西就危险了。他恨不得自己能亲赴荆州，消灭吴三桂。可是他是皇帝，要留在京城坐镇，根本无法亲征。

冷静下来之后，康熙果断地采取了应对策略。他派遣副都统鄂克济哈、将军坤巴图鲁等人紧急率领精兵奔赴西安。然后，又命令理藩院员外郎拉笃祜、图尔哈图等人，从蒙古调拨了数千名精兵，会同江宁扬威将军阿密达一起，奔赴西安。他不能让王辅臣反叛的后果扩大，这会很严重。

不过他认为，武力镇压王辅臣叛乱，只是下策。如果清军和王辅臣部打起仗来，那么只会便宜了吴三桂。所以，他要想办法和平解决这件事。作为皇帝，他所能使用的和平解决方式，只有招抚。几个月前，王辅臣还将吴三桂的策反信送往京城，那就说明，他和吴三桂合谋的可能性不大。那么，到底是什么促使王辅臣反叛呢？恰巧此时王辅臣之子王继贞在京叙职，康熙就召见了他。

一见王继贞，康熙就对其说："你父亲反了！"

对于王辅臣反叛的事，王继贞并不知情。等到他弄明白了事情的始末时，已然吓得面如土色。他哆嗦着对康熙说："我一点儿也不知道这件事，请皇上恕罪！"说完，他猛然想起父亲向来和莫洛不合，便向康熙言明了这件事。

康熙面色稍霁，拉起跪倒在地上的王继贞，对他说："我知你并不知情，所以并未怪罪。我也知道你父一向忠贞，决不至于做出谋叛的事，大概由于经略莫洛不善于调解抚慰，才有平凉兵变。你速回去，向你父宣告我的旨意。你父无罪，杀经略，罪在众人。如果他能够破贼立功，那么我可以既往不咎。"

王继贞感激涕零，带着康熙的旨意，回到了陕西。

康熙的眼光是何等敏锐，他看出一个王继贞绝对难以说服王辅臣，于是又派遣科臣苏拜会同陕西总督哈占一起前往西安招抚王辅臣。与此同时，他还下诏，对于同王辅臣一起反叛的官兵，由于"变起仓促，情非得已"，所以概不治罪。他同样也给了王辅臣及其部属一条悔过之路。

怕王辅臣还不放心，他甚至亲手写了一道赦文，宽宥其过失：

"近据总督哈占奏称：进剿四川，军中噪变，尔所属部伍溃乱，朕闻听此信，殊为骇异。朕思尔自大同隶于英王，后归入正白旗，世祖章皇帝知尔赋性忠义，才勇兼优，拔于侪伍之中，置于侍卫之列。命尔随经略洪承畴进取滇黔，尔果能殚心抒忠，茂建功绩。遂进秩总戎，宠任优渥。迨及朕躬，以尔勋旧重臣，岩疆修赖，特擢秦省提督，来京陛见，面加讯问，益悉尔之忠贞天禀，猷略出群，朕心深为嘉悦，特赐密谕，言犹在耳，想尔犹能记忆也。

"去冬吴逆叛变，所在人心，怀疑观望，实繁有徒。尔独首倡忠义，举发逆札，擒捕逆差，遣子王继贞驰奏。朕召见尔子，面询情形，愈知尔之忠诚纯笃，果不负朕，知疾风劲草，于今见之。后尔奏请入觐，面陈方略，朕以尔忠悃夙着，深所倚信，且边疆要地，正资弹压，是以未令来京。经略莫洛，奏请率尔入蜀，朕以尔与莫洛和衷共济，毫无嫌疑，故令尔同往建功。兹兵变之后，面询尔子，始知莫洛于尔，心怀私隙，颇有猜嫌，致有今日之事。则朕之知人未明，俾尔变遭意外，忠荩莫伸，咎在朕躬，于尔何罪？朕之于尔，谊则君臣，情同父子，任寄心膂，恩重河山。以朕之倦倦于尔，知尔之必不负朕也。至尔所属官兵，被调进川，征戍困苦行役艰辛，朕亦悉知。今变起仓卒，情非得已，朕唯加矜恤，并勿致谴。顷已降谕，令狭西督抚，招徕安插，并遣尔子，往宣朕意。恐尔尚怀犹豫，兹特再颁专敕。尔果不忘累朝恩眷，不负平日忠忱，翻然悔悟，敕戢所属官兵，各归队伍，即令率领，仍还平凉原任。已往之事，概从宽宥；或经略莫洛、别有变故，亦系兵卒一时愤激所致，并不追论。朕推心置腹，决不食言。勿心存疑畏，有负朕笃念旧勋之意。"

　　与其说这是一道谕旨，还不如说这是康熙写给王辅臣的一封私信。在信中，康熙的语气很平静，他回忆起自己与王辅臣之间的事，娓娓道来，充满了浓厚的情谊。对于王辅臣的反叛，他没有一句责备之言，而是让自己承担了全部过错。他怪自己不能知人善任，甚至没有了解王辅臣与莫洛之间的嫌隙，这才导致出现了变故。他是皇帝，却能用这种语气去和一个反叛之人谈心，实属难得。王辅臣纵然是铁石心肠，看到这道充满情谊的赦文，也要感激涕零，悔过自新。

　　事实也确实如此，虽然反叛，但王辅臣仍以臣子的礼节跪在地上听了赦文。听完之后更"激动万分"，遂派人进京面见康熙，陈述了自己"反叛"的原因。他把一切过错全都推到了莫洛身上，说这件事全是因莫洛"控驭失宜，军心不服"所致，自己则是不得已而为之。虽然王辅臣的辩解中有不少不实之词，但是有一点很明显，那就是他看起来像是后悔了。而这些，才是康熙真正想要的。

尽管如此，康熙还是没有大意。他知道王辅臣虽然表示了悔过之意，但也不排除是借机拖延时间。对此，他做了两手准备。他一方面派大臣去陕西招抚王辅臣，示以皇恩；另一方面，他谕令定西将军贝勒董额和陕西总督哈占，让他们密切注意王辅臣，防止其采用缓兵之计。

很不幸，康熙又料中了。王辅臣虽然已有悔意，但他清楚莫洛是清廷重臣，而且又是西北战场的主要指挥者。莫洛之死，对于整个战争局势都有很大的影响。所以无论康熙怎样表示不追究自己的过错，这个罪责却终究无法避免。而仅这一条罪，就足以让自己抄家灭门了。

正因为如此，他想受诏，但却又不敢。恰好在这个时候，吴三桂派人送来了二十万两犒师银，且封其"平辽大将军"、"陕西东路总兵"。犹豫再三，王辅臣终于下定决心，投降吴三桂，与其合兵。

西北大后方失势，局势更加险恶，一时间清军多面受敌。面对这种情况，康熙迅速做出应变，调整了战略部署。他还是以吴三桂为重点剿灭对象，把清军的主力放在了湖广地区的战场上。在陕西战场上，他下令把兵力主要放在几条主要通道上。他曾谕示贝勒董额："陕西重地，栈道关系尤急，沔县、秦州乃通汉中要路，栈道如何踞守，沔县、秦州如何保固，务必作速部署，使叛兵不得侵犯，以保固全陕。"陕西的重要性，他看得清清楚楚。他思虑得很周全，防御得也很及时。但是，这几个地方还是相继失陷。

主要原因，一是董额畏战没有听从康熙的旨令；二是王辅臣和吴三桂相互配合，使得这几个地方根本无法固守。

王辅臣与吴三桂合兵，真正给陕西带来了极大的危险。这个危险，甚至开始悄悄向北京扩散。他们或是威逼，或是利诱，不断煽动陕甘各地官兵反叛。陕甘两地官员本就以汉人居多，他们振臂一呼，自然是趋者若鹜。康熙又感到了压力，没有办法，他只好一面继续招抚王辅臣，一面派重兵前往陕甘。

在清军精兵的迎头痛击下，西北战场上的局势开始好转，以王辅臣为首的叛军开始节节败退。退来退去，王辅臣实在无路可退了，他又想到了投降，但却还是心存侥幸。康熙十五年 (1676) 二月，康熙断然决定，任命大学士图海为抚远大将军，迅速前赴陕西督战。陕西省所有大清军队，全部听从图海调遣。

图海的到来，加速了叛军的灭亡。王辅臣看到大势已去，不得已重又向康熙请降。

康熙皇帝最大的优点，是心胸宽阔。任何帝王对于一个叛军之将，能给一次机会，但却未必会给第二次机会，但是康熙却可以。康熙给过王辅臣机会，却被他拒绝了，他甚至堂而皇之地与吴三桂合兵向清廷开战。迫不得已康熙只好出兵平叛，但是在打仗的过程中，他却还是没有忘记招抚王辅臣。直到最后王辅臣兵败请降，他还是宽宏大量地接纳了这个人。他不仅恢复了王辅臣原官，还加封太子太保，请其追随图海驻守汉中。

或许，正是因为他的如此胸襟，才使得这场平叛之战最终开始慢慢走向胜利。

湖广争夺战

战局，终于开始明朗起来。随着福建、广东、陕西等省的依次平定，康熙一直紧绷着的神经稍得舒缓。他把主要兵力抽调出来，对吴三桂进行围剿，渐渐把叛军的势力困于云、贵、川、湘、桂五个省份。对于康熙来说，最黑暗的夜已然过去，胜利的希望近在眼前。

其实在这场战争中，无论其他地方将领如何举兵反叛，康熙始终把战争的重心放在了湖广地区。在他眼里，最强悍的对手只有一个，那就是吴三桂。

战争一开始，吴三桂就以迅雷不及掩耳之势控制了湖南，进而向湖北进兵。其时清军是在仓促中应战，根本没有做好准备，所以屡屡战败。但是吴三桂屯兵江南的举动，却给了清军喘息的机会。康熙抓住这个机会，紧急从各地抽调精兵强将，终于拉平了战局。之后，他开始思索两湖问题。

岳州、澧州、长沙等地是兵家重地，因此他把这几个地方作为战略进攻的要点。康熙十六年（1677）三月，他命令尼雅翰等率领沙船，水陆兼行，奔赴岳州。然后，他又命令都统觉罗布满等人也紧急前往岳州。陆续派兵前往岳州备战后，他还是觉得不放心，遂又命令勒尔锦于彝陵挑选精兵强将也奔赴岳州。

事实证明，他的想法完全正确。吴三桂是带兵打仗的行家里手，他也看出湖南这些地方的重要性，于是同样在这些地方布置了重兵。这样一来，吴军与清军的胶着战，几乎全都发生在湖南这几个地方。

战火燃起之初，中国各地硝烟四起，战乱频繁。一些怀有异心的清军将领纷纷倒戈，响应吴三桂。这几年的仗，康熙打得极为辛苦，也极为头痛。他一方面要分出重兵抗拒吴三桂，另一方面还要分兵平息各地叛乱，疲于应付。好在他果敢睿智，总是能够知人善任，通过非常手段，或用武力或用感情，尽快地平息了各方叛乱，把战争的重点继续放在了吴三桂身上。

为了尽快消灭吴藩，康熙进一步加强了对湖南的军事攻势。他命议政王大臣继续增加岳州等地的兵力，命令多罗贝勒尚善为安远靖寇大将军，同固山贝子章泰、镇国公兰布率领蒙古兵四千和一部分骁骑兵仍然奔赴岳州。不断增兵，使得岳州等地兵力雄厚，有了与吴军一战的资本。于是康熙下令，岳州军务由尚善统一指挥，不日将对吴军发起进攻。

康熙十六年（1677）七月，在尚善的调度下，贝勒察尼与将军尼雅翰等率领精兵，水陆共进，向盘踞岳州的吴军发起了进攻。在这一战中，清军虽然未能攻克岳州，但却也重创了吴军。如果这时清军能够趁胜继续进攻，那么攻克岳州并不困难。但是，尚善、勒尔锦等人却畏战不敢再攻，只下令清军驻守，贻误了战机。结果，岳州仍在吴军手中。康熙闻之勃然大怒，怒斥了尚善等人，令其再战。

其时，吴三桂正在荆州上游的松滋居中调度。针对康熙的进攻策略，他采取了有效的应对方法。他派出一支七千余人的队伍驻守松滋县北山。然后，又调集水军驻守虎渡口上游。如此一来他就掌握了水路交通，并切断了岳州与荆州之间的联系。随后，他派重兵包围了荆州的清军。岳州与荆州原本互为犄角，可以相互援助，但吴军切断了两地之间的交通要道，使得荆州势单力孤。无奈之下，康熙只得命令尚善发岳州战船四十艘，前往荆州救援。

吴三桂这一招极为高明，他明里是切断了岳荆之间的水上交通要道，实则是逼迫康熙发重兵救援荆州，实施围魏救赵之计。这样一来，岳州危机自然也就解了。

　　对于岳州的防守，吴三桂一直也十分重视。岳州地理位置特殊，三面临湖，易守难攻。清军如果想要强攻岳州，必须要有足够力量的水师。更何况，吴三桂又在岳州外围布满了军事防御，这就更加增强了攻城的难度。一时之间，双方又进入了僵持状态。

　　战局的胶着，对于清军最为不利。这很容易造成一种假象：清军不敌吴军。康熙很清楚，如果长久这么耗下去，那么各地刚刚平息下去的叛乱，又要继续活动了。针对这种情况，他果断改变策略，调兵急攻湖南长沙。长沙是岳州、澧州等地吴军粮饷的主要来源地，如果能够夺取长沙，那么岳州即可不攻自破。

　　早在康熙十三年（1674），康熙就看出了长沙对于两湖战场的重要性。他曾经派将军尼雅翰与副都统甘度海从袁州进攻长沙。但是由于吴三桂防守得极为严密，结果未能成功。他并不死心，谕令兵部说：吴三桂能据守岳州、澧州诸处，完全依赖长沙、衡州等地的粮食补给。如果能够夺取长沙，断绝吴军粮饷，那么定可一举夺下岳州。他决定让最能打仗的安亲王岳乐领兵去夺取长沙。

　　但是安亲王岳乐却提出了反对意见，理由是江西各地叛兵正蓄势待发、人心未定，自己不能贸然丢下江西不管，却领兵前往湖南。他的意见是，等到江西之乱平定之后，再去夺取长沙不迟。但是康熙却不同意，他告诉岳乐，吴三桂是各地叛乱的根源，只要能够早日剿灭吴三桂，则各地叛乱自然会很快平息。而长沙，正是吴三桂的要害。他责令岳乐不要再犹豫，"速行整理，稍有就绪，即进取湖南，勿得坐视，致误机会"。

岳乐不敢抗旨，只能领兵进征湖南。但是岳乐进攻长沙却并不顺利，其间屡有波折。驻守长沙期间，岳乐曾经多次看到剿灭他地叛军的机会，并向康熙提了出来。但是康熙是铁了心，一概置之不理。他要求岳乐不要分心，迅速夺取长沙。

为了能够更加顺利地夺取长沙，康熙谕令尚善配合岳乐。他让尚善摆出攻取岳州发兵长沙的态势，以迷惑吴三桂。但是久经战阵的吴三桂却并不上当，他在岳州、澧州布置了七万重兵，在长沙、萍乡等地布置了十万重兵，而这几个地方更可相互援助，互为支撑，像铁桶一样牢不可破。几场大战下来，长沙依然无法夺取。

"周朝"笑话

没有办法，康熙只得采取最笨的方法，对湖广地区继续增兵。好在此时陕西之乱已平，康熙从陕西等地调兵也更为便捷。

康熙调兵湖广的同时，吴三桂也继续向湖广增兵。我们说过，吴军比清军要强悍得多，唯一的不足可能就是兵不够多，将不够广了。清军打不过吴军，康熙可以从别的地方调兵过来，以量取胜。但是吴三桂却不行了，他总共就占据了这几个省份的地盘，而且关系还不十分牢固，士兵在量上自然比不过康熙。所以这仗打起来，他就相对"吃亏"一些。

康熙十五年（1676）三月，清军和吴军在长沙展开了一场恶战。此时，两军在长沙的兵马，都已超过十万。两军对垒，单是战场就绵延了数十里。这场战斗打得极为惨烈，双方损失都很巨大。但是最终，吴三桂入城而守，清军未能攻克城池。居然又打成了对峙之势。

长沙和岳州，就如同是吴三桂的两只脚，两只脚完好无损，那么清军势必难以击败吴军。康熙深明其理，在数攻长沙未果的情形下，他又调转矛头，向岳州发起了进攻。

此时的战争局势，对清军越来越有利。随着各地叛军的相继平伏，吴军渐渐陷入孤立无援的境地，只能据守城池不出。针对这种情况，康熙一方面继续调军南下增援，一方面加派人手打造战船。同时，他还派人从清军营中选拔出精锐兵丁，补充到水师之中。岳州三面临水，如果能够在洞庭湖把守江湖，切断吴军的粮道，那么岳州必将不攻自破。

决战的时刻到了！康熙十七年（1678）五月，大将军安亲王岳乐率军攻克了浏阳与平江，打通了江西和湖广的通道。随后，他又挥军进攻岳州。他派遣将军鄂内率领水师从水上进攻，让官兵们用芦苇扎成小舟，日夜火攻，烧毁了岳州城的水上防御。同时，另调大军从正面急攻岳州城。在这种重兵强攻之下，岳州城很快难以支撑。吴军水师右翼将军林兴珠看到大势已去，遂派遣使者向岳乐递了降书。岳乐大喜，急忙将此事禀告了康熙。

林兴珠的投降，是岳州之战的转折，他带来了一条妙计，那就是清军分船泊君山，阻断敌人与常德之间的水上通道，其余船只泊香炉峡、扁山等地，并在九贵山安置一支机动部队，完全切断岳州与长沙、衡州之间的通道。这样做，就可使岳州完完全全成为一座孤城，根本无法坚持更长时间。

岳乐不敢擅自做主，把这条计策告之康熙，并请其定夺。康熙略一思索，就采用了这条计策，谕令岳乐依计而行。岳乐得谕，按照这条计策分兵布置，在小胜几场后，终于打开了直通岳州的通道。夺取岳州，已经近在眼前。

康熙十七年（1678），吴军败退之势更甚。在这一年里，还发生了一件大事。

这场战争，从康熙十二年（1673）吴三桂挥师北上开始，一直打到康熙十七年（1678），已经打了整整五个年头。这些年国家虽然被战争所累，经济出现衰退，但直接受害的却是老百姓，尤其是南疆百姓。很多百姓为了躲避战乱，纷纷背井离乡，迁移到其他省份。这产生了一种恶性循环，没有百姓提供经济支持，军队粮饷必然匮乏。而军队缺少粮饷，又必然会以种种方式向当地百姓盘剥。吴三桂起兵，最终导致"粮饷不济，军士胥怨，民多远避，情竭势绌"。

可以说，此时吴三桂的身后的军民，都已经不怎么看好他了，甚至还有诸多怨言。在军队中，一个领导的威望至关重要，可以成事，也可以败事，吴三桂自然深明其理。那么，怎样才能提高自己的威望？万般无奈之际，他只好采取了部属的意见，那就是登基。他想要以这种方式来提高自己在军民心中的影响力，改变这种颓败的局势。

康熙十七年（1678）三月，吴三桂在衡州宣告登皇帝位，建国号为周，建元昭武，将衡州改名为定天府。他册封妻子张氏为皇后，立吴世璠为太孙，同时大封麾下军士。他想要以此来鼓舞吴军官兵的士气，挽回前线的败局。可是他却忘记了，在大趋势面前，他的这种做法，只能是徒增笑料而已。

登基为帝后，吴三桂钦点马宝、王绪、胡国柱等将领率领大军强攻衡州门户永兴。虽然吴军来势凶猛，但在清军的奋勇抵抗下，只好又退回衡州。这是吴三桂登基后的首战，这一战的失利，让吴三桂忧心忡忡。他开始预感到了自己的败亡命运。

衡州城也并不安稳，军民没有因为出了一个"皇帝"而欢天喜地，相反是流言四起。吴三桂的年号是昭武，于是就有民谣传唱"横也是二年，竖也是二年"，嘲笑"昭"字横竖都是两笔。歌谣传到吴三桂耳朵里，他更是日夜忧虑，形容憔悴。他本就是一个六十七岁的老人，长期生活在这种状态之下，其身体状况自然可想而知，很快他就病倒了，药石不进。

康熙十七年（1678）八月十七日，吴三桂在衡州病逝。他从称帝到病亡，只有短短的五个多月而已。吴三桂梦想着与康熙平分天下，可是直到病死也未能实现。他病死以后，吴世璠在云南即位。

吴三桂的死讯传来，康熙大喜。当然，他开心不止是憎恨吴三桂，更重要的是，他知道吴三桂的死对整个战争局势有着极大的影响。吴三桂是三藩之乱的罪魁祸首，他对吴军的影响更是极大。"渠魁既殒，贼必内变"，很显然，吴三桂一死，吴军必然会军心动荡，吴军将领更不会全心辅佐吴世璠，所以吴军必定会出现内乱。而这些对于清军而言，都是非常有利的。

康熙当机立断，急令各路大军，发起了全线进攻。当然，他并没有忘记强调：这是一个拿下岳州的千载难逢的好机会。

康熙所料不差，吴军原本已经军心不稳，吴三桂一死，军心更是涣散。在清军的全力进攻下，吴军开始全线溃败。吴三桂未死之前，将岳州、长沙等地看成了心脏，所以他曾在岳州储备了三年的军粮，计划长期坚守岳州。但是吴三桂死后，他的部属却开始打起了这批军粮的主意。在荆州和岳州的长期对峙中，双方渐渐停止了攻伐，互通了商贸。双方将领为了增加军饷收入，各自设关抽税。当时荆州米贵，湖南米贱；荆州盐贱，湖南盐贵。吴军驻岳州统帅吴应麟看到机会，于是把粮饷就近换成了盐，再把盐运到湖南出售，狠狠地赚了一笔。而这些，他只留极小一部分发给士兵作为军饷，大部分都进了自己的口袋。这样一来，吴军没有了军饷，军中更是怨声载道。

康熙抓住了这个机会，又四处调兵遣将，加强了对岳州的围困。吴应麟想突围而出，带领船队冲击了好几回均没有成功，反而折兵损将，只好又退回岳州。岳州吴军陷入了绝境之中，外被清军团团包围，内又没有了粮食，援军更是遥遥无期。在这种情形下，很多吴军将领投降了清军。

康熙十八年（1679）正月，岳州城破，清军进入岳州。康熙听到捷报，喜悦之情溢于言表，清军与吴三桂多年争战，岳州大捷是一个辉煌的胜利。

最后的胜利

收复岳州是个开始，之后清军势如破竹，迅速清除了吴军在湖南的势力。

随后，康熙开始着手谋划收复四川、云南和贵州。首先在将领的任命上，他做了新的安排。他把此前战场上的主要将领，包括安亲王岳乐、顺承郡王勒尔锦、贝勒察尼等人调回京城，有功奖励，有过责罚。同时任命贝子章泰接替岳乐为定远平寇大将军；命令将军穆占和湖广总督蔡毓荣率军进攻贵州；命令将军赖塔为征南大将军，接替莽依图统领广西清军，进攻云南；命令陕西提督赵良栋、将军王进宝、将军张勇等人率领绿营兵由陕西进兵四川。

战争打到这里，已经没有什么悬念了，康熙很清楚这一点。他之所以会临阵换将，就是想借着这个机会，好好历练一下那些安逸惯了的清军将领。他知道，只有血与火的洗礼，才能让一名将领快速成长起来。

在此后的战斗中，清军一路高奏凯歌。

康熙十八年（1679）八月，大将军图海与将军佛尼勒、将军毕力克图以及孙思克、王进宝、赵良栋等人率领大军分别从兴安、略阳、栈道和徽州四处攻向陕西汉中。在绝对的强势攻击下，汉中被清军收复，汉中吴军守将王屏藩仓皇出逃。

十月，图海率领大军收复兴安州，紧接着，又收复平利、紫阳、石泉、汉阴等地。毕力克图收复甘肃的成县、阶州、文县等地。

十一月，赵良栋率军收复略阳，随后攻下阳平关。

十二月，王进宝率军收复广元。

康熙十九年（1680）正月，王进宝率军大败吴军于锦屏山，吴将王屏藩兵败自杀。随后，王进宝又率军收复保宁、顺庆、盐亭、潼川、中江等地。紧接着，蓬州、广安、合州、西充、岳池等地也被相继收复。与此同时，赵良栋也收复了四川成都。

可以说，在这些战斗中，清军几乎没有遇到什么太大障碍，秋风扫落叶一样，迅速攻克失地。吴军士兵的军心已经全部崩溃，往往是一战即溃，随后就四处逃窜。清军没有费什么力气，就收复了四川。

与此同时，绥远将军蔡毓荣和安远平寇大将军章泰，也率军逐步收复贵州。贵州危急，无奈之下，驻守在贵阳的吴应麟和吴世璠只得逃往云南老巢。吴应麟眼见局势混乱，一路上不停地招集散兵，打算集结到足够的兵力后，废除吴世璠自立为帝。不过，他的计划还没有得以实施，就被吴军大将郭仕图查了出来。郭仕图设计杀死了吴应麟，收编了其军队。吴军大将之间的相互残杀，使得军心更加不稳，人心思变。

康熙二十年（1681）初，赖塔率领大军从广西奔赴云南，平寇大将军章泰和绥远大将军蔡毓荣也率军攻到了昆明。两路大军在归化寺扎营，并于二月大败吴军后开始围攻昆明城。昆明是吴三桂的老巢，依山临湖，十分难以攻破。吴三桂经营昆明已久，更是训练了上千头大象，集结成一个庞大的象阵，用来攻击清军简直所向披靡。清军围困昆明城，吴军就列象阵出城挑战，精兵紧随象阵之后伺机杀敌，气焰极度嚣张。在这种情形之下，清军的昆明之战打得很辛苦，虽然久困，但却一直不曾攻陷。

对于这种局势，章泰采用围而不攻的策略。他认为清军兵勇血战万里，终于打到了昆明，吴军官兵应该看得到最后的结果，所以只要清军向城内军民申明大义，必定会有人反叛出城。这样一来，昆明城自能不攻自破。想法没有错，但是他却忘记了，昆明城内大多都是吴三桂的死忠派，他们不愿意投降，自然也会严密监视部属，对百姓更是严苛。所以清军围困了昆明城几个月之久，还是未能攻克。

昆明久围不破，康熙非常着急。他对大臣说："云南省城围困已久，吴军困守孤城穷迫已极，若不急速克取，再迁延时日，待贼食尽，恐粮饷渐至于虚糜，兵丁亦苦于疾病，应移檄大将军章泰、赖塔等均派待罪官兵及投城绿营兵速行攻取。"他忧心的是昆明城内的兵丁和百姓，怕日久更增其苦难。

不过，他的用心章泰却不能领悟，将在外君命有所不受，章泰坚持己见，继续按兵不动。

康熙二十年（1681）九月，赵良栋率兵也攻到了昆明。他刚一到，就对昆明城发起了进攻。他的部属虽然远道而来，但士气高涨，攻城夺地十分勇猛。他这一战，章泰也不好意思继续再围了，也下了攻城的命令。

数月围困，又加上连番战斗，终于使昆明城陷入一种弹尽粮绝的境地，陆续开始有人饿死。在这种情形下，吴军再次起了内乱。吴将线域、吴世吉、黄用、何进忠等人决定投降清军，但又怕自己叛军的身份会受到皇帝的惩罚，于是便想擒拿吴世藩与郭仕图等人献给清军。不过他们的计划没有实现，吴世藩闻听兵变，遂自杀而亡，部将郭仕图等人亦自杀而亡。

十月二十九日，线域等吴军将领开城投降，昆明城破。至此，历时八年之久的三藩之乱终于平息。

十一月中旬，昆明城破的消息传到京城，康熙闻之大喜，提笔写下《滇平》诗一首：

洱海昆池道路难，捷书夜半到长安。

未矜干羽三苗格，乍喜征输六诏宽。

天末远收金马隘，军中新解铁衣寒。

回思几载焦劳意，此日方同万国欢。

吴藩被平，意味着三藩之乱已经真正过去。虽然个别地方还有小股反叛势力，但那些已经不足为患了。康熙收拾喜悦的心情，命令清军将领趁胜剿灭各地小股残余势力，而他自己，则开始着手处理三藩的问题。说到底，这场历时八年的战争，是由撤藩引起，那么仗打完了，藩还撤不撤？藩自然还是要撤，只不过他采取了区别对待的方式。

其实早在一年之前，他就在思考这个问题了。先说尚藩，尚可喜及其诸子一向忠于朝廷，但是他的儿子尚之信是个例外。尚之信先是举兵反叛，后又投降朝廷。不过在投降之后，他却并不执行康熙命其出兵湖南的命令，一直在持兵观望，并不肯出全力。战争结束后，康熙终于下定决心，派遣刑部侍郎宜昌和郎中宋俄托等人前往广州，会同平南将军赖塔共同处理此事。具体的处理结果是：尚之信不忠不孝，赐死，其他逆党也按律正法；尚可喜及其余诸子忠于朝廷，从宽处理。尚之信属下十五佐领官兵被编入正黄、镶黄和正白上三旗，依旧驻守广东，另派将军管辖该军。这也就是说，镇守广东多年的尚藩就此被撤。

对于尚藩，康熙可能还会讲上三分情面，因为尚可喜至死忠于朝廷。但是对于耿藩，他可就没有什么情面好讲了。耿精忠反叛之后，康熙多次给其机会，让其归降。但是，一心想要永世称霸福建的耿精忠却并不领情，而是一直在负隅顽抗。直到后来实在走投无路，耿精忠才被迫投降。但是在降之前，他还是残忍地杀害了被其囚禁的福建总督范承谟。耿精忠归降之后，康熙在京城召见了耿精忠，并趁机削了他的兵权。但是，其时大局未稳，因此康熙并未处理耿精忠，而是将其家口编为五佐领。直到康熙二十一年（1682），各地残余力量被清军完全剿灭殆尽之后，康熙才下令处死耿精忠。

至于吴藩，战争一结束，其实已经被撤了。康熙对吴三桂是恨之入骨，不但下令将其开棺戮尸，将其子孙斩尽杀绝，更是将其同党进行严惩。对于那些投降的吴三桂的部属，虽然有的已经被委以官职，但战乱结束之后，康熙依然根据他们的功过进行了奖惩，一点儿也没有从轻发落。

各地叛乱平息之后，康熙收回了选任地方官吏的大权，统一军队编制，并且在福州、广州、昆明等地安置八旗驻防。八年的战争，不仅锻炼了清军的作战能力，更是开阔了康熙的眼界。整个大清王朝，包括康熙在内，都渐渐地走向了成熟。

从康熙十二年（1673）到康熙二十年（1681），康熙皇帝从一个青涩的小伙子，成长为一个果断、沉着、睿智、勇敢的青年帝王。战争最危急的时刻，成与败几乎只在一瞬之间，但是他却以过人的胆略和智慧经受住了考验，扭转了战局。这种战争虽然对清朝的经济造成了极大的损失，劳民伤财，但从另一个角度来看，却也为清朝以后的稳固和长治久安打下了基础。

有学者指出，康熙平定三藩之乱的战争也许可以避免。为什么会这么说呢？他们认为，康熙年少气盛，在对待撤藩的问题上操之过急了。如果他可以多等几年，等吴三桂死了以后再下令撤藩，那么也许就不会有这场战争了。他们还认为，即便康熙不想多等，也可以分化瓦解，区别对待。比如说，他可以先撤尚藩，稳住吴、耿二藩；然后，再撤耿藩，稳住吴藩；最后，再下令撤掉吴藩。这样一来，即便吴三桂反叛，但尚、耿二藩已撤，想要消灭叛乱也不会太难了。

这些假设，当然作不得准。实际上，即便康熙这样做了，到底事情结果如何，谁也无法预料。当时的康熙只看到了一件事，那就是"三桂等蓄谋已久，不早除之，将养痈成患。今日撤亦反，不撤亦反，不若先发"。相信，任何一个血气方刚的帝王，在看到这种祸患后，都会下令撤藩。帝王就是帝王，需要非同一般的胆略和智慧！

不管怎么说，这场历时八年的叛乱的结束，标志着这位年轻的帝王，已经真正走向了成熟！

第二篇／海波平

第七章 ／ 台湾往事

民族英雄

　　三藩之乱的平定，使得满朝文百官都松了一口气：这仗打了八年，流了很多血，死了很多人，现在终于可以好好放松放松、休息休息了。

　　康熙也很想休息休息，他还不到三十，正是人生中的黄金时期，可以恣意享受生活。但是，他却知道自己还不能休息，因为还有很重要的事情要做。这时候他想要做的，就是如何收复台湾。

　　从亲政开始他就告诉自己，将来一定要收复台湾。作为一个帝王，他研究的最熟、吃的最透的，莫过于大清朝的版图。他看过很多资料，对大清疆土的每一个角落都了若指掌。他知道一位合格的帝王，必须掌控一个完整的国家，而一个完整国家的领土必须要完整。

　　其实，他早就想要展开行动，收复台湾了。但是三藩之战一打就打了八年，他实在是无暇顾及台湾。现在好了，藩乱已经彻底平息，是到动手的时候了。当朝中大臣还继续沉浸在剿灭三藩之乱的轻松和喜悦中时，他就已经开始在思索收复台湾的计划了。

他必须要收复台湾！

说到台湾问题，我们就必须要先从一个人身上开始，这个人是郑成功。

郑成功的先祖是中原固始县人，后来迁居福建，其父郑芝龙就出生于福建省泉州府南安县。郑芝龙早年曾到日本经商，并因此结识了日本长崎王的干女儿田川氏，后结为夫妻。虽然在日本生活得不错，但是一段时间之后，思乡心切的郑芝龙还是放弃了在日本的一切，踏上了归乡的商船。不料在归乡途中，商船遇到了海盗，他成了海盗的俘虏，而后又阴差阳错地做了海盗。

郑芝龙头脑灵活，不同于一般那些只会杀人越货的海盗，因此他的海盗工作也做得相当不错，极得海盗头子的赏识。后来海盗头子生病死了，他就接了班，做起了新的海盗头子，接着干海上掠货的勾当。他是天生的领导者，带着一群海盗东闯西闯，居然把这个海上"生意"做得红红火火，引起了明朝政府的注意。不过，明朝政府没有剿灭这个团伙，其实也剿灭不了，而是将这个团伙招安了。这样一来，海盗头子郑芝龙就摇身一变，成了明朝的海防游击。到了明崇祯十三年（1640），郑芝龙已经官至福建总官兵了。

郑成功出生于母亲的故乡平户，直到六岁时才被郑芝龙接往福建老家，后被送往金陵求学。郑成功虽然生于日本，幼时又在日本生活过很长一段时间，但是他聪明伶俐，接受起知识来一点儿也不含糊，文韬武略样样精通。

顺治二年（1645），清军攻入江南，其父郑芝龙降清，母亲田氏在乱军中自尽。对于父亲降清的做法，郑成功十分反感，遂于第二年，即顺治三年（1646）在南澳（今广东境内）起兵。他率领父亲的旧部在东南沿海抗清，成为南明后期主要军事力量之一。势力强大时，他曾率领水师驶入长江，进攻南京。但是因为清军兵势太强，他只好率退居海上，以金门、厦门为根据地，不断进行抗清活动。因为战功显赫，他被南明皇帝赐姓朱，称作"国姓爷"，还被封为延平郡王。

在海上，除了不断与清军周旋外，郑成功还把目光瞄准了台湾。台湾自古就是中国的领土，但是到了明朝末年，由于政治腐败，国防力量的日渐虚弱，西班牙、荷兰等殖民者便乘虚而入。明天启四年（1624），荷兰殖民者侵入台湾，占领了台湾南部的赤嵌；两年后，西班牙殖民者侵占了台湾北部的基隆。再后来，荷兰人赶走了西班牙人，独占了台湾。

郑成功仇视清朝政府，认为满人是外来侵略者，侵略了中国的大好江山。当然，他更仇视荷兰侵略者，相对于满人而言，荷兰人更是彻头彻尾的外来侵略者。所以在反清的同时，他也在考虑怎样收复台湾。

顺治十八年（1661），郑成功率领两万多兵将，分乘百艘战船，从金门出发，向台湾攻去。荷兰侵略者听说郑成功要进攻台湾，大为恐慌，慌忙组织军队抵抗。他们把军队集中在台湾（今台湾东平地区）、赤嵌两座城堡，还在港口沉破船阻止郑成功的船队登岸。郑成功自幼常随父亲出入海上，熟悉海事，他带领船队乘海水涨潮时驶进鹿耳门内海，主力从禾寮港登陆，从侧面进攻赤嵌城，并且切断了其与台湾城的联系。与此同时，他又派兵击溃了台湾城前来的援军。赤嵌城的荷兰军在外援无望的情况下，想要通过和谈的方式平息战争。荷兰总督派人出城求和，愿以十万两银子犒军，请求郑成功率军撤退。郑成功严词拒绝："台湾者，中国之土地也，今余即来索，则地当归。"责令他们缴械投降，撤离台湾。

荷兰侵略者当然不愿就此撤离，台湾是一块大肥肉，他们已经享用了很多年，哪有轻易松口之理。荷兰军开始固守城池，希望郑成功久攻不下能够自行离去。

但是他们想错了，低估了中国人的坚毅和顽强。郑成功带领军队先后奋战八个月，打得荷兰军心惊胆战。荷兰总督无计可施，只好出城投降。至此，被荷兰侵略者占领了三十八年的台湾岛，终于又回到了中国人的手中。

收复台湾后，郑成功开始着手治理台湾。他采取一系列措施加强汉族与台湾高山族人民之间的团结，并致力于台湾的开发，努力发展经济。在他的领导下，战后台湾发展极为迅速。不过可惜的是，收复台湾五个月之后，他就因病逝世，享年三十九岁。

谈不拢，打吧

康熙元年（1662）五月，郑成功逝世。其时，郑成功长子郑经驻守在厦门，其弟郑袭在黄昭、萧拱宸的策动下，假借郑成功遗言，阴谋夺取藩主位置。郑经得知了郑袭的阴谋，于是带着将领周全斌、陈永华、冯锡范等人返回台湾，夺取藩位。

台湾发生内乱，对于清政府来说无疑是一件天大的好事。福建总督李率泰和靖南王耿继茂抓住这个机会，迅速派使者前往台湾招抚郑经。他们对郑经提出的要求是"遵制削发登岸"，给的好处是"自当厚爵加封"。郑经在与部属商议之后，觉得这个条件无法接受。他的要求是，"欲效朝鲜事例，不削发，称臣纳贡"。彼时朝鲜是清朝的附属国，郑经提出这个要求，自然是想让台湾独立出去，只做清朝的附属国。

李率泰和耿继茂只好退而求其次，他们派人到厦门劝谕郑经，希望其能将此前所占各州县的印信交还给朝廷。他们的意思是，如果郑经能够交出这些印信以示诚意，那么朝廷或许还会考虑他所提出的条件。

此时的郑经，正面临着内忧外患的窘境。台湾被叔叔郑袭夺取，暂时无法回去。清政府又派人前来和谈，如果和谈不成兵戎相见，那事情就更麻烦了。迫于无奈，他只得假意应承，派使者携带此前所得二十五颗各州县印，前去与清政府和谈。

使者从福建赶往北京，再从北京返福建，一来一回需要很长的时间，郑经抓住这个时间，开始着手平息内乱。他将金门、厦门各岛的事交给伯父郑泰等人处理，自己于十月份率领水师前往台湾。郑经是郑成功的嫡子，原本就是军心所向，他一到台湾，各地官兵纷纷大开城门迎接。他不费一兵一卒就平息了内乱，使得台湾的局势很快稳定下来。

随后，郑经正式继承了郑成功的藩位。这一年是康熙元年（1662），康熙在这一年刚好也成了大清之主。这一年康熙九岁，郑经二十岁，他们彼此之间并不认识，但却注定要成为对手。

郑经掌管台湾后，命令郑省英为承天知府，颜望忠镇守安平镇，黄安提调承天府总管南北两路兵马。他必须马上调兵遣将，安排好各地的防御工作。因为他知道，清政府不会同意自己所提出的条件。

果然，十二月份，他所派出的使者从北京返回了厦门，也带来了清政府的意思：郑氏必须遵制削发登岸。对于这样的结果，郑经并不意外，他其实本就无意和谈。郑成功一生志在反清复明，他自然不能为了一时安逸而忘掉了父亲的志向。和谈失败，随即而来的，当然就是战争。

康熙二年（1663）正月，郑经带着周全斌、陈永华、冯锡范等将领，率领四千余官兵，分乘九十多艘战船，自台湾返回厦门。郑经领兵返回厦门，除了防止清军来袭外，还有一个目的，那就是清理内部隐患。这个隐患，来自于他的伯父郑泰。

郑泰和郑袭同样觊觎郑成功的藩位。郑成功去世时郑袭正在台湾，他以为近水楼台可先得月，于是抢先动手发动了兵变。而彼时郑经在厦门，郑泰在金门，郑泰垂涎藩位但却苦于没有占据有利条件，不敢贸然下手，所以只能隐忍不动。不过，随后郑经亲往台湾平息郑袭之乱时，却把厦门的军务全部交给了郑泰管理，这让郑泰又看到了希望。于是，郑泰又开始暗中策划兵变。

不过让郑泰没有想到的是，郑经前往台湾平乱会如此顺利，几乎是兵不血刃地解决了郑袭。他有些害怕，但却还是禁不住藩位的诱惑。另一方面，当时策划兵变时，他曾经给黄昭写过密信。可是如今郑袭被平，黄昭被查，他担心自己的阴谋传到郑经耳中，那可就大事不妙了。正当他忐忑不安时，郑经却带着大队人马回到厦门了。对于郑泰来说，这是一个危险的信号，从此之后，他一直称病不见郑经，以免为郑经所害。

郑经确实知道了郑泰的阴谋。

郑经曾经查获了几封郑泰勾结黄昭图谋篡位的密信，完全掌握了郑泰的用心。他虽然又气又痛，但表面上却装作若无其事的样子，一点儿风声也不露。他的心腹周全斌向其献计说："彼船只倍多，未可轻举，急则变矣！不如用香饵法饵之！"郑经不解，忙问什么是香饵法。周全斌说："藩主可假言向泰宣称台湾新创，地方无人约事，恐怕发生意外，决意将眷属搬往台湾安插，然后西向，金、厦两岛只好暂交伯总制。这样，泰必安心。"郑经大喜，于是便按照这个计划行事。

郑泰不来拜见郑经，郑经也不追究，只是派使者前往金门问候了郑泰的"病情"。六月初，郑经派遣官员赶赴金门，对郑经说："经将东行台湾，金、厦诸岛，烦伯总制。"郑泰正在担心自身安全，却忽然接到了厦门的兵权，自然大喜过望。他以为，郑经既然敢以兵权相授，那肯定就是不怀疑自己了。疑心既消，他就于几日之后亲往厦门拜见了郑经。不过，他做梦也没有想到，郑经等的就是这一天。在厦门，郑经早已布置好了人手，抓住了郑泰，并将其处死。

刚刚继承藩位就处死了伯父，郑经此举引起了郑氏家族内部的愤慨，当然更多的是危机感。郑泰的弟弟郑鸣骏在听到这个消息之后，率先采取了行动，带着自己的亲兵投降了清廷。郑鸣骏开了一个头，很快就引起了一次大规模的连锁反应。随后，郑泰之子郑钻绪、郑经之叔平国公郑世袭、伯定国公郑耀吉等也投降了清廷。不只是郑氏亲族，这股"投降热潮"还蔓延到了其他台湾将领，包括庆都伯王秀奇、忠靖伯陈辉、左都督陈舜穆等人，他们纷纷带领自己的兵马投降了清廷。一时之间，台湾兵力大减。这一点确实是出乎了郑经的意料之外，他很愤怒。

更让他愤怒的是，这些降清的将领不仅带走了大量的兵勇，更带走了大量的船舰器械装备。据史料记载，仅仅是郑泰之子郑钻绪就带走了文武官员四百多名，兵丁近八千名，船只近二百艘。兵丁没有了可以再行招募，但是船只没有了，再造就需要花费很大的人力物力财力，这才是真正让郑经头痛的地方。

大批台湾将领过来投诚，这让清廷极为高兴。清廷优待和重用了这批官员，并把他们安插在清水师之中。台湾将领大多善于水战，有了这批力量的加入，清水师的整体作战能力大幅度上升。这些力量，为后来清水师消灭郑氏集团打下了坚实的基础。

正当郑经为大批将领降清一事忙得焦头烂额时，清政府也做好了武力征剿郑氏的准备。清政府这项计划的实施得益于一个人，这个人叫施琅。

施琅和郑家可谓渊源颇深，他曾是郑芝龙的部将，后来随郑芝龙一起投降了清政府。可是在清军队伍中没混多久，他就又再行反叛，入海加入到了郑成功的抗清队伍，并成为郑成功部下最为年少、知兵、善战的得力骁将。后来因为战略意见不合，施琅和郑成功之间逐渐出现了嫌隙，并逐渐升级成为矛盾，郑成功因此削了施琅的兵权。恰在这时，施琅属下一位亲兵犯了死罪，畏罪藏匿到郑成功处，并被提拔为亲随。施琅抓回了这名亲兵，准备治罪。郑成功闻之急忙派使者传达命令，让施琅不许杀人。施琅大怒，对使者说："法令，琅是不敢违背的，犯法的人怎能逃脱罪责?"于是下令杀死了这名亲兵。

这一下，郑成功彻底愤怒了。虽然施琅说得很有道理，杀人偿命天经地义，但郑成功是领导，施琅是下属，下属要听领导的话，这也是天经地义。施琅的所作所为，让郑成功感觉到自己的权威受到了挑衅。于是，他下令逮捕了施琅父子三人。后来施琅用计逃脱，郑成功便杀了施琅的父亲和弟弟。无家可归的情形之下，施琅只得又降了清廷。由于能征善战，又熟知海事，施琅很快就从副将升到了福建水师提督。

施琅恨极了郑家人，一直在寻找机会伺机报复，此时闻之郑家内乱，认为这是一个天赐良机，于是便上疏朝廷，请求带兵剿灭郑氏。他的理由是：郑氏以前所倚靠的是郑泰所属官兵，此时郑泰被杀，郑泰的兄弟和儿子又带着精兵良将前来投诚，金门和厦门已经没有什么精兵良将了。而且，郑氏集团内部又因为这次的事相互猜忌，军心并不团结，所以必定不难攻破。另一方面，清军早已经占据了同安和海澄两地，这就等于扼住了厦门的咽喉，郑经必定每日担惊受怕。如果能够抓住这个机会出兵，郑军必定毫无斗志，土崩瓦解。

清政府采纳了施琅的意见，随即下令挑选精兵强将，准备攻打金门和厦门。同时，清政府又命令施琅建造快船，招募新兵，日夜操练，准备从海上出兵。

收复金厦

知道清军即将攻来的消息后，郑经确实胆怯了。

金厦的实际情况确实如施琅分析的那样，军事防御力量十分薄弱，根本无法抵御清军的进攻。为了安全起见，郑经将家人先迁到金门，后又迁到了台湾。同时，他又在康熙二年（1663）七月三十日颁发告示，限令厦门百姓自八月初三至初十内，移往他处躲避。他想要干什么？为什么要让百姓迁移？因为他想集结更多的军需物资，包括船只在内，尽最大的力量抵御清军。

他虽然并不看好这场仗，但还是想要全力一搏。

此时的清政府是四大辅臣代康熙处理朝政，四大辅臣皆是满人，所以对于郑氏集团这伙反清势力格外痛恨，他们是铁了心要收复台湾，要打败这群乱臣逆党。为了增加胜算，他们甚至邀来了荷兰侵略者帮忙。

十月份，清军和荷军联合起来，向郑军发动了大规模的军事进攻。清军兵分两路，一路由福建提督马得功率领，会同荷兰水军，从泉州港出发前往金门；另一路由总督李率泰、海澄公黄梧和水师提督施琅率领，从漳州出发前往厦门。两支舰队浩浩荡荡地向前挺进，途中都遇到了郑军的阻击。

郑军将领周全斌率领战船二十余只，同来自于泉州的清军水师和荷兰舰队在金门沙港展开了一场激战。荷兰战舰虽然船坚炮利，火力强大，但是由于船身过大，反倒不如郑军的小战船灵活。周全斌熟悉海战，知道荷兰战船船大，只能在深水中作战，于是带领船队在浅海地区同荷兰战舰周旋。清军提督马得功眼见战况不利，指挥着船队也冲了上去，不料却遭到了郑军船队的围攻。很快，马得功所在的战船就被郑军包围了。火罐纷纷，矢石如雨，马得功战船上的兵士伤亡惨重。清军其他船只欲赶来救援，但由于船只过多，彼此挤在一起互相阻挡，始终无法赶来。马得功眼见救援无望，且败局已定，不甘心被郑军俘虏，遂投海自尽。这一战足足打了一天，清军伤亡惨重，大败而归。

另一边战场的局势刚好相反。施琅率领数百只战船打头阵，在鸡屿附近遭遇了郑将黄延，双方展开了激战。其时海上风急浪高，而黄延船队刚好处于逆水逆风之中，形势十分不利。眼见这种情况，黄延急令军队撤退。施琅指挥清军乘胜追击，大败郑军。据守厦门的郑军原本就军心不稳，黄延船队吃了败仗，更使得这种不稳定因素扩大起来，军心溃散，直接导致的结果是投降，守卫高琦的郑军将领陈升首先投降清军，紧接着陆续有将领投降。施琅水师几乎没有费什么力气，就收复了厦门。

收复厦门后，施琅等人指挥清军水师，又急速向金门攻去。在金门附近，两路清军合为一路，向金门发动了猛烈攻击。在军力上清军远远超过了郑军，船舰阵容上也比郑军优越，更有一大批熟悉海战的将领加入，所以在绝对实力面前，金门也被清军夺回。

郑经见金门和厦门相继失守，只得带着洪旭、王秀奇等将领撤到了铜山，并以铜山为据点继续抗击清军。因连番溃败，郑军内部开始人心惶惶，靖南王耿继茂和总督李率泰趁机在铜山、镇海等地四处招降。他们当然知道郑经不会投降，这样做只是为了瓦解郑军军心。这一招果然奏效，郑军内部果然乱了，甚至又刮起了一股"投降热潮"，很多将领纷纷投降清军。

郑经亲信洪旭看到这种情形，就对郑经进言道："金、厦新破，人心不一，铜山必难保守，况王、院差官仆仆前来，非为招抚，实窥探以散人心。今各镇纷纷离叛，日报无宁咎，当速赴台湾，苟迁移时日，恐变起肘腋。"洪旭一番话提点了郑经，他迅速带领军队撤到了台湾。

不过，在郑军撤离铜山前后，又有大批将领投降了清军，其中包括郑军威远将军翁求多、方安侯黄延和大将周全斌。

金门和厦门的收复，使清廷大受鼓舞，遂决定一鼓作气收复台湾。同年七月，清廷任命施琅为靖海将军，周全斌、都督杨富为副帅，左都督林顺、何义等为佐将，率领大军出兵台湾。施琅等人知道，这次是收复台湾的绝好机会。郑经新赴台湾，根基必定还没有稳健，准备也必定不够充分，所以攻下台湾应该并不困难。

也许此时攻下台湾是不困难，但困难的是天不遂人愿。

十二月，施琅统率水师大军起航往台湾进发，但是行至半途，海上骤起飓风，兵船难以逆风而行，只得无功而返。

康熙四年（1665）三月，施琅再次出师台湾。可惜的是，这次又出现了与上次相同的情形，行至半途忽遇大风，兵船难以前行。

四月，施琅第三次出师台湾。这一次，他留了个心眼儿，特意挑选了一个风和日丽的日子出海，希望能够避开风浪。不过他又失望了，船队行至澎湖口的时候，突然狂风大作，乌云盖日，巨浪滔天——天又变了。这一次的风浪比前两次更大，把很多坚实的战船拍打出了裂缝，甚至还有一些小战船被巨浪卷走。原来整齐的船队被大风大浪冲散了，漂得到处都是，有的漂到了大担，有的漂到了镇海，还有的漂回了厦门。这次出师不仅无功而返，甚至还折损不少战船。

清军三次出征台湾，都被风浪所阻，这不仅引起了清廷的怀疑，而且还引起了清军水师的恐慌。古时人们认为天为"一"，地为"二"，天地相加成"三"，所以"三"不仅是一个数字的概念，更是事物整体的象征。很多清军兵士认为，出师台湾总遇风浪，这是上天不允许攻打台湾，让台湾有时间休养生息。而且事不过三，水师已经三次遇到风浪了，如果继续出师台湾，那就会遭到上天的惩罚。

这种思想很快在军中蔓延起来，很快士兵开始恐惧出师台湾。行军打仗最重要的就是士气，仗还没打士气就先没了，这仗自然也就不用打了。施琅自然也明白这一点，于是上疏请求暂缓收复台湾。

清廷同意了施琅的请求。

其实，清廷是不得不暂停攻打台湾。康熙刚刚即位那几年，战乱频繁，民生凋敝。虽然清军以强大的军事实力四处镇压各地叛乱，但国家经济肯定要受到影响。清廷调兵遣将攻打台湾，需要大量的物力财力做支撑，这就好像把钱投进了一个没有底的漏斗，只见进不见出。这样的战争一次两次还行，再多清廷就吃不消了。一句话，清廷这个时候是伤痕累累、精神疲惫，极需要一段时间来恢复体力。所以施琅的奏章一上，清廷就顺水推舟地准了。

另一方面来自于清廷领导阶层的斗争。其时康熙还未亲政，每天的任务也就是读读书，练练弓马，但是以四大辅臣为首的领导阶层可就没有那么清闲了。他们除了管理国家大事外，相互之间还得忙着斗上一斗，尤其是鳌拜，正在到处安插党羽。这样一来，他们的心思，也就不完全放在这些事情上面了。

不管怎么说，台湾暂时是保住了。清军暂时停止进攻台湾，为台湾政治、经济的发展赢得了宝贵的时间。郑经利用双方休战的机会，着手开发台湾，实施了一系列的发展措施。在经济上，他大力发展农业，鼓励台湾百姓开垦荒地，种植五谷及一些经济作物。在文化上，他尊师重教，设立学校，并建立了一套完整的科举选拔制度。在军事上，他大力操练军队，并招募工匠制造战船。郑经是个不错的管理者，知道应该从哪些地方恢复台湾的"健康"。

在郑经的"精心调养"下，虚弱的台湾，渐渐变得健壮起来。

第八章 ／ 和战之间

僵局

台湾的逐渐"强壮"，使清廷的武力征剿也变得更为困难起来。虽然这一时期清廷内部的权力斗争进入了白热化，但对于台湾的形势，掌权者还是极为清醒。既然打起来太过困难，那就还是招抚吧！毕竟台湾只是一个大岛，想在大清国掀起更大的浪花，似乎也不太可能。

康熙六年（1667）五月，清廷派遣福建招抚总兵官孔元章，携带郑经舅父董班舍的亲笔书信，赴台进行招抚。清廷的要求还是一如既往：遵制削发登岸，另外再加一条，送子入京作为人质。清廷之举，确实有点儿太过"天真"了。当年郑氏集团内忧外患的时候，郑经就坚持不同意这个条件，现在台湾发展得不错，他能同意？自然是不能！

郑经当即拒绝招抚，并坚持自己的条件：效朝鲜事例，不削发，称臣纳贡。他是打定了主意，要使台湾独立成国。

双方各持己见，谈判失败。

清廷于九月份再次派遣孔元章赴台招抚，但依然未果。

孔元章从台湾返回的时候，郑经赠送给其大量的礼物。檀香、降香、鹿筋等台湾特产，装满了孔元章的大船。

郑经这么做，仅仅是为了讨好清廷官员吗？当然不是，他故意讨好孔元章，是为了让他帮自己传一句话，这句话是："施琅与伊交往，有往来文书为凭。"这话是他对孔元章说的，但真正的目的，却是想让清廷高层知道。他想用这个办法，除去施琅这个威胁。

对于郑经来说，施琅确实是个大的威胁。施琅痛恨郑家，但也了解郑家，更是熟悉海战。同样，郑经也熟悉施琅的能力。所以他从施琅的身上，嗅到了危险的味道。他知道施琅不会放过郑家，肯定会极力向清廷争取攻台灭郑的机会，所以他必须先下手为强。

三国时期，曹将蒋干曾经做了一件蠢事。他偷了周瑜的密信，使得曹操中了反间计，杀死了曹军中熟悉水战的蔡瑁和张允。而郑经也打算这么干，他眼里的"蒋干"就是孔元章。

孔元章果然没有让他失望，很顺利地就将这句话带给了清廷。此时康熙还没有亲政，在朝廷大事上还做不了主，能做主的是四大辅臣，而四大辅臣之中尤以鳌拜说话分量最重。鳌拜这个人极为排斥汉人，对于那些投诚过来的汉人更是不信任。孔元章带来的这句话，更是加重了他对施琅的怀疑。于是，"辅臣称旨"一道谕令，就决定了施琅的命运。很快施琅被调到京城，改授内大臣，并编入了汉军的镶黄旗。

施琅被调，那么福建水师怎么办？撤！清廷下令，撤销水师，焚毁战船，并命海上投诚过来的官兵到外省垦荒。施琅辛辛苦苦训练起来的水师，就此瓦解。当然，没有了水师，清廷想要剿灭台湾郑氏，就更不可能了。

郑经在台湾，因此又享受了几年的太平生活。

康熙八年（1669），康熙皇帝亲政，这是康熙王朝一个新的历史开端。亲政之后，康熙做的首件大事，就是招抚台湾。同年七月，康熙派遣刑部尚书明珠、兵部侍郎蔡毓荣前往福建泉州，与靖南王耿继茂、都督祖泽清等人商议抚台事宜。他们商议的结果是，再派人赴台招抚郑氏。这一次，他们派遣了兴化知府慕天颜和都督佥事季佺前往台湾进行招抚。

慕天颜和季佺赴台招抚，带来了康熙的许诺："果遵制剃发归顺，高爵厚禄朕不惜封赏，即台湾之地，亦从彼意，允其居住。至于比朝鲜不剃发，愿进贡投诚之说，不便允从。"但是即便如此，郑经依然不同意，他还是坚持"照朝鲜事例，不削发，称臣纳贡"。双方就这个问题争论了十多天，还是没有结果。郑经写信对明珠说："衣冠吾之所有，爵禄亦吾之所有，而重爵厚禄，永世袭封之语，其可以动海外孤臣之心哉！"他放出狠话："若欲削发，至死不易。"话都说到这个份儿上了，自然无法再继续下去，谈判失败。

其实依照常理来看，郑经坚持自己的条件完全正确。至少，他有两个理由来支持自己。

第一，清军目前威胁不到台湾。清军确实很强大，大清能够以少数民族的身份夺取天下，就足以证明这一点。但是现在，郑经却并不畏惧清军。因为清军铁骑虽然厉害，但是却并不擅长海战。虽然清军也曾建立过水师，但是那支水师如今已然土崩瓦解了，根本不可能击溃熟悉水战的郑军。隔着海洋波涛之险，清廷根本拿台湾毫无办法。

第二，同意招抚则前途堪忧。说白了，郑经不得不为自己的前途担心。

虽然康熙皇帝说得好听，招抚政策"宽仁无比"。可是皇帝也是人，而且圣心难测，万一他哪一天不乐意了，没准就会将这干降臣来个抄家灭门也未可知。但是如果据守台湾，那么在台湾郑家就是老大，谁也动不了自己。这一比较，结果就出来了，还是不降的好。

这次谈判，是康熙与郑经的第一回合交锋。在这个回合里，双方谁都没有让步，也都没有输赢。但是，这一回合却让两个人都警惕起来。

郑经一面同清廷使者周旋，一面加紧台湾内部管理、生产建设，以及军备的补充。同时，他极力拓展海上贸易，通过中间人，间接地与大陆建立了贸易渠道。不仅如此，他还开放了澎湖列岛，同日本、吕宋（菲律宾）等国进行贸易。他必须要让台湾尽快强大起来，才能增加自己在未来战争中的胜算。

康熙弄清楚了郑经的意图，知道招抚的可能性极小，所以，他开始积极思索征剿台湾的方法。不过很快他就发现，想要彻底收复台湾，必须要有强大的水师力量作为后盾，但此时清军的水师力量却几乎等于零。而建立一支强大的水师，需要花费很长的时间。他明白了，短期之内，自己不可能收复台湾。

这是很有意思的一种局面，双方甫一碰撞，马上又各自沉寂下来，这一沉寂就是四年。在这四年时间里，台湾发展得极为迅速，而康熙也慢慢成熟起来。

郑经的"机会"

清廷和台湾之间的沉寂局面，直到康熙十二年 (1673) 才再次打破。只不过，这次打破这个局面的，不是康熙，而是郑经。

当年八月，康熙下令撤藩的消息传到了福建。其时靖南王耿精忠已有反意，他派人送信给郑经，约其共同出兵。经过几年的休养生息，台湾的政治、经济发展都上了一个新的台阶，海上贸易也做得有声有色，"台湾日盛，物价平稳，洋贩愈兴，田畴市肆不让内地"。

在这种快速发展的势头下，郑经想到了扩充地盘。这其实很容易理解，就好比一个家发展兴旺，子孙越来越多，房子渐渐不够住了，家主就想要另起一座楼舍。此时的郑经，就是台湾这个大家的家主。他得到耿精忠"速征帆同正今日疆土，仰冀会师共成万古勋业"的书信后没有过多犹豫，就整顿兵马船只，离台赴澎，准备伺机进军沿海城市。

康熙虽然侦知了郑经的异动，但他此时正被三藩之事弄得狼狈不堪，自然也就无暇顾及这一股海上力量了。

康熙十三年（1674）三月，靖南王耿精忠起兵响应吴三桂。对于郑经来说，这是真正的机会！

耿精忠起兵后，随即派人前往台湾，约请郑经统率福建沿海战舰，配合耿军出师，从水陆两路合兵进攻福建和广东。耿精忠许诺，事成之后割让漳州、泉州二府给郑经。郑经早就有意扩展地盘，这对于他来说，正是求之不得的好事，于是同意了耿精忠的要求。随后，郑经命陈永华留守台湾，自己与冯锡范率领水师赶到了厦门。

康熙十四年（1675），郑经与耿精忠合攻广东，并很快拿下了潮州、惠州等城。但是耿精忠在取得了更多地盘后，却毁约了。

原来耿精忠起兵时，怕自己的兵力不足以攻取更多的地方，更怕福建、广东等地的文武官员不服自己，于是约郑经一同出兵以壮声势。但是起兵之后，他在福建境内的攻城略地却异常顺利，几乎没费什么周折。这时，他开始后悔自己约请郑经了。可是后悔有什么用？郑经已经来了！为了不把到手的地盘白白送给郑经，耿精忠做了一个很无赖的举动，那就是毁约。他拒绝把漳州和泉州二府交给郑经，并且还通告沿海居民，照前禁例，寸板不许下海。

所谓的"禁例"，是指清廷的禁海令。清廷的禁海令，是为对付郑氏集团而设。清朝始建，郑成功率领大军盘踞海上，不断进行着反清复明的斗争。清廷没有办法，只得下令禁海，以封锁沿海水陆交通联系来遏制郑成功等反清力量。顺治十八年（1661），清廷采纳海澄公黄梧密陈的《灭贼五策》，实施了"迁海"与"禁海"，将江、浙、闽、奥、鲁各省沿海居民内迁三五十里，设防坚守，坚壁清野。禁海令，对台湾的发展造成了极大的影响。

此时耿精忠重下禁海令，分明是摆明了要与郑经对立。对于耿精忠的毁约，郑经非常恼怒，他遂派冯锡范、刘国轩等人率兵攻打同安、海澄等地，很快就拿下了漳州和泉州。耿精忠见郑军勇猛，于是派人前往厦门向郑经请和，但却被郑经骂了回来。从此之后，双方关系十分紧张，甚至在广东福建等地互相夺取地盘。

对于耿精忠和郑经这两股力量，康熙虽然派兵围剿，但却并不愿意放弃招抚。他曾经对前往福建的将领说："入闽之日，海寇宜用抚，耿精忠宜用剿或用间，相机便宜行事。"意思是说，对付郑经，最好用"抚"的政策，而对付耿精忠，则需剿抚兼用。他一直都把重点放在了吴三桂身上，对于郑经和耿精忠则是想尽一切可能招抚他们。自然，在这种政策之下，清军的围剿力度未免有些不足，这给了郑军和耿军生存的空间。

郑经抓住这个机会，继续在沿海地区抢占地盘。有一段时期，福建几乎一半的地盘都归属了郑经。

不过好景不长，很快康熙就腾出了手脚。康熙十五年（1676），耿精忠、尚之信等人先后降清。这样一来，福建、广东等地的叛军自然也都偃旗息鼓了。看到大局已定，康熙随即命令耿、尚二藩率军协助清军征剿郑军。在绝对实力的打击之下，郑经辛辛苦苦抢回来的地盘复又被清军陆续收回。他只能边战边退，向金门、厦门等地靠近。

直到康熙十六年（1677），郑经完全失去了曾经夺取到的地盘，退守到金门和厦门两地。对于郑经来说，这实在是一种极大的讽刺。他想要夺取更多的地盘，也曾以为自己得到了，但是当康熙腾出手来这么轻轻一拨，所有的地盘却都又不复存在了。如果说还有，那就只剩下他的老巢台湾以及金门、厦门了。

对于郑经，康熙虽然恨其扰乱朝廷，却始终不愿意赶尽杀绝。他把郑经赶回了金厦两地，随即谕令康亲王杰书暂停进攻，再次进行招抚。杰书遵从康熙旨意，先后两次派遣使者到厦门劝降。为了达到招抚的目的，杰书甚至还许诺郑经，自己愿意向清廷题请"以朝鲜事例，称臣纳贡，通商贸易"。对于台湾问题，清廷已经做了极大的让步，希望双方能够达成议和。

但是，这些还是被郑经拒绝了。郑经执意"照先藩之四府裕饷例"，要清廷"资给粮饷，各守岛屿"。郑经的这一要求，着实有些过分了。其实从另一个角度来说，他是故意提出这些"过分"的要求的。原因很简单，因为他不想被清廷招抚。一来害怕，他怕清廷所给的一切许诺都是镜中花水中月，到头来竹篮打水一切成空。二来不甘心，吴三桂正与清军打得热火朝天，欲要与康熙平分天下，他不甘心台湾就此拱手称臣。鉴于这些原因，他便提出一些康熙无法接受的条件，让和谈自然破产。

　　和谈再次失败，双方又各自拉开了阵势，准备开战。

"疯子"来了

　　康熙命福建总督郎延相、副都统胡免等将领镇守漳州，命熟悉水战的黄蓝为总兵官驻守海澄。同时，他又在玉洲、福河、陈州、马州、壁湖、石码等地设立据点，驻扎军队。他要在这些沿海地区拉起一条线，慢慢绞死郑经。

　　郑经自然也不肯示弱，他派遣大将刘国轩为总督，吴淑为副都督，带领郑军精锐，反扑清军。这一次战争，双方互有准备，又各有所长，所以打了个旗鼓相当。于是，清军和郑军之间，又慢慢展开了一场拉锯战。双方战争的重点在海澄、漳州一带，这一战就是一年多。

　　在战斗中，郑军与清军各自的优势与劣势也逐渐显现出来。清军势大，但多不熟悉水战，远没有长期在海上活动的郑军灵活。刘国轩抓住这一点，充分利用了南方多水多河的优势，巧妙地攻击清军。他针对清军中缺乏水军的弱点，遴选健勇，驶着快船，乘着潮水涨落，声东击西，打得清军疲惫不堪。

一开始的时候，清军还能勉力应付，可是越打越吃力，渐渐就疲于应对了。在这种情形之下，郑军和清军之间的战斗，清军是败多胜少，渐渐开始有城池被攻破。到了康熙十七年（1678），清军不但失了漳州和海澄，就连泉州也形势危急。

听闻战况如此，康熙开始着急起来。他一面调遣江南、京口等地的汉兵急援福建，一面激励康亲王等在福建的将领，让他们不要因为战事的失利而自责，而应该打起精神，想尽一切办法"灭贼复疆"。他总结了战争失利的原因，认为有些将领的指挥不够得力。于是，他迅速更换了一批福建的清军将领。他撤掉了福建总督郎延相，巡抚扬熙等人，而以福建布政司姚启圣为总督，以按察司吴兴祚为福建巡抚，以江宁提督杨捷为福建水陆提督。这批将领的到任，为剿灭郑氏集团打下了基础。其中，尤以姚启圣最为突出。

应该说，康熙在后来能够拿下台湾，这个姚启圣功不可没。

《清史稿》里面是这样描写姚启圣的："姚启圣，字熙止，浙江会稽人。少任侠自喜，明季为诸生。"写的虽然简单，但却清楚地刻画了姚启圣这个人的性格，他轻侠豪纵、胆大如斗。姚启圣是康熙二年的举人，曾任广东香山知县。他这个人胆子太大，做起事来往往喜欢率性而为不计后果。知县做得好好的，他却一时兴起擅自开了海禁，因此丢了官。不过他并不在意，回到家中逍遥度日。

后来，三藩之乱来了，他的机会也随之而来。康熙十三年（1674），耿精忠反，兵犯浙江。姚启圣听到这件事，大笑着对儿子姚仪说："竖子反乎？吾视若等池中蛙耳，何能为？"意思是说，这小子反了，不过，我当他是池中的青蛙，成不了什么大事。于是，他带着儿子，招募兵丁数百人，投到了康亲王杰书的麾下。在康亲王的军中，他的军事才能很快便发挥了出来。由于战功卓著，他被杰书提升为温处道佥事。此后，他更是一路高升，康熙十五年（1676），他被升为福建布政使，奉命讨伐郑经。

而此时，他更是被康熙破格提升为福建总督。只用了短短五年的时间，他便从一个被革知县一路升到了总督，这不能不说是一个奇迹。正是这个"奇迹"改写了台湾的命运。

姚启圣刚一到任，就指出了郑军的弱点。他看出郑军虽然表象勇猛，但实际上却是十分虚弱。因为这条战线拉得太长，而郑军的兵力则极为有限。他对部属们说："贼兵不过三万，虑其聚而势雄。今得诸邑，必当分众把守，众分则势弱，势弱则破之易也。此兵法所谓兵多贵分，兵少贵合者。"他决定命令实施分而破之的方法，逐一击溃郑军。

刘国轩也感到了郑军的弱点，可是台湾兵力有限，根本无法抽调出更多的兵将来驻守城池。没有办法，刘国轩只得采取最笨的方法来解决，那就是强拉当地百姓充军。这样做，虽然可以在短时间内弥补军队数量上的不足，但质量上却差了很多。刘国轩担心这些兵勇不肯尽心打仗，就强拉他们的家口到台湾做人质。他的这种做法，引起了当地百姓的极大愤慨，一时间民情躁动。

姚启圣抓住这个时机，派遣大军向郑军发动了进攻。刘国轩无奈，只得命令郑军全线退至漳州，准备在漳州迎战清军。

康熙十七年（1678）九月，清军与郑军在漳州北门展开了一场激战。战前，漳州兵少，姚启圣屡发调令想要从泉州调兵来漳州共同夹击郑军，但却没有成功。原来过去将领他处调兵，需要当地领兵大将的许可方可奏效。针对这种情况，姚启圣向康熙提出了意见："若军队调动，必俟大将、王令，不免坐失时机。"言下颇有不满之意，认为反复请示太过浪费时间。

而对这个大胆的姚启圣，康熙并未生气，而是当即批示，准许姚启圣可以一面调集官兵，一面告之领兵大将。这是一项特权，有了这项特权，姚启圣就可以随心所欲调遣兵马，而不用来回奔波浪费时间了。

姚启圣调来了兵马，即在次日同郑军展开了一场激战。姚启圣是个狂人，他与耿精忠等人亲自督战，指挥军队攻击郑军。面对郑军队伍中飞过来的火箭、喷筒、矢石，他丝毫没有慌乱，眼中只有战斗。在他的指挥下，清军大败郑军，刘国轩带领残兵仓皇逃窜。

康熙十八年（1679），郑军与清军仍然处于僵持苦战之中。虽然清军在姚启圣的指挥下，收复了大部分失地，但是刘国轩率兵扼据澳头、王洲、镇门、象鼻、狮山一带，修建了极为坚固的防御工事，首尾相连，坚守阵地，清军一时之间很难攻破。

姚启圣也确实厉害，他在取得康熙同意之后，再次重施了坚壁清野的方法，上自福宁，下至诏安，驱赶百姓内迁，筑界墙及炮台严密封锁。他要彻底掐断郑军粮饷的来源。我们之所以说姚启圣是疯子，是因为他所采取的这种方法实在狠辣。清廷之前也施行过禁海令，但禁来禁去，郑氏集团总能找到获取粮饷的方法。但是姚启圣这次却很认真，甚至还筑起了炮台严阵以待，让郑军钻不了丝毫空子。

相持的结果，是再次和谈。

康亲王杰书派苏埕前赴厦门和谈，破例提出："果能释甲东归，照依朝鲜事例，代为题请，永为世好，做屏藩重臣。"这次郑经眼见清军势大，姚启圣的做法既狠且辣，怕自己在台湾也讨不到好处，就有些心动了。他表示同意康亲王的提议，对使者说："既亲王能照朝鲜事例，不削发，即当相从息兵安民。"

眼看多年谈判即将成功，但临了却又出了问题：双方就厦门、海澄的归属问题产生了分歧。郑经将领冯锡范坚持海澄、厦门是台湾的门户，应当归台湾所有。苏埕据理力争，认为台湾既然想要效仿朝鲜，就应当退居台湾，以澎湖为界，而非海澄和厦门。双方争执了许久也没有结果，郑经无奈，只得派遣使者随苏埕一起返回福州，请康亲王拿主意。

康亲王虽然贵为亲王，但这里是福建，福建总督才是真正的主人。于是，他把这个球踢给了姚启圣。姚启圣只用一句话，就堵住了所有人的口，他说："寸土属王，谁敢将版图封疆议作公所。"这话说得有理，普天之下，莫非王土。

谈判再次破裂。

这个时候吴三桂已死，康熙的心腹大患没了，心里的压力骤然一轻。他开始往福建沿海调兵遣将，准备好好收拾这股顽固的反清势力。从康熙的阵势中，郑经感到了压力，他开始做撤退的打算。他不得不早做准备，因为他很清楚，当清军全线压境的时候，退起来也会相当困难。

康熙十九年（1680）二月，清军开始全线向郑军发起了进攻。郑经没有做太过激烈的抵抗，双方甫一交锋，他就选择了撤离，返回了台湾。

内乱

郑经带领军队再次返回台湾，看起来似乎又回到了原点，一切都和原来一样。

但是，却又不一样。

郑经第一次返回台湾，是为了争夺藩位。那个时候他虽然面临困难，但仍然临危不乱，毫不畏惧。他成功地利用了自己郑成功长子的身份，威慑了周围虎视眈眈的叛党，夺回了藩位，成了台湾之主。随后，他又以雷霆之势铲除了异己，稳固了自己在台湾的权力。

他曾数度离开台湾，带领军队攻上海岸，攻城略地。虽然最终的结果，是他不得不再次退居台湾，但每次一回到台湾，壮志未酬的挫败感总会刺激着他的神经，使他奋发图强、兢兢业业地治理台湾。他想要将台湾治理得更为强大，使自己能有与清廷抗衡的资本。

正是在他如此的努力之下，台湾才发展得越来越好。

但是这次撤回台湾，他却变了。

一个人在年轻的时候，可能会壮志凌云，心比天高。尤其是处于郑经这个位置上，他想要施展的报复，更是比常人为大。他的父亲临死之前一直念念不忘"反清复明"，这种思想潜移默化地转移到了他的身上，也成了他的抱负。可是忙碌了近二十年，自己究竟得到了些什么呢？好像什么也没有得到，他觉得自己就像是一只大乌龟，带着一群人缩在一个庞大的龟壳里，什么也没做，什么也做不了。他开始迷茫了！

迷茫的结果是，他丧失了昔日的雄风，生活愈来愈腐化。"人生得意须尽欢，莫使金樽空对月"，忙碌了半生，是该好好享受享受了。他在洲仔尾选择了一块好地，建造了一个大园子，把里面布置得漂漂亮亮，然后带着爱妾住了进去，每日纵情花酒。兴致来的时候，他还会与文士武将骑骑马，射射箭，陶冶一下情操。他发现，这样过日子，其实也不错。

他纵情享乐，那么台湾谁来管理？他的大儿子郑克臧。

郑克臧是郑经的小妾所生，刚毅果断，很像他的祖父郑成功。他代郑经处理政事，公正严明且又细心稳妥，深得郑经欢心。郑经发现这个儿子是个管理者的好料子，索性就把大小政事全部交给其来处理，自己则放下心来花天酒地。而郑克臧呢，也没有辜负郑经的期望，把台湾政事处理得井井有条。

出头的椽子，总是要先遭到风雨的打击。郑克臧虽然不愿意做出头的椽子，但在无意之中，他还是锋芒外露了出来。因为他处事刚毅果决，无论对谁都不留情面，所以得罪了不少人。当然，他得罪最多的，是郑经的亲属、亲信与权幸。这些人怕郑克臧继承藩位之后会对付自己，就决定先下手为强，除掉郑克臧。

在台湾，郑经最倚重的人有两个，一个是陈永华，一个是冯锡范。陈永华是郑经的军师，为人正直，极有智谋，深得郑经信赖。郑经西征时，就曾把留守台湾的重务交给了陈永华，可见对其的信任程度。郑经与陈永华之间，除了上下级的关系之外，还有一层亲家的关系。陈永华是郑克臧的岳父。其实说到底，郑克臧的权威与才干，正是在陈永华的支持和培育下形成的。冯锡范同郑经也是亲家，他是郑经二儿子郑克塽的岳父。冯锡范随郑经撤回台湾后，发现陈永华把握重权，而且处事公正，把台湾治理得井井有条；郑克臧处事稳重，刚正不阿，郑经也有意让其处理政事。这个发现让冯锡范感到害怕，他怕郑克臧以后继承藩位，自己就会失去现在的权力和地位。他开始寝食难安，思索着除去陈永华和郑克臧的方法。

冯锡范知道想要除掉郑克臧，就必须先解除陈永华的职权。可是，陈永华的职权怎么解除呢？郑经对陈永华极其信任，肯定不会无缘无故解除其职权的。那么唯一的方法，就是让陈永华自己解除职权。冯锡范去拜见陈永华，装成一副愧疚的样子对其说"我扈驾西征，寸功俱无"，所以准备"辞职解权，杜门优游，以终余岁"。

他的这一番陈词，说得陈永华无地自容。陈永华是个实在人，一心追随郑氏从无二心，冯锡范这句话使他猛然想起，自己也许久未建功勋了，但却还是占据台湾要职不让，未免有点儿对不住死去的国姓爷。看看人家冯锡范，一个武将，说退就退，自己能不惭愧吗？

陈永华很惭愧，于是便去找郑经，请求其解除自己的职权，以便把位置留给年轻人。郑经犹豫再三，便又去找冯锡范商量，冯锡范等的就是这个机会，自然大加称赞陈永华。郑经会意，于是就解除了陈永华的职务，并将其掌握的军政大权交给了刘国轩掌管。刘国轩正好和冯锡范一伙，想要密谋除去郑克臧。

陈永华退下来之后，左等右等不见冯易范交出军权，这才知道自己上了当，气愤难当，遂郁郁而终。郑克臧没有了陈永华的支持，就等于失去了最强有力的后盾，在冯锡范等人的眼中，已经微不足道了。

康熙二十年（1681）正月二十八日，郑经病逝。他一死，再也没有人能压制冯锡范和刘国轩了，这两个人发动了政变，杀死了郑克臧，拥立十二岁的郑克塽继位。郑克塽不是康熙，没有康熙少年时的睿智，所以他什么也做不了。说白了，他只是一个傀儡藩王，而操纵这个傀儡的，则是冯锡范和刘国轩。郑克塽继承藩位之后，郑经的弟弟郑不聪为辅国公，刘国轩为武平侯，冯锡范为忠诚伯。台湾大小事宜，尽皆由他们掌控了。

任何一个团体，内部有了争斗，必然会混乱。冯锡范等人的争权夺利，直接导致台湾郑氏集团内部混乱不堪，将领们彼此之间互相猜疑，各怀心机，甚至相互倾轧。冯锡范、刘国轩等人虽然掌握了大权，但却无法遏制这种情况，不得已他们只好大开杀戒，以"杀戮立威"。聪明的领导者都知道，武力威慑只是下策，他们不杀还好，一杀人便直接杀散了人心。郑军之中，又有很多人开始思虑如何投降清军。

在内乱中，台湾开始从稳定走向风雨飘摇。

对于康熙来说，康熙二十年（1681）无疑是个喜庆之年。这一年，以吴三桂为首的三藩之乱完全被平息，八年战争宣告结束。平藩胜利是康熙二十年帝王生涯中所取得的最大功，他很有成就感，也很得意。此时，他正意得志满。恰巧这个时候，福建总督姚启圣又带来了一个好消息：台湾郑经已死，郑克臧被杀，十二岁的郑克塽继位，内部极为混乱。这确实是个好消息，这个消息至少说明了一点，台湾此时极为虚弱。

姚启圣虽然胆大，但在真正的大事上却还是不敢擅自做主，他知道"台湾孤悬海外，处处皆险，统师远剿，时地难测"。于是他向康熙建议道："会合水陆官兵，审机乘便，直捣巢穴。"他要让康熙自己拿主意，决定是否出师台湾。虽然，他也一直很想攻打台湾。

打，当然要打！对于台湾之事，康熙早就心痒手痒了。从顺治年间开始，郑氏团伙就开始让朝廷头痛了。后来郑成功占据台湾，朝廷更是多次招抚，但却没有成效。这伙人居然一直妄想台湾从大清的版图上分裂出去，这简直是十恶不赦，早就应该剿灭了。现在藩乱已平，难道还要任他们逍遥？

很快，康熙就下了一道圣旨，令姚启圣等人乘机平定澎湖、台湾。

想要彻底平定台湾，必须要有一支强有力的水师。而一支强有力的水师，必须由一个既精于海战，又精于带兵的人才能带得出来。这个人，当然不是现任水师提督万正色。万正色这个人能力不错，但就是思想不开窍。他一直认为台湾孤悬海上，不易围剿，只可防御。他的对台策略是：在沿海地区立据点，设炮台，派兵巡逻，只要台湾郑氏不来寻衅滋事，那么海边就安定了。他的想法或许没错，但这是典型的治标不治本的想法，康熙自然不能认同。这样的人，自然也无法好好配合姚启圣平定台湾。那么，就需要换一个人来做水师提督。换谁？姚启圣推荐了一个人，那就是施琅。

施琅原来曾任福建水师提督，但是由于三次出师台湾未果，就被撤了。没办法，他是郑军降将，对于这样的将领，朝廷不信任也很正常。康熙十八年（1679）时，姚启圣曾经先后两次向康熙推荐过施琅，想要让其担任福建水师提督。但是，这两次都被康熙回绝了。康熙虽然知道施琅的才干，但他却还是要多想一想，施琅到底能不能用。

康熙二十年（1681）七月，康熙终于下决心重新启用施琅，任命施琅为水师提督。同时，他也下达了指令给议政王大臣："原任右都督施琅，系海上投诚，且曾任福建水师提督，熟悉彼处地理，海寇情形，可仍以右都督充福建水师提督总兵官，加太子太保，前往福建，到日即与将军、总督、巡抚、提督商酌，刻期统领舟师，进取澎湖、台湾，其万正色改为陆路提督。"

康熙有一个最大的优点，用人不疑。就像启用施琅，在启用之前，他也曾再三犹豫，但是一旦决定用了，就会深信不疑，而且大力支持。他任命施琅为福建水师提督后，很多大臣提出了反对意见，认为这个人是郑军降将，到了福建可能会反叛。康熙听了这些话，只是一笑置之，还是给了施琅很大的权力。他的信任，换来了施琅的感恩戴德，誓死效力。

施琅和姚启圣，对于台湾的郑氏集团来说，他们恰如一虎一狼。他们的到来，决定了郑氏集团的命运。

第九章 ／ 海上大战

用人之难

康熙二十年（1681）十月，施琅斗志昂扬地奔赴厦门。

施琅的前半生，是卖给了郑芝龙、郑成功父子的。他南征北战，为他们立下了汗马功劳。可是得到的，却是父亲和弟弟被杀的结果。正因为此，他才投降了清军。但是投降清军，郑家人更是不肯放过他，甚至灭了他满门。郑家是他恨入骨髓的仇人，所以他不会容许仇人过得舒服。他唯一能做的，就是带着军队，杀上台湾，报仇雪恨。他曾不止一次地向朝廷上疏，表达自己灭台的决心和谋略，但是他的意见却一直得不到采纳。

现在，机会来了，康熙任命他为福建水师提督，让他带兵攻打台湾。他的内心，早已被热切的战斗欲望充满了。

一到厦门，施琅就投入到紧张的备战状态之中。虽然现在清廷重设了水师，但是这支水师的战斗力却太差。施琅知道，拥有一支强大的水师，才是收复台湾的关键。为此，他制备军器，整船练兵，大力训练士兵的海中作战能力。同时，他还向康熙上疏，向其索要"专征台湾"的指挥权。

施琅为什么要这么做？施琅这个人，对于自己的海战能力极为自信。但是正是由于太过自信，他总是不放心别人的指挥能力。他怕总督、巡抚这些并不熟悉海战的人，会在战时影响自己的作战计划，不利于战事的顺利推进，于是就想一个人说了算。

康熙接到奏疏，当即否决了施琅的请求。他不是不信任施琅，而是知道姚启圣等人在战争中的作用。施琅虽然极具才干，但毫无疑问，他的心中充满了仇恨的火焰。人一旦被仇恨冲昏了头脑，就有可能会做出不理智的事情来。所以，他想要姚启圣和施琅一起进剿台湾。他传谕到福建："总督姚启圣统辖全省兵马，同提督施琅进取澎湖、台湾，巡抚吴兴祚有刑名钱谷诸务，不必进剿。"

施琅虽然不愿意，但圣意难为，只得老实操练水师，准备克日进攻台湾。

康熙二十一年（1682）三月，各项准备工作已经就绪，可以进攻台湾了。出发之前，施琅还不死心，又上了一道疏，再次恳求康熙允许自己"专征台湾"。他倒是没有说姚启圣的坏话，反而极力称赞姚启圣，说姚启圣"调兵制器，奖励士卒，精敏整暇，泡嗟立办，捐造船只，无所不备"。但是绕来绕去，言下之意还是认为姚启圣虽然有才干，但不熟悉水战，自己想要独征台湾。

施琅原本无意得罪姚启圣，但他接二连三地上疏请求"独征台湾"，却引起了姚启圣的不满。姚启圣虽然和郑家没有什么深仇大恨，但他却早就有了收复台湾的志向。康熙按兵不动的那几年，他曾数次上疏，请求出兵台湾，并表示"臣必欲亲率舟师剿灭台湾，永除后患，以报国恩"。但是那几年福建水师太弱，康熙又忙着清剿藩乱残兵，所以对于他的提议也就置之不理了。

这样一个复台狂人，施琅却想让他袖手旁观，他不生气那才叫咄咄怪事。

姚启圣得知施琅上疏"排挤"自己，咬牙切齿之余，也赶紧上疏康熙，为自己辩驳："臣虽然生长北方，然今出海数日，亦安然无恙，不呕不吐，何以知臣毫无所长？"这些话，显然是针对施琅了。末了，姚启圣再次明志："宁愿战死于海，而断不肯回厦门偷生者也。"他也表达了自己宁愿战死的志向。

对于两人的奏疏，康熙没有做过多的指示，而是坚持自己之前的意见：总督、提督一起出征台湾，两人通力合作，相互配合。

还未出师，两位主帅之间已经出现了矛盾，这似乎对战事非常不利。但是，康熙明明看出了两者之间的矛盾，却并不调解制止，这就有些奇怪了。说穿了，其实这一点儿也不奇怪。康熙用人，往往能够知人善用，姚启圣和施琅各有优势又各有劣势，两人的性格都极为自负，友好配合显然不大可能。既然他们不能好好配合，那就让他们互斗，通过小的摩擦来刺激彼此的潜能，更好地打赢这场仗。为了能够收复台湾，康熙可谓用心良苦。

姚启圣和施琅，因为彼此之间有了嫌隙，争执得更加激烈了。后来的争执，却是因为出征的时间等问题。

海战不同于陆战，需要考虑风向、天气、时间等诸多问题。康熙二十年（1681），康熙信心满满地派遣施琅出任福建水师提督，带兵征剿台湾。康熙并不是十分了解福建水师的情况，遂命令施琅在十月份出征台湾。但是施琅到任后，却发现水师战船不多，兵士不齐，训练疲软，整体作战能力极差。这样的水师，自然无法征剿台湾。于是他向康熙上疏，请求将出师台湾的时间延后。同时，他还考虑到"冬春之际，飓风时发，舟骤难过洋"。因此，他想要在次年三四月份进兵。

但是姚启圣却不同意，他提出要在十月至十二月之间发兵台湾，理由是这几个月北风正盛，战船大可凭借北风驶往台湾。

康熙考虑再三，认为施琅熟悉海战，便听从了施琅的建议。

可是，到了康熙二十一年（1682）三月，施琅却改变了主意。这次他的理由是：夏春交替之际，东北风比较多，这个风向会给水师船队带来极大的不便，所以攻台时间应该定在夏季。

施琅反复变更攻台时间，一直往后拖延，引起了朝廷相当一部分大臣的担忧。他们认为，施琅这么做，会明是在故意拖延，给台湾郑氏集团争取准备的时间。甚至有人还认为，施琅必定还在心向台湾。这些话传到康熙耳朵里，康熙及时把门关上了。他为施琅辩白：海上变幻，难以把控。所以，有关战事的具体决策与行动，应该由前线的指挥将领根据实际情况来决定，任何人不得胡乱揣测。议政王大臣无奈，想要限期施琅出征台湾，但也被康熙否决了。

康熙二十一年（1682）五月初，施琅与姚启圣终于出兵。他们的第一站，是台湾门户澎湖。眼看战争一触即发，但是姚施之间却又发生了争执。

施琅认为，澎湖坐向东北，夏至盛刮南风，而且还会连续很长时间。如果大军从铜山发，并把船队前后连接起来，那么士兵们将不会出现晕船的情况，战斗力自然大增。而且交战的时候，清军处于上风口，郑军处于下风口，优劣自然就很清楚了。所以，夏至进攻，是最好的时间。

但是姚启圣却不同意，他还是坚持冬春利用北风进兵。他的理由是，澎湖、台湾有不少可供船只停泊的港口，但是那些港口所在的位置只适用于趁北风驶来的船只进驻。而适用于南风驶来船只进驻的港口，却只有一个娘妈宫。这个不同导致的结果是，趁北风进攻澎湖、台湾，可以兵分多路，且进可攻退可守；而趁南风进攻，只能据守一个地方，如果连娘妈宫也无法攻破的话，那么清军就只能漂流在海上，无港可停了。

两个人一个想在夏至攻台，一个想在冬至攻台，争论了十多天也没有结果。因为意见不能统一，致使出兵计划也耽误了。宁海将军喇哈达、侍郎吴努等人听说施姚二人意见不合，遂赶到铜山劝解。姚启圣是福建总督，福建官员多听他的命令。施琅无奈，只得听从姚启圣的安排，把出兵台湾的日期延到了十月。

姚启圣和施琅两个人，除了在进攻台湾的时间上有分歧外，对待台湾的态度也不相同。

姚启圣虽然一直坚持平复台湾，但他所采用的方法更侧重于招抚。他出任总督以后，制定了十分详尽的招抚政策，希望能够以优越的政策，吸引更多的台湾官员降清。同时，他还派遣了很多间谍秘密潜入台湾，在郑军内部进行策反。他的工作极有成效，不仅成功招抚了一些台湾军官，更是动摇了郑军的军心。不过，他工作的缺陷也很严重。他不太相信清军的水师力量，认为出兵强征台湾，必须要付出惨重的代价。正因为如此，他对于施琅数次请求出兵台湾的做法十分反感。他甚至利用等待出兵的空闲时间派使者前往台湾，企图招抚刘国轩等人。但最终因为刘国轩、冯锡范等人无意投诚，招抚计划失败。

施琅对于台湾的态度，就不用说了。他恨郑氏入骨，自然是一心一意想要剿灭台湾。所以，他很反对姚启圣的招抚策略。他认为刘国轩、冯锡范等人把持了台湾，正在志得意满，根本就不可能会投降清廷。所以必须当机立断，早日进攻台湾。

如果两个人经常吵架，那么吵着吵着，感情也就吵没了。姚启圣和施琅就像是两个经常吵架的同事，吵到最后，彼此都更难容忍对方了。出征台湾日期的延后，更让施琅觉得自己受到了姚启圣的牵制，根本无法放开手脚大干一场。于是他再一次给康熙上疏，请求其给自己独征台湾的权力。这一次，他直言，总督"生长北方，水性海务非其所长"，更指出将领中"有一、二视此畏途，未免徘徊，以致督臣，疑惑不决"。他甚至向康熙立下了军令状，表示自己只需挑选精兵两万，战船三百，就可以尽破敌军。如果做不到，他甘愿受罚。

　　应该来说，施琅是在挑战康熙的极限。作为一位领兵统帅，他接二连三地向康熙索权，想要"独征台湾"，已经犯了大忌。而且他还以风不顺为由，一直往后推迟出兵台湾的日期，甚至是一拖再拖。康熙是皇帝，但也是个凡人，任何人都会有七情六欲，都会有猜忌之心，康熙这个凡人自然也不例外。他不得不考虑，施琅是不是别有用心？

　　怀疑过后，他又冷静下来。毕竟，进剿台湾事关重大，他不能仅凭自己的猜测就妄下结论。更何况水师提督责任重大，而施琅一再提出自行进征台湾的请求，必然有这样做的理由。他觉得自己需要听听大臣们的意见，于是询问大学士明珠。明珠说："若以一人领兵进剿，可得行其志，两人同往，则未免彼此掣肘，不便于行事……"明珠所言，竟然与施琅所奏极为相似，康熙忽然明白了。

　　他立即下令，由施琅独自往剿台湾。

　　施琅接到圣旨大喜过望，随后整顿兵将船只，准备进攻澎湖。

决战澎湖

康熙二十年（1681），内乱中的台湾就像是一锅粥。而清军，则像是锅下面的火。施琅带领水师严阵以待，直把这锅粥熬得滚烫。

事实上，郑家一直在乱。郑成功死后，郑家乱了，不过那时候有郑经平定内乱。郑经死了，郑家又乱了，那时候有冯锡范和刘国轩善后。但是这两个人不是郑经，也许正是因为有了他们，郑家才会更乱。

此时清军压境，郑家自然更为混乱。

施琅将要攻打澎湖的消息传了出去，澎湖和台湾的郑军开始恐慌。于是，不断有郑军赶到清军营中投诚。虽然冯锡范和刘国轩严密封锁港口，防止士兵降清，但是却总也制止不住。郑军的军心，再一次到了溃散的边缘。

除了军心，郑军也在渐渐失去民心。为了防守鸡笼山，郑军强征沿途平民，不论男女老幼，都被抓来搬运粮食。当地人搬运东西的方式很特殊，他们习惯把东西顶在头上，而不会用肩膀来挑。这样一来，他们的搬运工作就十分辛苦。郑军官兵都很严苛，当地人稍一懈怠，他们就用鞭子狠狠抽打，结果民怨越来越甚。因为郑军抓走了劳动力，这导致田地无人耕种，于是粮价飞速上涨，当地人大多都吃不上饭，只能以草根树皮充饥。忍无可忍，当地一些人开始结伙反叛。他们袭击军队，夺取粮饷，弄得郑军疲惫不堪。

在这样的情形之下，施琅果断出兵。

康熙二十二年（1683）六月，施琅率领水师大军齐集铜山，准备出征澎湖。施琅这次信心满满，决意一举攻下澎湖。十四日早上，大军起航，从铜山向东，直奔澎湖而去。次日下午，水师大军抵达澎湖的猫屿、花屿。在这里，清军与郑军首度相遇了。

　　清军如此大规模的军事行动，郑军自然早就摸得一清二楚。他们早早地加强了澎湖的军事防御，挑选精兵强将屯守于此。为了补充兵力，郑军更是逼迫当地渔民参加军伍。战船不够，郑军就征集官员们的私船，并把私船改为战船。早在四月份，就由刘国轩统率这支两万多人的大军进驻到澎湖，他们决定在这里同清军决一死战。

　　十五日下午，探知清军水师开赴猫屿和花屿后，刘国轩便迅速传令狮屿头、凤柜尾、鸡笼山、四角山等地的守将，将火炮列置于海岸，准备给清军迎头一击，让他们上不了岸。同时，他们又命令泊在各港口的大战船驶出港口，隐蔽在各个要口，以逸待劳。

　　刘国轩这个人，领兵打仗虽然有一套，但为人骄横且狂妄自大。尤其是他在台湾得势后，更是目空一切，嚣张跋扈。当一切布置妥当之后，曾有将领向他献计，让他等到晚上潮落之后派遣船队偷袭清军船队，引起清军大乱，然后趁机进攻。但是，他却轻蔑地说："施琅徒有虚名耳！今当此日日飓暴之期，敢统舟师越海征战，如夜风起，彼无焦类矣！此乃以逸待劳，不战而可收功也，诸公勿虑。"他的意思很明确，这段日子是台湾的风季，只要大风一起，不用等我们动手，清军水师就没有了。

　　刘国轩熟悉海战，他分析的也确实很有道理。但是他忘记了凡事总有万一，万一不起风呢？施琅既然敢这个时候率军前来，难道只是为了自行撞到风口上？

这一夜果然无事。

十六日早上，施琅率领大军，开始进攻澎湖。

这一仗打得极为惨烈。清军水师列队出击，署右营游击蓝理、曾成，副锋右营千总邓高等人分率船队攻向郑军。郑军方面，刘国轩亲自督战，指挥舰队迅速靠拢。双方战船凭借各自的火器，开始了对攻。刚开始的时候，清军仗着勇猛，击沉了郑军的几艘战船。不过这个时间正好赶上了涨潮，汹涌的潮水猛然把清军的大部分战船推到了郑军的火力网下，清军开始被动挨打。一时之间，清军死伤无数，就连统帅施琅也被流炮的余炎烧到了面部，右眼受了伤。施琅是个倔脾气，强忍着疼痛继续指挥战斗。郑军也不好过，水师总督负伤，扬威将军沈诚等人战死。

眼看再战下去伤亡会更大，施琅只好指挥清军撤退。郑军将领想要乘胜追击，但是刘国轩却怕清军有诈，没有同意。郑军战得兴起，还有将领提出想要夜袭清军，但是也被刘国轩拒绝了。刘国轩说："彼舟师所寄泊坡屿都是没有遮拦的海澳，又系石浅礁线，早晚风起，定不战而自溃。"刘国轩这样说，并不是借口，而是深知这里的天气状况。他说得极有道理。东南沿海的渔民中有一种说法，那就是六月三十日有三十六暴，平均下来一天一暴还多。运气好点儿，遇上的风暴小一点儿，也许还能凭借坚船撑过去；运气不好，遇上暴风骤浪，那船队就要全军覆没了。刘国轩之所以不想偷袭，就是想要等着看清军葬身风暴的笑话。

不过说来也怪，随后的几天，老天似乎在帮着清军，海上居然没起风暴。刘国轩的大意，让他彻底失去了偷袭清军的机会。

二十二日，清军水师又向郑军发起了进攻。经过几天的修整，清军已经从几天前的那场大战中恢复过来。施琅身上的伤也好了，他重新部署了作战计划，打算与郑军来一场决战。

施琅总结了前一战的教训，把水师大军兵分数路，从不同的地点进攻郑军。他派遣都督陈蟒、魏明率领一路清兵，从鸡笼山、四角山发起进攻；派遣董义、康玉率领一路清兵，从西畔内堑直入牛心向安泰湾发起进攻。然后，他又将大船兵分八队，从正面进行攻击。部署完毕，清军浩浩荡荡地挺进了娘妈宫。

又是一场惊天动地的大战。由于轻敌大意，备战不足，刘国轩开始吃到了苦头。到了后来，郑军伤亡惨重，战船十沉七八。刘国轩看败局已定，只好带着残兵败将逃回到了台湾。清军大获全胜，顺利地占领了娘妈宫。战后，施琅派人一一招抚了澎湖三十六岛，各岛守军眼见主帅败逃，也就不再反抗，全部归降。

澎湖决战的胜利，为清军进攻台湾奠定了基础。在这一战中，郑军一万两千多人战死、淹死，更有五千多人投降，这差不多等于郑氏集团兵力的一半。战后的海面上几乎浮满了尸体，没有办法，施琅只得下令清军打捞尸体，并一一安葬。这场大战，彻底激起了清军官兵的士气，他们纷纷摩拳擦掌，准备进攻台湾。

总督姚启圣得到澎湖大捷的消息后，极为兴奋，他向康熙上疏，请求立刻进攻台湾。他说："澎湖一战，郑军惨败，所有精锐，尽行斩溺，所有船只，尽行焚毁，郑军几成全军覆没，故应乘胜直捣台湾，似不宜迟，倘若让'海贼'将台湾隘口收拾坚固，使后日骤难攻克也。"姚启圣的提议确实很有道理，自古两军交战，胜方如若乘胜追击，往往能够起到事半功倍的效果。一是胜方士气正旺，败方则军心不稳；二是败方仓皇逃窜，大本营必定来不及防御布置。很显然，这个时候如果进攻台湾，清军必然大占便宜。

但是，施琅却又提出了反对意见。施琅的意见是，澎湖一战后，清军虽然获胜，但也有很大的损伤，兵力不足，战船破损。这也就是说，清军需要一个缓冲的时间来补充兵力，修补战船。而且台湾不同于澎湖，台湾港道迂回，非常难以辨认，需要时间来准备。因此，他建议还是在八月至十月间，海上刮北风的时候再行进攻台湾。同时，他还提出了一种"逼而不攻"的战略。他认为清军占据澎湖之后，需要多给郑军一些时间，让他们感到害怕，然后内部开始混乱。如果郑军内部乱得不可收拾，那清军进攻台湾就大占便宜了。甚至，还有可能成功实现招抚。

　　康熙慎重考虑了姚启圣和施琅的建议，最后力排众议，采取了施琅的计划。康熙之所以这样做，一是相信施琅的海上本领，二是不愿意更多的将士流血牺牲。他一直想要招抚郑氏，即便战争打到了这个地步，他还是在尽一切可能实现招抚。他认为招抚成功，兵不血刃收复台湾才是最大的胜利。

　　当然，他的这个想法，需要台湾郑氏集团的配合。

台湾回归

在对待台湾的问题上，施琅虽然憎恨郑氏，但却并不迁怒于人。澎湖之战大捷后，他想尽了一切办法来瓦解台湾军民的心。

台湾和澎湖，中间隔着汪洋大海，他能瓦解到台湾军民的心吗？当然能！他采取的优待俘虏和恤民政策，都通过俘虏的口传到了台湾。他严禁乱杀战俘，下令乱杀一名降兵者死。对于那些受了伤的俘虏，他不仅派医生为他们治伤，更是给酒给肉，让他们酒足饭饱之后再回台湾。施琅很善于收买人心，他对那些俘虏们说：朝廷也不想打仗，只是迫不得已，必须要剿灭郑氏。你们既然已经投降了，那么朝廷就不会为难你们。你们回去，告诉自己的亲戚朋友，让他们快快来降。你们难道想让澎湖大战的惨剧发生在自己亲人的身上吗？这些话传到了台湾，军心民心都动荡不已，很多人开始做逃离台湾的准备。

台湾的军心乱了，民心乱了，高层也好不到哪里去。郑氏集团开始就守与降展开了激烈的争论。郑克塽、冯锡范等人认为应该坚守台湾。他们的想法是，虽然澎湖失守，台湾危急，但还不至于完全没有希望。如果到了最后真的不敌清军，那么还可以带领军队攻取吕宋，以图东山再起。以郑军的军力，在吕宋打下一块儿地方，显然并不困难。但是对于他们的提议，刘国轩却竭力反对。刘国轩说："今澎湖已失，人心怀疑，苟辎重在船，一旦兵弁利其所有而反目，尊公之前车可鉴也。"在郑氏集团中，刘国轩一直手握重兵，他既然这样说了，郑克塽和冯锡范也不好再说什么。刘国轩为什么会反对冯锡范？很简单，因为他想降清。澎湖一战，把刘国轩的胆子打没了，他"自澎湖败衄，心胆俱裂"。跑回台湾以后，看到军无斗志，民心渐失，他更是感觉到台湾不可守。他甚至觉得，如果台湾不肯降清，那么就只有死路一条了。

事实上，他的感觉是正确的。施琅绝对不是一个好相与的善主，台湾能降最好，如果不能降，他定然会强行攻上台湾。到那个时候，郑氏集团的命运才真正悲惨。现在，至少在刘国轩等人的眼中，台湾还有机会。这唯一的机会，就是投降。

刘国轩不仅自己心动了，还劝郑克塽："人心风鹤，守则有变，士卒疮痍，战则难料，当请降。"其实他劝郑克塽，无非是掩人耳目罢了，郑克塽只是一个空架子，军政大权大多在他的手中。可是，仅他投降分量不够，他需要让郑氏集团的首脑一起投降，这样才能光明正大地提出条件。

事已至此，谁也无话可说，谁也无话敢说。那就降吧！恰巧台湾商议妥当，施琅派来招抚的人也到了。既然是投降，那总得做出投降的诚意来吧！于是，刘国轩让郑克塽随清军招抚人员一起，到澎湖施琅军前请降。刘国轩不厚道，他自己不去清军营中投降，却让一个傀儡去，摆明了是拿郑克塽试水。冯锡范眼见降局已定，还想要反对，却被刘国轩一顿臭骂："昔者张、卞二使至岛议抚，则议不称臣，以致两岛流离；今春黄朝用至台再抚，则议不削发，又致澎湖丧师；此二者皆系公之操持不定。当此之际，尚且狐疑，倘一朝变起萧墙，将奈何？从来识时务者为俊杰，大势已去，速当顺天。"

刘国轩自己失了澎湖却只字不提，反而把责任完全推到冯锡范身上，确实有些蛮横。但是，他所说的，却又不是全无道理。事实上，从一开始，冯锡范就在反对台湾投降。当年郑经曾经有心降清，就是因为冯锡范从中作梗，才始得谈判最终失败。郑经死后，冯锡范的女婿郑克塽继承了藩位，虽然有名无实，但冯锡范却也成了台湾贵胄。他之所以不愿意降清，原因大抵也就在这里。台湾虽然兵力不弱，但自郑经死后，将领之间钩心斗角，各谋私利，其实早就成了一盘散沙。这也就是说，郑氏集团想要守住台湾，根本不可能。

议定降清之后，郑克塽遂派人给施琅递了降表。在降表中，他按照刘国轩等人的授意，提出了"剃发称臣，仍居台湾，永为朝廷屏翰"的要求。施琅一看，断然拒绝。他对台湾使者说："若果真心投诚，必须刘国轩、冯锡范亲来澎湖军前面降，将人民土地悉入版图。"他还强调，投诚之后，郑军官兵必须剃发登岸，听从朝廷安排。

施琅的态度，较之以前招抚的官员强硬了很多。当然，他有强硬的资本。他已经明明白白给了台湾郑氏集团两条路：要么听从朝廷的安排投降；要么被打到投降。郑氏集团怎么选他不管，但是一旦有了决定，他会奉陪到底。形势所迫，郑氏集团能不服软吗？

他们必须服软。但说到底，他们的犹豫，还是因为害怕。施琅和郑家有仇，这是众所周知的事，他要是出尔反尔怎么办？

康熙揣摩到了郑氏集团的顾虑，适时下了一道诏谕给郑克塽等人："尔等倾心投诚，率所属军民官兵悉行登岸，从前抗违之罪，尽行赦免，仍从优叙录，加恩安插，务令得所。倘仍怀疑，犹豫迁延，大兵一至，难免锋镝之危，倾灭身家，噬脐莫及。"这番话连哄带吓，无非是想让郑氏集团赶紧投降。

但是，这也同时给郑家集团里的人都吃了一颗定心丸。有了康熙的保证，他们的疑虑就算没有全消，也少了很多。郑克塽、刘国轩、冯锡范等人表示，愿意接受朝廷的招抚。但是他们又提出了一点要求，那就是要让施琅在台湾发布告示，公布这件事，同时公布朝廷的招抚政策。他们这样做的目的，自然还是不放心，想要以百姓之口，让清廷不能食言而肥。

施琅应允，于七月十五日，派遣使者到台湾发布安民告示：

"示到，各兵民立即削发，本提督克日亲临安插，军纪肃严，秋毫无犯，今既革心归诚，官则不失爵秩之界，民则皆获绥辑之安，兵丁入伍归农，听从其便，各自安生乐业，无事彷徨惊心。"这则告示的意思是说：自发布告示之日起，台湾军民皆要剃发。我会亲自监督军队，保证对百姓秋毫无犯。今天台湾既已归属大清，那么想为官的继续为官，想种地的继续种地，官兵有想解甲的，也悉听尊便，绝不强求。这是天大的好事，告示一下，台湾军民皆大欢喜。其实，动荡了这么多年，谁不希望过上安稳的日子呢？

八月十三日，施琅率大军到达台湾。郑克塽率领刘国轩、冯锡范等台湾文武官员齐集海边迎接，向施琅递交了大印。十八日，台湾文武官员，包括郑克塽在内，全部剃发，这标志着台湾至此正式归属大清。随后施琅按照清制，给他们逐一分发了不同等级的清朝官服、官帽、官靴，等等。同时，他又发放了安民告示，以安抚民心。虽然施琅同郑氏结仇极深，但是在诸事都安置妥善之后，他还是亲自到郑成功墓面祭拜。

台湾收复，最高兴的自然莫过于康熙。他下旨授施琅为靖海将军，晋封靖海侯，世袭罔替。同时，对于施琅所率领的水师官兵，统统官加一级。至于兵丁，也都进行了赏赐。对于台湾降将，他也履行了自己的承诺，尽皆进行了封赏。他授予郑克塽公爵，刘国轩、冯锡范伯爵，其余大小官员尽皆封赏。对于那些不愿意继续入伍的台湾官兵，他也不加多干涉，让他们各自离去。

在康熙皇帝一生的政绩之中，收复台湾是一件大事，意义重大。康熙统一台湾，既消除了南明郑氏与清朝对立的最后一点儿象征性的根据地，又加强了对沿海地区及领海的控制，实现了中国国土的事实上的大统一。

台湾回归后，曾经有不少官员认为台湾"孤悬海外，易蔽贼，欲弃之，专守澎湖"。他们向康熙建议，"迁其人，弃其地"，这样朝廷也会少了很多麻烦。但是康熙却否决了这些建议，因为他清楚知道台湾对于大清王朝的重要意义。台湾虽然孤悬海外，但人口稠密，经济发展很快，生机盎然。如果迁移人口，那么这里必然会沦为海盗的天堂，到时还得剿灭海盗。而且从地理位置上来讲，台湾是东南海防的门户，台湾在，东南沿海四省尽皆安全。

鉴于种种因素，康熙果断决定，派清军坚守台湾。他在那里设置郡县，传播中华文化，开辟草莽，改变了禁海和迁界的政策，为台湾的发展和海峡两岸的交流奠定了基础。

第四篇／忧患在北

第十章 ／ 不安分的沙俄

罪恶的开始

十七、十八世纪之交，中国和俄国的天空各自出现了一颗巨星。这两颗巨星同样的璀璨，同样的夺目，同样的震古烁今。他们一个是运筹帷幄、力挽狂澜的中国皇帝；另一个是锐意改革、狂飙突进的俄国沙皇。这个中国皇帝是康熙，而那个俄国沙皇，自然就是彼得大帝。

彼得大帝是沙皇俄国历史上最出色的君主，他的身后，是一个不甘寂寞的国家。

沙皇俄国原本是一个欧洲内陆国家，同中国并不接壤。早在十三世纪之前，它甚至还属于蒙古钦察汗国。直到十三世纪末，这里才建立起了地处莫斯科河中游的莫斯科公国。随后，这个公国不断侵食临近的诸侯国，领土面积飞速扩张。十六世纪初，一个统一的俄罗斯帝国终于诞生了。这个帝国刚一诞生，就显示了其侵略的本性，从十六世纪下半叶开始，短短几十年的时间，它就将势力东扩到鄂霍次克海地区，侵占了西伯利亚。

明朝末年，沙俄在勒拿河建造了雅库茨克城。随后，沙俄侵略者开始慢慢将魔爪伸向了中国黑龙江地区。中国人对沙皇俄国人的认识，也正是从那个时候开始的。

明崇祯十六年（1643），雅库茨克的头目戈洛文派遣以波雅科夫为首的一伙哥萨克兵，闯入了黑龙江达斡尔族、女真人的聚居地区。这伙人，让当地的族人真正见识到了什么叫作野蛮。他们披着兽皮，扛着火枪，见人就杀，见女人就抢，弄得当地鸡犬不宁。到了后来，他们烧杀抢掠够了，便开始诱骗捕捉当地族人，并给俘虏带上枷锁作为人质，强迫其他人缴纳粮食、毛皮等贡赋。

这种野蛮的侵略，给当地人留下了极深刻的印象。人们害怕与他们遭遇，但却又无处可逃。在忍无可忍的情形之下，当地人开始团结起来进行反击。

顺治二年（1645），在当地达斡尔人的反抗打击下，这伙人死伤过半，剩余的人被迫经黑龙江口，越海北逃。直到次年七月，他们才返回雅库茨克。

这批野蛮的强盗走了，黑龙江的当地人才重新又过上了安静的生活。但是安宁只是暂时的，这批尝到甜头的沙俄人并没有因此而善罢甘休。四年后，他们又来了。

顺治六年（1649），在沙皇的允许和雅库茨克新任统领弗兰茨别科的支持下，哈巴罗夫带领着七十多名哥萨克人，又大摇大摆地闯进了黑龙江地区。不过这次刚一进入黑龙江地区，他们就遭到了当地达斡尔人的武力抵抗。这几十个人在付出了惨痛的代价后，又仓皇逃窜。

逃出黑龙江后，哈巴罗夫开始意识到，只是凭借这几十个人，想要征服这片开阔的土地，显然不够。于是他匆匆返回雅库茨克城，向弗兰茨别科要更多的人。弗兰茨别科满足了他的要求，给了他二百人，同时给了他一封信。当然，这封信，是他写给"中国皇帝"的。在信中，他狂妄地宣称，要中国皇帝归顺沙皇，永为臣仆。如果拒绝归顺，那么他们的沙皇就要发动武力，将中国男女老幼"斩尽杀绝"。这群侵略者之所以敢口出狂言，那是因为他们无知，以为这群当地族人就是中国的现状。但是，他们那侵略的本性，却已经彰显无疑。这样的侵略本性后面，则是无休止的欲望。

哈巴罗夫率领着二百多人进黑龙江的时候，是在顺治七年（1650）。人多胆壮，再加上武器先进，他们开始在黑龙江为非作歹起来。他们攻占了一个叫"雅克萨"的地方，并在那里安营扎寨，将其作为重要的军事据点。然后，他们开始四处出击，镇压当地土族。

这一次，无论是在人数上，还是在武器上，他们都占了绝对的优势。他们用大炮对付手无寸铁的居民，抓捕俘虏和人质，用极其残酷的手段对待被俘的人群。他们有嚣张的资格，因为他们手中有枪有炮，而当地达斡尔人的手中，只有一些原始的狩猎武器。

这批侵略者，是名副其实的禽兽。他们袭击了一个又一个村子，然后制造出惨绝人寰的血案。

沙俄侵略者的战火越烧越广，清廷终于开始注意了！

清廷与沙俄之间的第一次战斗，发生在顺治九年（1652）四月。当地族人微弱而无效的抵抗，刺激了这批沙俄侵略者，他们想要更大的地盘。于是他们不断烧杀抢掠，扩充着自己的领地。当他们进入到乌苏里江一带，闯入朱舍里和赫哲人居住的地方，当地族人进行了激烈的反抗，并向驻守宁古塔的清军报了警。在当地族人的协助下，清军同沙俄侵略者展开了激烈的战斗。

在火力上，沙俄侵略者远远高于清军。在炮火的密集攻击下，清军伤亡惨重。清军与沙俄之间的第一次战争，以清军惨败告终。但是这次战斗，也给了沙俄侵略者沉重的打击。他们害怕清军报复，开始惶恐不安地向黑龙江撤去。

但自此之后，清军与沙俄之间的交火，开始渐渐频繁起来。

顺治十二年（1655），清军都统明安达礼率兵重创新达斡尔地方长官斯捷潘诺夫。清军虽然在火力上不如沙俄军队，但胜在熟悉地形，且有当地族人的协助配合。正当胜利在望之际，却由于前线缺乏给养基地，后方又没有源源不断的军粮供应，断了粮饷，只能抱憾退兵。

顺治十五年（1658），另一支沙俄侵略军长途跋涉地来到了中国。他们更换了侵略的方向，闯入了石勒河流域，侵占了尼布楚，并将该尼布楚改称为涅尔琴斯克。然后，他们以此为据点，开始不断向黑龙江中下游扩张。针对这伙侵略者，清廷迅速采取了行动，派遣宁古塔昂邦章京沙尔虎达率军征讨。沙尔虎达率领一千四百多名清军将士，在松花江与库尔罕河间与俄军展开了一场激战。数量上的优势弥补了武器上的劣势，在这场战斗中，清军击毙了侵略者头目斯捷潘诺夫，杀得俄军大败而归，收复了雅克萨城。可以说，这场漂亮的胜仗，狠狠地打击了俄国侵略者的嚣张气焰。

顺治十七年（1660），宁古塔总管沙尔虎达之子巴海率领清军，在黑龙江与松花江的交汇处再次大败俄军。他们把俄军杀得溃不成军，赶出了黑龙江中下游地区。但是由于缺乏长期打算，他们并没有乘胜追击，这使得位于黑龙江上游的尼布楚城依然在沙俄的侵略之下。当然，这也给了沙俄侵略者喘息的机会，使他们在后来又有了崛起的机会。

在中国境内尝到甜头的沙俄侵略者，就如同看到猎物的老虎，就算在清军炮火的轰击之下，他们仍然不愿意就此离去。他们，还想要得到更多。

侵略者的野心

　　东北不同于别的地方，它是清朝的发祥地，是满族人的故乡。可以说，大清的根就在东北。怪就怪在这里，为什么沙俄人在东北跑进跑出、烧杀抢掠，清廷却是如此松懈，仅仅派遣几支军队，驱赶一下草草了事？

　　原因就在于，清政府那个时候很忙。那个时候，满洲八旗倾族入关，尔后又忙着稳固政权，征战四野。于是山海关外的大片"龙兴之地"，一时就空虚下来。而沙俄就是趁着这个机会，溜到了东北兴风作浪。

　　几百名沙俄人敢带着威胁信，跑到中国来威胁中国的皇帝，说明他们对中国的认识不够。同样，中国对沙俄的认识也不够深。最早接触的时候，清廷甚至不知道这伙来历不明的异族到底是什么人，只是觉得他们野蛮凶悍，火器厉害。因为缺乏认识，所有没有引起足够的警惕，那也不足为怪。

　　中国有句老话叫作"养虎遗患"，用在这里极为合适。那些活动在东北的沙俄侵略者，就像是跑到中国来的老虎，他们偷吃抢喝，大捞好处。清廷看到了，抽几鞭子做做样子，吓唬吓唬他们，把他们赶远一点儿就算完事，却一直没有痛下杀手。正因为这样，他们胆子更大了，并且终于成了祸患。

　　经过顺治十七（1660）年的那场大败，在中国的沙俄侵略者老实了几年。但是，他们却并没有因此罢休，他们把中国的情况传回了沙俄，希望能有更多的军队来到中国。

康熙四年（1665），切尔尼科夫斯基率领一支侵略军由叶尼塞斯克来到了中国。他们很快又重新占领了雅克萨，并在那里安营扎寨。在随后的几年中，清军和侵略者虽然有过交火，但都只相互碰撞一下旋即分开。这种情形，使侵略者的根越扎越深。

这个时期对于清廷来说，是个特殊时期。康熙皇帝登基不久，还只是个孩子，拿不了主意。能拿主意是四大辅臣，但他们或是忙于清剿内乱，或是忙于争权夺利，谁都没有心思顾及那一小股拿着长枪的异族侵略者。对于四大辅臣来说，国内任何一支叛军的势力，都要大过这股侵略者数倍。正是由于这种原因，沙俄侵略者居然在中国过得有滋有味。

康熙十四年（1675），俄国沙皇将雅克萨正式划归尼布楚管辖，企图蚕食中国领土。之后，这伙侵略者就视雅克萨为巢穴，深入到黑龙江中下游一些地区开始活动。他们的活动，无非就是烧杀抢掠，设庄建屋，想要将更多的地方变成自己的领土。同时，他们还威逼利诱一些当地族人，让他们叛逃到尼布楚。从康熙六年（1667）开始，陆陆续续有人叛逃到尼布楚，成为了沙俄人。沙俄的这种做法，已经严重威胁到清廷的权益。

这个时候康熙已经慢慢长大，他能容忍这些吗？当然不能！

事实上，早在康熙八年（1669）和康熙九年（1670），康熙就曾令索伦总管孟格德先后两次派遣官员前往尼布楚。清廷官员自然带着康熙给尼布楚总管阿尔申斯基的正式咨文，上面清楚地表明了康熙的意思：俄方必须停止对中国的侵略活动，并将叛逃分子引渡回国。

康熙九年（1670）四月，阿尔申斯基派出了一个使者团来到北京，正式面见康熙。这伙人的气焰极为嚣张，他们不仅没有同意康熙的条件，还想要让其向沙皇称臣纳贡、准许自由通商。好在这个无理的要求康熙并没有听到，或者也可以说听到了但却没有弄明白，因为当时清廷严重缺乏翻译人员，语言不通。于是这伙人被康熙友好地送了回去，并且送给他们很多礼物。

同时，康熙再次派遣索伦总管孟格德携带自己的《致沙皇国书》随使者团一起去了尼布楚。康熙在《致沙皇国书》里明确提出，如果沙皇愿意与大清修好，则必须交还那些叛逃分子，并且保证以后不再侵略中国。这本来是一个极为合理的要求，但却遭到了俄方的拒绝。他们阳奉阴违，一方面表示愿意考虑这两个要求，另一方面却继续从事着小规模的侵略活动。这次尼布楚之行，孟格德等人自然无功而返。此后，孟格德又多次前往尼布楚，希望沙俄侵略者能履行这两条，不再燃起战火，但却一直未果。

康熙十四年（1675），俄方又派出尼古拉（赖）·斯帕法里为首的一百多人的庞大使团来到了中国。清廷派理藩院尚书阿穆瑚琅前往索伦（今鄂温克族自治旗）同俄国使者会晤。阿穆瑚琅只是一个理藩院尚书，对于两国之间的交涉问题，他拿不了主意。他与俄使会面，最主要的目的是打探虚实。他看了俄使的奏书，认为俄方"虽有修好之意，亦不可信"。于是，他拦下了俄使，并派人快马加鞭赶回京城，请康熙定夺。康熙同议政王大臣商议过后，认为俄方无非也是来探询虚实，便同意俄方使团进京。

康熙十五年（1676）五月，俄方使团到达北京。沙俄使者尼古拉向清廷递交了一份国书和一份照会，其内容以自由通商为中心，列举了十二项条款，希望康熙能够同意。那十二项条款，包括了很多东西，诸如允许两国互市，通路开放不绝；每年将四万两左右银子及价值数万两的生丝熟丝或贵重的宝石等珍物，运往俄国，同时购买中国需要的货物；开放河海通商航线，以便于俄国商船往来；释放此前战争中被俘虏的俄方人员，等等。总之，俄方提出的所有要求，都是站在对自己有利的角度之上。而对于之前康熙所提出的两点要求，他们却以俄国无人能够看懂为由，未做答复。

这样的议和，摆明了是在无理取闹。以康熙年少气盛的脾性，他能同意吗？

当然不能！但是尽管如此，他还是对俄使以礼相待。他曾前后两次接见俄使，赐茶赐酒赐礼物，并命令理藩院和议政王大臣逐条详议俄方提出的那十二条要求。议过之后，康熙当面告诉俄使团的使者：要想双方相互和好，自由贸易，必须先要满足清方三个条件。一是归还之前的叛国人员；二是不能在边境地区继续寻衅滋事；第三，派遣来使，应通情达理，遵守中国的礼法习俗。俄方只要先答应这三个条件，那么议和才能继续，否则的话，免谈！

沙俄使者曾以无人能够看懂那份康熙九年（1670）的《致沙皇国书》为由，不理会康熙提出的议和条件。看不懂没关系，这次康熙专门找人将这份《致沙皇国书》译成了拉丁文，交付使者带回去。这回总该看懂了吧！俄国使团回国之时，康熙又对所有来使进行了赏赐。大至使者，小至跟役，通通皆有赏赐。赏赐完了，康熙派遣官员恭恭敬敬地送他们回国。

在沙俄使团面前，康熙和煦犹如春风。但是一回身，他就传旨给索伦总管：在沙皇做出答复之前，不准许俄国人在中国进行贸易活动。若有发现，立即遣送！

沙俄使团来到北京，本意并不在于和谈，而是在于刺探情报。康熙的友好态度，更让他们产生了误解：这个清朝的皇帝，害怕沙皇俄国。于是尼古拉带着使团，心满意足地回国去了。但是，沙俄对于康熙所提出的条件，却拒绝做出答复。不仅如此，他们还乘着三藩之乱，清朝边防空虚之际，加紧了侵略的步伐。他们以尼布楚和雅克萨为据点，兵分两路向我国境内步步深入。

一路向东，在精奇里江上游建立结雅斯克，在西林穆迪河地区建立西林穆斯克，在多伦河口建立多伦斯克。

另外一路向南，冲进了额尔古纳河流域，建立了额尔古纳堡（今天黑龙江奇乾县附近）。然后，他们又步步深入到黑龙江下游和恒滚河一带，并在恒滚河上建立杜吉根斯克，在乌弟河上建立乌弟斯克等据点。

建立据点只是第一步，然后这些沙俄侵略者又开始同以前一样，以据点为巢穴，四处烧杀抢掠。《清圣祖实录》中有一段话，很形象地描述了这些侵略者的恶行："不遑宁处，剽劫人口，抢掳村庄，攘夺貂皮，肆恶多端。"在利益的诱惑下，侵略者们再一次撕开了和谈的面纱，露出了凶残的本性。

但是这个时候，清廷却并没有过多地制止这些侵略者的入侵。原因无他，这个时候康熙正忙着平定三藩之乱，实在是无暇顾及东北。毕竟，东北的沙俄侵略者只是一小股武装力量，而三藩则足以影响了天下。康熙是个聪明人，在这个双向选择题面前，自然而然选择了最重要的一个。于是，沙俄侵略者更猖獗了！

第十一章 ／ 能忍，但决不能让

出手

沙俄侵略者确实应该猖獗。

两个人打架，一方拳打脚踢占尽便宜，而另一方畏畏缩缩拒不还手，打人的一方自然会趾高气扬，这是人之常情。此时的沙俄侵略者，正是这种心态。他们把康熙与清政府的和平努力以及过度忍让，看成了软弱可欺，于是气焰更加嚣张了。

多次议和未果，而且沙俄侵略者更是变本加厉地滋扰黑龙江地区，这让康熙也看出了议和根本解决不了问题。他曾对官员说："若辈非创以兵威，则罔知惩畏，将至蔓延，遂决意征剿。"言下之意，他已经看出来，这些俄国人吃硬不吃软。他打定了主意，要用武力打击这些外国侵略者。

在此之后，虽然清廷和沙俄之间还有议和的举措，但是康熙对待这个问题的重心已经转移了，从和平解决转向了武力征剿，他开始积极思索反击沙俄侵略者的策略。

康熙二十年（1681），三藩之乱平定，国内局势慢慢走向稳定。康熙认为，是该惩治这些外国侵略者了。他对大臣们说："罗刹扰我黑龙江、松花江一带，三十余年，其所窃据，距我朝发祥之地甚近，不速加剪除，恐边徼之民，不获宁息。朕亲政之后，即留意于此。"有些事不算不知道，一算吓一跳，原来俄国人侵略中国已经三十多年了。他想听听大臣们对于这件事的意见，结果朝中大臣多数提议出兵剿灭俄国侵略者。

这更坚定了康熙出兵的决心。

五月，康熙派遣大理寺卿明爱、郎中额尔塞前往雅克萨侦察敌情。通过议和一事，康熙认清了沙俄人的本性，他曾对明爱和额尔塞说："罗刹乃穷边外邦，鄙猥之徒，难以邃信。"让他们提高警惕，以免上沙俄人的当。同时，他还让他们到达索伦以后，派人继续说服沙俄侵略者。

到了这个时候，他仍然不太愿意同俄国人兵戎相见，想要尽最大的努力，和平地解决这件事。

明爱等人到达索伦以后，即刻按照康熙的谕令，派人前往雅克萨，对俄军头目进行劝说。但是，他们义正词严的劝说却并没有起到任何效果，沙俄侵略者显然不买中国皇帝的账。他们丝毫没有撤离的意思，仍然在抢来的地盘上我行我素。

鉴于对俄军的情况还不太了解，康熙谕示索伦的清军暂且按兵不动，伺机侦察敌情。

康熙二十一年（1682）二月至五月，康熙再次北巡。说是再次，是因为早在康熙十年（1671），康熙曾经有过一次东巡，那是他第一次回乡谒祖。那次在"告祭祖陵"的同时，他还召见了宁古塔将军巴海，对沙俄侵略者的实际情况做了一次摸底调查。之后，他根据得来的这些情况，对当地做了新的战略部署：采取军事与屯戍相结合，内政与外交相结合的战略方针，重新组编"新满洲"和布特哈八旗。那一次整编规模很大，整编之后，整个东北出现了七十八个"新满洲"佐领。黑龙江中上游索伦地区鄂温克、达斡尔与鄂伦春人经过重组，统归索伦副都统打理。重新部署之后，东北地区的防御抗敌能力大幅度提升，很好地防御了沙俄侵略者。

这次东巡，康熙巡视了盛京、吉林、乌喇等地。他向宁古塔将军巴海、副都统萨布素等人询问边防情况，同时不断外出亲自巡查。他曾经带着亲随，以狩猎为名，逆黑龙江而上，一直来到雅克萨城下，勘察俄军居址、形势以及水陆道路。根据勘察情况，他在心中初步拟订了一整套作战计划。回北京前，他对当地守将说："万一俄军出战，姑勿交锋，但率众引还，朕别有区画。"

之所以做出这样的安排，是因为他对黑龙江的形势与敌情，包括土地形势、山川走势、人物情性、道路远近，等等，已经了如指掌。他知道俄军之所以能够在黑龙江地区盘踞多年，自然有着他们独特的生存之道。他们有自己的军事基地，有自己的农田，有城堡有居民，生活上完全可以自给自足。在适应程度上，他们一点儿也不比当地族人差，甚至高过清军。

当地清军虽然与俄军呈对峙局面，但却要以远离雅克萨的宁古塔为基地。只有在侦知俄军较大规模入侵黑龙江中下游地区时，清军才出动军队阻击。但是，这样的阻击活动，却往往有着很大的限制。因为缺乏军需供应，清军与俄军交战过后必须马上撤兵，不能深入追击。而俄军被清军打散之后，却又可以很快聚集起来，重新建造军事据点，继续侵占土地。

黑龙江原本是清军的地盘，但在这种情形之下，清军却似乎成了客人，往往陷入被动境地。正是基于这种原因，清军与俄军交战多年，却始终无法将他们驱逐出境。康熙清楚地看到到了这一点，所以让当地守将不要轻举妄动。

不动，难道还要维持这种被动局面？当然不是！康熙认为，战胜俄军的关键在于多贮粮食，多驻官兵。这也就是说，需要在黑龙江流域俄军经常出没的地区，多布置一些据点，囤积粮食，多驻官兵。这样，清军在围剿俄军的时候，则"我兵得逸，而鄂罗斯兵为劳矣"。他命令清军暂时不动，正是为了做好充分的准备。只有这样做，才能真正赶走沙俄侵略者。

很显然，康熙所提出的是一个长期计划。黑龙江流域较为偏僻，要想广设据点，多驻兵将，多囤粮食，并非一朝一夕所能完成。事实上，康熙也做好了长期部署的心理准备。

康熙二十二年（1683），在他的授意下，清军在黑龙江东岸古城的废墟上建立了黑龙江城，这个城成为清军抗击俄军最重要的一个军事据点。在这座新建的城池里，清军备炮造船，预备一切战争物资，准备与俄军长期对抗。他调派宁古塔副都统萨布素为黑龙江将军，率领一千五百多名官兵进驻黑龙江城，建立了完善的军队体制。同时，他还不断从各地抽调精兵强将，扩充黑龙江城的清军规模。为了对付俄军的火炮，他于康熙二十四年（1685），从山东、山西、河南、福建等地的藤牌兵中抽出近五百名精兵，组成了一支藤牌军进驻黑龙江城。藤牌兵能抵御俄军，但却绝非俄军火器的对手，为此他还加派人手，为黑龙江城的守军制造了鸟枪和大炮。制造大炮的技术自然来自于外国，当第一尊红衣大炮制造出来后，他极为兴奋，为其定名为"神威无敌大将军"。

为了保证清军粮饷的供应，他从科尔沁、锡伯、乌喇等地的官屯收集粮食，源源不断地运到黑龙江城。他开通了黑龙江流域的水上交通，广造战船和运输船只，用以运输粮食和武器装备。同时，他还谕令黑龙江城的清军官兵在操练之余，也试着开垦荒地种植庄稼，增加粮食的囤积量。

在多方筹备之下，以黑龙江城为首的诸多军事据点，渐渐完善起来。而这些，都为清军与俄军之间的战争打了基础。

雅克萨之战

康熙在紧锣密鼓地筹备战争，俄军自然也不例外。俄军从种种迹象中发现，清军要采取大规模的军事行动了。他们决定先下手为强。

战争的焦点，自然还是在雅克萨城。

前面我们介绍过雅克萨城，它位于黑龙江上游左岸，地理位置非常特殊。据《盛京通志》记载，雅克萨城在黑龙江城西北一千三百余里处，是水陆要冲，西通尼布楚，东达黑龙江各处，是重要的战略要地。因为重要，它也就成了清军和俄军争夺的重点。

康熙二十二年（1683）七月，还未被任命为黑龙江将军的萨布素，率领乌喇、宁古塔兵一千人向黑龙江挺进。他们在精奇里江口，遭遇到了从雅克萨城窜来的六十多名俄军，双方展开了激战。双方兵力差距太大，俄军自知不敌，只得缴械投降。随后清军继续向前挺进，深入黑龙江中上游地区。在当地各族人民的支持下，沙俄侵略者节节败退。经过连番激战，盘踞在黑龙江中下游的俄军陆续撤离据点或缴械投降。除了雅克萨城以外，外围据点的俄军势力几乎被一扫而空。

而这个时候的雅克萨城，实际上已经成为了一座孤城。

康熙二十三年（1684）七月，康熙命令萨布素率军挺进雅克萨城。他的战略是，清军先在外围将雅克萨城俄军所种植的庄稼尽数踏毁，再"少引精兵往剿"。失去了粮饷的来源，已经成为孤城的雅克萨城自然不攻自破。他的想法很好，但是萨布素却并没有执行，而是以"取禾未及，徒劳士马"为由抗命。

这个时候的康熙，刚刚过了而立之年，精力和脾气都是一样旺盛。萨布素的抗命，使他非常恼火，于是令议政王大臣议定了萨布素的罪。但考虑到黑龙江城为军事重地，不能随便更换守城将领，就准许萨布素留在黑龙江城将功补过。随后，他派遣都统公瓦山、侍郎郭丕等人前往黑龙江城，协助萨布素攻取雅克萨城。但是，萨布素仍然坚持自己的意见，他向康熙上疏，打算于康熙二十四年（1685）四月攻取雅克萨城，如果无法攻取，再毁坏俄军的庄稼。

康熙的火被这道奏疏烧得更旺，他痛斥萨布素："度四月进兵，刈取田禾，事必无成。"同时，他还对大臣们说："用兵所关甚钜，宜周详筹划，期于必克。倘谋事草率，复似明安达礼等退兵，罗刹将益肆披猖。今自京城遣一贤能大臣，总领军事。"他生气了，他制定好的"刈取田禾"方略，却被萨布素否了，这太不像话了。当然，他生气是有理由的，将领带兵打仗，一个决定往往关乎整个战局的胜负。如果将领总是犹犹豫豫拿不定主意，那么最容易错失良机。

他是一个皇帝，在这件事上只是发发脾气，却没有重罚萨布素，已经着实不容易了。康熙明白，萨布素抗命自然有着自己的理由，他不能完全忽视将领心里的想法而大发雷霆之怒。他的用人之道，已经在开始慢慢走向成熟。

无论是在平定三藩之乱的战争中，还是在剿灭郑氏集团的战争中，康熙采取的平定策略往往都是边招抚边征剿，当然吴三桂除外。骨子里康熙并不好战，他想做一个体恤民生疾苦的好皇帝，他想要的是百姓的安居乐业，而和平解决战乱一直都是最好的方法。所以，在与俄国侵略者的对峙中，尽管双方已经剑拔弩张，战事一触即发，但他仍然不愿意放过任何一个议和的可能。

康熙二十二年（1683），康熙令理藩院按谕旨向雅克萨头目发出了警告，希望对方能尽快撤出黑龙江流域，交出叛逃人员，以免双方大动兵戈。但是，俄国侵略者却没有做出任何回应。

康熙二十四年（1685）三月，康熙向俄国沙皇发布了国书。康熙派人将这份国书直接送到了莫斯科，他在国书中毫不留情地揭露了俄军在黑龙江地区的种种恶行，希望沙皇能命令那些俄军撤回本国。他说："唯因尔罗刹骚扰滋事不止，朕及发大兵征讨……倘尔怜悯边民，使之免遭涂炭流离之苦，不致兴起兵革之事，即当迅速撤回雅克萨之罗刹，以雅库等某地为界居住……"国书中这段话的大意是：你们一直在我国边界滋扰寻衅，我本想发兵征讨你们。但是，想来想去，我却不愿意我国百姓遭受战火之苦。你们还是早些撤兵回去吧，我们将不再容忍。其实他致书给俄国沙皇，还是希望能够和平解决这件事，他不愿意看到边区百姓因为战争流离失所。

他的苦心，却一直没有得到回应。

康熙二十四年（1685）四月，康熙任命都统彭春、前都统郎谈、班达尔沙和黑龙江将军萨布素统领一支三千人的大军，自瑷珲出发，分水陆两路，进取雅克萨。这支三千人的大军很特殊，不仅有满族人、汉族人、蒙古族人，还有达斡尔人，这些达斡尔人的老家就在黑龙江，他们熟悉当地的地形，这为清军的深入带来了便利。

据史料记载，清军在进取雅克萨城的路上，接连遇到了两个好兆头。四月二十七日，前一天还在雷雨大作的天气忽然放晴，风向也转了，水陆清军扬帆溯流直上，"三日之程，一朝而至，陆路之兵，虽疾行不及也"。行军如此顺利，有如天助，清军振奋不已。

另一个好兆头是，清军行至半路又累又饿时，忽然从山上奔下来数万头鹿，其中有几千头成了清军士兵的口粮。正饿的时候，天上忽然掉下来了现成的鹿肉，这自然也让清军振奋不已。这两个好兆头，使得清军士兵们个个心花怒放，士气高昂。

六月初，清军正式抵达雅克萨城。

临行之前，康熙曾经授意彭春，让他先与俄军议和，如若议和不成再强攻雅克萨城。所以到达雅克萨城下之后，彭春并不着急攻城。他一边下令清军安营扎寨包围雅克萨城，一边向俄军发出了两份文件。这两份文件，皆是用满、蒙、俄三种文字书写，一份是康熙给沙皇的国书，另一份是彭春给雅克萨头目的咨文。两份文件的意思大同小异，都是要求雅克萨城的俄军尽快撤离，遣返叛逃人员。

但是清军的好意，却依然被俄国侵略者看成了懦弱可欺。俄方自恃城池坚固，不仅不肯撤离，反而"施放枪炮"。事情发展到这里，彭春也无法再容忍下去了，他下令清军紧守包围圈，准备伺机进攻。

可是，清军还没有开始进攻，俄军的援军却到了。

二十五日清晨，一支俄军从上游乘着筏子赶来支援雅克萨城。不过，他们却被城外侦察的清军及时发现，銮仪使林兴珠立即带领藤牌兵阻截。藤牌兵不怕俄军的火枪，他们用片刀，杀得俄军溃不成军。这支俄军援军还没有到达城下，就只得仓皇撤离。

这天晚上，清军水陆齐发，开始猛攻雅克萨城。清军兵分三路，一路从城南佯攻，牵制俄军兵力；一路从东、西两翼夹攻，辅以神威大炮袭击；一路在水上封锁江面，防止敌人援军到来或者逃跑。这一场仗打得极为激烈，神威大炮火力密集，弹如雨下，城内火光冲天，浓烟滚滚，呼喊声响彻四野。

攻城的清军有三千多人，而雅克萨城的俄军却不足千人，人数的劣势使得俄军左支右绌，非常被动。眼见清军攻势凶猛，俄军伤亡惨重，剩余的俄国士兵开始害怕。这个时候，清军又开始在城下堆积干柴，准备焚烧城堡。雅克萨城结构多为木质，一旦大火烧起，俄军势必全军覆没。雅克萨俄军头目托尔布津眼见继续负隅顽抗，将会有被全歼的危险，不得不向清军投降。

清军包围雅克萨城的时候，康熙曾经下过一道谕旨，让彭春等人约束清军官兵，破城之后"勿杀一人，俾还故土"。清军官兵谨遵圣谕，将俄军官兵及妇女、孩童共计六百多人，遣回俄国。至此，被俄军占据了二十年之久的雅克萨，终于被清军收复。

正在古北口巡视的康熙得到收复雅克萨的消息，十分喜悦。他对理藩院尚书阿喇尼说："征剿罗刹，众皆以路远为难，朕独断兴师致讨，今荷天眷，遂尔克之，朕心喜悦。"他的意思是，当初商讨征剿俄国，大臣们都认为路远，征剿很困难。但是，我却认为可行。结果怎么样，还是我们胜利了吧！我很高兴！

确实应该高兴！因为无论是在他看来，还是在满朝文武官员眼中，困扰东北边境多年的国际纷争，应该告一段落了。那些吃了败仗的俄国人，不会再敢跑到中国来寻衅滋事。但是，他们都猜错了！

再战雅克萨

沙俄侵略者吃了败仗却并不气馁,还在寻找机会侵占中国。在他们看来,放弃中国这块大肥肉,简直是太可惜了!

托尔布津率领残兵败将逃回了尼布楚,刚巧遇到另外一支援军的到来。托尔布津看见俄军势力大增,开始思索如何夺回雅克萨。不久,尼布楚督军符拉索夫的侦察员带回来了一个情报:清军已经全部撤离雅克萨城。这是天赐良机,于是托尔布津带着八百多名侵略者,又再次占领了雅克萨城,他们还趁机收割了田间的庄稼。

雅克萨城被清军夺回后,难道没有人驻守吗?答案是,没有!夺回雅克萨城之后,清军将领遵照康熙谕令,将这座城池焚毁。但是,他们却没有执行康熙的另外一道谕令,那就是留兵驻防。他们甚至连雅克萨城周围即将成熟的庄稼也放过了,并没有进行割取。清军将领以为,俄军既然投降了就不会再回来,留人割禾纯属多此一举。

但这恰恰是清军犯的一个最大错误!他们高估了俄军的诚信度!

再次占领雅克萨后,俄军开始在废墟上重建雅克萨城堡。他们汲取了以往的经验,加强了城堡的防御能力。为此他们甚至花重金聘请了德国军事技师拜顿,请其监督军事防御的建造。在新建的雅克萨城里,他们更是设置了粮库、火药库,等等。俄军希望能够凭借坚固的城堡,抵御清军的再次围剿。

康熙二十五年（1686），萨布素率先获知俄军去而复返的消息，并且很快将这一消息传到了北京。这个时候，距离上次雅克萨之战已经过去了大半年之久，雅克萨城被重新建立起来，各项军事防御设施也已经趋于完善。

康熙得到这一消息后大为震怒，决定马上发兵再次围剿雅克萨城俄军。

为了确保围剿的顺利进行，康熙不仅谕令萨布素率领两千精兵赶往雅克萨城，更钦点建义侯林兴珠带领四百名藤牌兵前往雅克萨城助阵。

七月中旬，清军气势汹汹地抵达雅克萨城。萨布素依照前例，先礼后兵，还是先向托尔布津发出了警告，让其立即率众撤回本土。但是托尔布津却并不理会萨布素的警告，经过大半年的建造和加固，他有理由相信俄军能够凭借坚固的防御工事与清军长期周旋。

事实证明，托尔布津的自信是有理由的。

萨布素劝降未果，便率军展开了攻势。但是，这次清军的大炮数量极少，火力上远远比不上俄军。在坚固军事防御工事的掩护下，俄军凭借火枪和大炮组成的火力网，成功地限制了清军的攻城步伐，将清军远远阻在雅克萨城外围。数度围攻，清军都没有攻下雅克萨城，无奈之下，萨布素只得命令清军在雅克萨城外安营扎寨。

攻城不得，萨布素便采取了围而不打的战术。他要困死雅克萨城中的俄军。

可是，围城也有围城的弊端。东北的冬天来得很早，八月份刚一过，天气很快就凉了下来。康熙担忧清军无法在寒冬时困守雅克萨城，便希望萨布素能尽快撤兵。萨布素长期驻守黑龙江城，抵御寒流自有一套方法。他指挥清军兵分三路，在城堡的三面掘壕筑垒，壕外设置木桩、鹿角，分汛防御。同时，他还在城西对面的古城岛上筑起过冬营塞，构筑炮台，封锁江面，以防敌人突围而出。对于水路，他也做了防御，令一支水师小队在黑龙江上游藏伏战船，堵住了俄军援军的水上通道。萨布素曾经吃过一次抗命的亏，被康熙狠狠惩罚了一次，所以这次他不敢怠慢，早早把自己的想法告诉了康熙。

康熙的本意是让清军在寒流到来之前先撤出雅克萨，但是萨布素的部署却让他改变了主意，他支持萨布素，并让副都统博鼎率兵携带粮食支援雅克萨清军。

这次围城，一围就是数月。俄军的储备虽然充分，也禁不住长时间的消耗。眼见援军到来无望，雅克萨城内的俄军开始企图突围。但是，在清军的重重包围之下，俄军根本无法逾越雷池一步。俄军头目托尔布津在一次突围中被击毙之后，俄军的军心开始涣散。雅克萨城的俄军开始面临绝境，孤城困守，没有水喝，没有木柴取暖，粮食和弹药也越来越少，最可怕的是坏血病开始流行。不断有俄军士兵在饥寒交迫中或是疾病中死去，八百多名俄军士兵，到了最后只剩下一百多名。

这个时候，摆在俄军前面的路只剩下了两条，要么饿死病死，要么弃城投降。

俄国人很聪明，至少被围在雅克萨的俄军很聪明，七月底被围城之前，他们已经做了最坏的打算，派遣士兵把被围的消息传回了尼布楚，然后又传去了莫斯科。于是康熙二十五年（1686）九月，俄国沙皇派遣使者来到了北京。俄国使者带来了一个信息，那就是俄国使团不日将会到达北京。

使者团到北京，自然是为了谈判而来。谈判的内容，先遣使者已经说了个大概，无非是议和与通商。当然俄方还附带了一条，那就是解除雅克萨之围。

康熙接受了俄方的要求，同意议和。他随即传谕萨布素：撤回雅克萨之兵，一切等到谈判之后再做决定。雅克萨城之围，至此被解。

两次雅克萨之战，均以清军获胜告终。清军官兵以骁勇无畏的精神，捍卫了祖国的尊严，给侵略者以沉重的打击。在对待俄国侵略者的问题上，康熙始终十分忍让，不愿意让战火继续扩大。他并非害怕俄国人，而是本着一个明君的慈悲，尽量让百姓生活得更好。雅克萨之战的结束，并不意味着两国之间交锋的结束。更激烈的战斗，还在后面。

谈判，是一场没有硝烟的战争。

艰难的谈判

战争是流血的政治，政治是不流血的战争。雅克萨城战火的熄灭，意味着一场流血战争的结束，但同时也意味着一场没有硝烟的战争的开始。

这场战争，是一场复杂而艰难的谈判之战。

应该来说，展开这场谈判战争之前，清廷占据了很大的优势。至少雅克萨城还在清军的包围之中，而城中还有一百多名垂死挣扎的俄国士兵。在完全占据上风的情形下，康熙却主动先行撤军，解开了雅克萨城的包围。他这样做，是以宽阔的胸襟表示希望两国早日实现和谈的最大诚意。

他之所以非常希望这次和谈能够成功，其用意有两层：

第一，任何一场战争持续下去，必定会劳民伤财，生灵涂炭。他不愿意让这场没有意义的争夺战影响大清朝的发展。

第二，清廷在这个时候，又遇到了新的困难。这个时期，蒙古诸部尤其是准噶尔部酋长噶尔丹野心日炽，并且与沙俄勾结起来，对清朝北部边疆构成了严重威胁。他想要放手对付噶尔丹，就必须先缓和与沙俄之间的关系，稳定边疆。

基于这两点，他才会想尽一切办法与沙俄和谈，甚至不惜主动解了雅克萨之围。

不过，康熙着急，俄国方面却并不着急。俄国方面在得知雅克萨清军撤离的消息之后，转而对和谈采取了拖延的态度。他们自然明白清廷为什么急于和谈，所以故意通过拖延来使清廷着急，以在谈判中争取最大利益增加筹码。

左等右等不见俄国使团大部队的到来，康熙果然非常着急。他曾对大臣们说："据闻俄罗斯大使早已到达色楞格地方，因何至今迟迟不见前来，先前俄罗斯使臣文纽科夫等既称不久即可到达，今因何延误来迟？和睦相处，勘定边界，事关紧要，俄罗斯使臣理应速来议定。今应缮写俄罗斯文文书、拉丁文文书，经喀尔喀地方发往色楞格，命其收见该文即速前来，若因故延误不得前来，亦因详明复奏。"理藩院大臣明白康熙的焦急心情，于是派遣使者快速致书俄国使团，让他们尽快赶到北京。

在一再敦促之下，俄国使团代表科罗文于康熙二十七年（1688）三月二十四日抵达北京。对于以戈洛文为首的俄国使团来说，这是一次漫长的旅程。他们于康熙二十五年（1686）九月出发前往北京谈判，直到康熙二十七年三月，使团使者才到达北京，路上整整用了一年半的时间。他们在拖延时间的同时，也在不断消磨康熙的耐性。

康熙办事很麻利，仅用数日，他便组织好了清政府的谈判使团，成员包括领侍卫内大臣索额图、都统佟国纲、尚书阿喇尼、左都御史马齐、护军统领马喇等人。由于俄国使团提出的谈判地点是在色楞格，所以清廷谈判使团也迅速起程出发。

康熙很重视这次谈判，临行前他对索额图说："罗刹侵我边境，交战于黑龙、松花、呼玛尔诸江，据我所属尼布潮、雅克萨地方，收纳我逃人根特木尔等。及我兵筑城黑龙江，**两次进剿雅克萨**，攻围其城，此从事罗刹之原委也。其黑龙江之地，最为扼要……环江左右，均系我属鄂伦春、奇勒尔、毕喇尔等人民及赫哲、飞牙喀所居之地，若不尽取之，边民终不获安。朕以为尼布潮、雅克萨、黑龙江上下，及通此江之一河一溪，皆我所属之地，不可少弃之俄罗斯。我之逃人根特木尔等三佐领及续逃一二人，悉应向彼索还。如俄罗斯遵谕而行，即归彼逃人，及我大兵所俘获招抚者，与之划定疆界，准其通使贸易；否则尔等即还，不便更与彼议和矣！"

清廷谈判团临出发时康熙所说的话，正是在告诉索额图等人谈判的立场。他的立场很清晰：尼布楚、雅克萨、黑龙江上下，及通此江之一河一溪，皆我所属之地，不可少弃之俄罗斯。这就是康熙的立场，虽然他极想谈判成功，但原则问题却必须坚持。

清廷谈判使团五月份出发，前往谈判地点色楞格。

色楞格位于蒙古中北部，北边紧邻俄罗斯。清廷谈判使团想要到达色楞格，必须要穿越大半个蒙古，这也就是说，他们需要经过一段噶尔丹控制的区域。康熙开始担忧谈判使团路上的安全了，那八百人的护送队在噶尔丹铁骑面前，实在是太渺小了些。谈判使团果然在途中遇到了噶尔丹军队，所幸的是，其时噶尔丹部正在进攻喀尔喀土谢图汗，并没有留意谈判使团的行踪。但是索额图等人明白，不能再往前走了。于是他们在禀告康熙之后，开始返回北京。清廷的第一次谈判之行，就此夭折。

无奈，康熙只得派遣使者前往色楞格，向俄国使团说明了情由，并商讨再次谈判的地点。

　　对于俄国使团来说，这恰巧是一个天赐良机，可以趁机继续拖延谈判时间。于是，俄国使团大使戈洛文决定，再次派遣使者前往北京，商议谈判地点。

　　谈判又开始向后拖延。直到康熙二十八年（1689）四月，俄国使者洛吉诺夫才到达北京。双方经过商讨，把谈判地点定在了都比较熟悉的尼布楚。相较于色楞格而言，尼布楚更具历史意义，双方的争斗也大都在尼布楚附近展开。因此这一地点的选定，令双方都比较满意，谈判地点就这么确定下来。

　　康熙二十八年（1689）六月，以索额图、佟国纲为首的清廷代表团从北京出发，前往尼布楚。索额图等人明白康熙急于想要谈判的心理，所以行军极为迅速。七月底，索额图等人到达了目的地，在离尼布楚三里的石勒格河南岸扎营。但是俄国使团却又开始故伎重施，他们迟迟未能到达谈判地点，索额图派人去问，俄方也是闪烁其词，甚至连戈洛文到达的大致日期也没有告知。

　　无奈之下，索额图只得写信给戈洛文，敦促他快速前来会谈。连番致书，戈洛文却一直故作姿态不愿前来，他甚至借口说尼布楚俄军有一隐蔽处，不能被清军窥见，要求清军后撤。此时随清廷谈判代表团驻扎尼布楚的，是由郎谈和萨布素率领的一千多人的护卫队，根本就无意于军事进攻。戈洛文这样做，只是在给自己找一个比较"合理"一些的借口而已。他的用意是，让双方在这件事上起争执，再次拖延谈判时间。

　　但是索额图等人的举动却让戈洛文失望了，索额图同意了戈洛文的要求，命令清军将兵船移到下游。

　　再也没有借口拖延了，戈洛文只得带着俄方谈判代表团赶到了尼布楚。

条约签订

　　康熙二十八年（1689）八月二十二日，清廷与沙俄之间的第一次谈判正式开始。

　　清廷的代表有索额图、佟国纲、马喇、萨布素、郎坦等人，俄方的代表有戈洛文、符拉索夫、科尔尼茨基等人。双方在尼布楚城与河岸之间的空地上搭起了临时帐篷作为谈判会场，第一次交锋就在这个小帐篷中展开。

　　对于这次谈判的艰难程度，索额图等人早有心理准备，但他们还是高估了俄国人的处事方式。虽然谈判开始之前，双方议定好了谈判原则，那就是会议必须遵循"在每一件事上平等"，"任何一方不能凌驾于对方之上"，等等。但很显然，俄方从一开始就违反了这一原则，他们开始颠倒是非。

　　戈洛文从谈判开始，就把中俄战争的起因归罪于中方。明明是俄国人侵犯中国领土，但他却硬是指责中国"未经宣布突然派兵侵犯沙皇陛下国界"，因此俄国人才被迫还击；明明是俄国人想要停战议和，但他却说是中国皇帝向沙皇送去了求和信，沙皇才下令停止战争。他说，因为中国无端发动战争，致使沙皇俄国蒙受了巨大损失，因此中国必须做出赔偿。

　　戈洛文想要的所谓"赔偿"，无非是获取中国更多的领土。可是他所使用的借口，却又太为可笑。

　　面对戈洛文的一派胡言，索额图当即给予义正词严的驳斥。他从俄军第一次侵略中国说起，历数了俄军侵略者的罪行。他指出：鄂嫩河、尼布楚均系中国所属茂明安等部落旧址，雅克萨也是中国少数民族头人阿尔巴西故居，后来才被俄军强占。俄军屡次偷袭侵入中国黑龙江地区，烧杀抢掠无数手无寸铁的当地族人，犯下了滔天恶行。正是在这种忍无可忍的情形之下，清朝政府才派兵出击。但是纵然派兵出击，清军也以最大的克制，并没有杀害投降的俄军一人，包括俘虏也尽数释放。就算是在俄军不守诺言，背信弃义的情形之下，清军二次包围雅克萨，还是仍然没有痛下杀手。

这一番痛斥，有理有据，容不得戈洛文辩解。说完之后，索额图盯着戈洛文说：这些事情的前因后果，清政府知道，俄国政府知道，你也知道，而且还相当清楚。可是你的说法，却又的的确确与事实不符，你能给我们一个说法吗？

在事实面前，戈洛文理屈辞穷。但是他不死心，一口咬定黑龙江流域"自古以来即为沙皇陛下所领有"，他想要在谈判桌上取得俄方未能用战争得到的黑龙江以北的广大领土。他这一要求也被索额图严加拒绝。

同时，索额图要求俄国人退到色楞河以西，并将尼布楚和雅克萨一带地方归还中国。

其时俄国人胃口正盛，这一要求，戈洛文自然也是断然拒绝。

于是双方的第一次谈判，在各自的坚持之下宣告破裂。

谈判确实是一场没有硝烟的战争。其实无论是清方代表团也好，还是俄方代表团也好，都是带着各国皇帝给出的最后底线而来。清廷因为国内形势发生了新变化，噶尔丹占领了喀尔喀全境，正在同沙俄勾结起来企图南下。为了能够尽快平定噶尔丹部带来的威胁，康熙已经决定在谈判中做出让步，好尽快粉碎噶尔丹同沙俄联盟的阴谋。所以代表团临行前，他授意索额图："今以尼布潮（楚）为界，则鄂罗斯遣使贸易，无栖托之所，势难相通。尔等初议时，仍当以尼布潮（楚）为界。彼使者若恳求尼布潮（楚），可即以额尔纳河为界。"这是康熙的底线，他已经做好了让步的准备。

另一方面，沙俄也做了让步的准备。俄国沙皇曾经授意戈洛文，让他以强硬的姿态获取更多的领土，谈判首先"应以黑龙江为界"，如果中国不同意，那最多以雅克萨为界，但必须包括黑龙江及比斯特拉河与结雅河岸全部渔猎场在内。但是后来，俄国沙皇却不得不改变了主意，原因是：1687年春，沙俄政府在国外远征克里米亚彻底失败了，沙俄政府因此在国内遭遇到贵族和商人的普遍反对，人们迫切希望能同中国议和。因此，沙皇于这年六月给了戈洛文一道密令，让他尽快撤除雅克萨地方的设防要塞，并撤退其居民。他特别对戈洛文强调："切勿引起战争或发生流血事件。"他实在不敢再引起国际争端了，怕引起贵族和商人更强烈的反对情绪。他甚至授意戈洛文，如果清政府方面实在不肯让步，那么俄军可以撤出达斡尔地方。这也就是说，俄军撤出雅克萨，甚至退出尼布楚，都在俄方谈判代表团可以接受的范围之内。

纵然是这样，双方代表都还在极力争取。谈判是一场战争，更是一场极为激烈的战争，如果有一方先露退意，那么必定会输得很惨。索额图和戈洛文都很清楚这一点，所以他们都把各自上司给出的底线捂得严严实实，一步也不肯退让。

八月二十三日，双方代表进行第二次会议谈判。刚开始的时候，戈洛文继续坚持以黑龙江为界，但随即遭到索额图的强烈反对。戈洛文眼见坚持下去，谈判结果势必还会同第一次一样，只好不情愿地拿出了第二套方案。所谓的第二套方案，即以牛满河或精奇里江为界，划分中国与俄国的边界。表面上看，俄国已经主动做出了让步，但实际上他们还是想继续侵占精奇里江以西，包括雅克萨在内的中国领土。

索额图拒绝了，但他同时却又犯了一个致命的错误：他把康熙给出的底线摊牌了。他急于同俄方签订和谈协议，竟然耐不住性子，把康熙指令的最后分界线即以尼布楚和音果达河为界的意图表露了出来。根据这一方案，中俄双方会在石勒河北岸以尼布楚为界；石勒河南岸以音果达河为界，这也就是说，谈判团同意将贝加尔湖以东至尼布楚一带原属中国的大片领土让给俄国。

清廷谈判团的这个让步，不可谓不大。如果这个方案能够实现，那就意味着清政府主动放弃了一大片的国土。但是俄国谈判团却并不知足，俄国使团甚至拒绝了清廷的这一提案。当然，戈洛文并非真想拒绝，他只是想通过故意拒绝的方式，索取更多的中国领土。他甚至奚落中国代表团：我们很感谢你们，你们让我们今天晚上在这里过夜，俄国人被允许在自己家里休息。

这简直是一种无赖行径！中国谈判代表团怒了，索额图也怒了。索额图生气地对戈洛文说："除尼布楚外，再无别的边界可以接受。"

双方谈到这里，又陷入了僵局。谁都知道，谈判不成的最坏结果，是继续开战，于是双方开始紧急调兵遣将进行备战。戈洛文在尼布楚城周围增派了几百名火炮兵，索额图也下令让萨布素等将领带兵包围了尼布楚。

战争一触即发。

不过，以索额图为首的清廷代表团和以戈洛文为首的俄国代表团，都不愿意轻易挑起战争。

基于这种心态，中俄双方虽然进入了备战状态，但谈判仍然在继续。不过，此时的谈判已经从谈判桌上移到了私下，双方通过翻译互通信息。戈洛文见有隙可图，便想买通清廷代表团的两位翻译，玩点儿小花样。清廷代表团的两位翻译，分别是耶稣会传教士张诚和徐日昇，他们知道事关重大，不敢答应戈洛文的要求，因此俄方的这个计谋未能得逞。

张诚和徐日昇带来的中方条件只有一个：如果不能将雅克萨及其附近归还中国，那么和谈必无结果。清使不达要求，不再复会谈判。

与此同时，生活在尼布楚一带的各族人民也得到了讯息，知道俄国想要夺取尼布楚。于是，他们组织起来，在这段时间内，不断掀起英勇地抗俄斗争。

戈洛文开始有些乱了，他觉得事情再发展下去，可能真的重燃战火。而实际上，清廷所提出的条件，已经大大超出了沙皇的预期。更何况，清廷又做出了让步：将黑龙江上游北岸的分界线划在离尼布楚以东五六百里流入石勒河的格尔必齐河；将黑龙江上游南岸的分界线让到离尼布楚九百里的额尔古纳河。他决定不再坚持，双方终于达成了最终协议。

康熙二十八年（1689）九月七日，中俄双方经过反复磋商，终于签订了《尼布楚条约》，其内容如下：

一、"以流入黑龙江之绰尔纳河，即鞑靼语所称乌伦穆河附近之格尔必齐河为两国之界。格尔必齐河发源处为石大兴安岭，此岭直达于海，亦为两国之界：凡岭南一带土地及流入黑龙江大小诸川，应归中国管辖；其岭北一带土地及川流，应归俄国管辖。唯界于兴安岭与乌第河之间诸川流及土地应如何分划，今尚未决，此事须待两国使臣各归本国，详细查明之后，或遣专使，或用文牍，始能定之。又流入黑龙江之额尔古纳河亦为两国之界：河以南诸地，尽属中国，河以北诸地，尽属俄国。凡在额尔古纳河南岸之墨里勒克河口诸房舍，应悉迁移于北岸。"

二、"俄人在亚(雅)克萨所建城障，应即尽行除毁。俄民之居此者，应悉带其物用，尽数迁入俄境。"

"两国猎户人等，不论因何事故，不得擅越已定边界。若有一、二下贱之人，或因捕猎，或因盗窃，擅自越界者，立即械系，遣送各该国境内官吏，审知案情，当即依法处罚。若十数人越境相聚，或持械捕猎，或杀人劫略，并须报闻两国皇帝，依罪处以死刑。既不以少数人民犯禁而备战，更不以是而至流血。"

三、"此约订立以前所有一切事情，永作罢论。自两国永好已定之日起，嗣后有逃亡者，各不收纳，并应械系遣还。"

四、"现在俄民之在中国或华民之在俄国者，悉听如旧。"

五、"自和约已定之日起，凡两国人民持有护照者，俱得过界来往，并许其贸易互市。"

六、"和好已定，两国永敦睦谊，自来边境一切争执永予废除，倘各严守约章，争端无自而起。"

这六款是《尼布楚条约》的正式内容，其中明确规定，以外兴安岭至海格尔必齐河和额尔古纳河为中俄两国边界，确认了黑龙江与乌苏里江流域都是中国的领土。同时，中国将尼布楚让给俄国。条约还载明要将条约文本以满、蒙、汉、俄、拉丁、诸文刊之于石，置于两国边界，以做永久界碑。

美国历史学家斯塔夫里阿诺斯在他著的《全球通史》中说，《尼布楚条约》是中国与欧洲一大国签订的第一份条约。事实上，这也可以说是中国与他国签订的第一份平等条约。这份条约不仅为中俄边界维持了一百多年的和平局面，更为康熙平息噶尔丹叛乱打下了坚实的基础。

《尼布楚条约》的签订，是康熙抵御外来侵略，维护国家主权最光辉的篇章。

第十二章 ／ 噶尔丹的野心

开始强大

古代战争之中，有时候为了督战以及鼓舞士气，皇帝们可能会选择御驾亲征。康熙一生经历的战争无数，自然也有一些亲征的经历。据考证，康熙一生总共有过三次御驾亲征。但对手都是同一个人。这就有些奇怪了，是一个什么样的人，能让康熙如此重视？

他就是噶尔丹。

明末清初，居住在我国西北方的蒙古族分为漠南蒙古、漠北喀尔喀蒙古和漠西厄鲁特蒙古三大部。漠南蒙古称为内蒙古，漠北喀尔喀蒙古称为外蒙古，漠西厄鲁特蒙古称为卫拉特四部。其中，漠北喀尔喀蒙古有土谢图汗部、车臣汗部、札萨克图汗部和赛因诺颜部等四大部；漠西厄鲁特蒙古也分别为准噶尔部、和硕特部、杜尔伯特部和土尔扈特部等四部。各支蒙古族都是我国境内重要的少数民族，长期过着游牧的生活。噶尔丹，就出生于卫拉特四部之一的准噶尔部。

顺治元年（1644），清军入关，清朝定都北京。而这一年，天山脚下的西北卫特拉蒙古准噶尔部，一个婴儿降生了。这个孩子，是准噶尔部首领巴图尔珲台吉的第六个孩子噶尔丹。

康熙五年（1666），在西藏学习了十年之久的噶尔丹离开西藏返回故乡，从此开始了他的征战生涯。这个时候，准噶尔部逐渐强盛起来，并在不断扩张自己势力。

康熙九年（1670）九月，准噶尔部发生内乱，首领僧格在战乱中丧生，准噶尔部面临分崩离析的危机。在这个节骨眼儿上，噶尔丹招集逃散了的僧格部众数千余骑，在阿尔泰打败了政变者万余骑兵。这一场以少胜多的战役，完全奠定了噶尔丹在准噶尔部的地位。一年半以后，噶尔丹正式继位为准噶尔部的首领。

噶尔丹上台之后，通过强硬的军事力量，以迅雷不及掩耳之势完成了一系列军事行动。直到康熙十七年（1678），他基本上完成了卫拉特各部的统一。统一之后，新的准噶尔部势力大增，而噶尔丹的野心也随之暴涨。

噶尔丹的上台颇具传奇色彩，他带领骑兵以少敌多，深入到敌阵之中，大破对手万人铁骑的传奇故事，不仅在蒙古各部族之间广为传播，甚至还传到了俄国政府耳中。因此，俄国政府对噶尔丹上台十分重视。俄国政府感兴趣的是，在"一直是个多事的邻居"中，竟然出现了这么一个难得的人物。于是，俄国政府从噶尔丹上台之初，就开始极力拉拢他。而刚执政的噶尔丹，也因为局势不稳，急于想要改善外部环境，缓和与俄国的关系。康熙十年（1671）夏天，噶尔丹上台不久，便派出亲信把自己控制准噶尔部的情况转告给了俄国当局，希望可以达成合作。同年十月，他更是无视僧格在康熙九年（1670）对俄国人斯基宾发出必须交回准噶尔部属民，否则将扣留即将从北京回国的俄使阿勃林的警告，热情地接待并派专使护送阿勃林回国。双方"你情我愿"，关系自然越走越近。

对外与俄关系越来越好，对内势力不断增强，这使得噶尔丹的野心像不断滚动的雪球，越来越大了，他已经不能满足于仅仅统一卫特拉部。统一卫特拉部之后，他又用了两年的时间，将天山南路的"回疆"征服，结束了叶尔羌汗国长达一百六十年的统治。这使得噶尔丹的势力范围进一步扩大。

不断地征战，带给噶尔丹的是征服的快感，他越来越喜欢通过征战的方式，把越来越多的土地归到自己的势力范围之下。他甚至不愿意停歇，便又指挥着准噶尔铁骑向中亚草原发起了一波接着一波的冲击。直到十八世纪上半叶，准噶尔部统一了天山南北，占据了中亚大部分地区。此时的准噶尔部，达到了历史上最强盛的时期。

而噶尔丹本人，也成了准噶尔部的神！他确实成了准噶尔部的神，族民们相信，在他的带领之下，准噶尔部肯定能够得到更大的辉煌。纵然现在，准噶尔部已经极为辉煌了。那么，更大的辉煌是什么？噶尔丹心中已经隐隐有了答案。

早在明末的时候，满族建立了后金。在武力上，满族的八旗铁骑并不逊色于蒙古铁骑，所以漠南蒙古便臣服了后金。后来清军入关，夺取明朝的江山，漠南蒙古更是派出许多骑兵，参与清军消灭明军残余和镇压农民起义，为大清立下了不少汗马功劳。后来，随着清政权的越来越稳固，漠北喀尔喀蒙古的各个部落和漠西厄鲁特蒙古四部也开始向清政府称臣纳贡，置于清朝统治之下。

到康熙即位时，除了南方之外，中国北方以及东北各族都为清政府所统一。而这个时候的康熙，是真正的天下之主。

噶尔丹心中想要的更大辉煌，正是不愿意再向清廷称臣纳贡。他想要同康熙平起平坐，甚至，取而代之。

试探

在巩固多民族国家统一和稳定边疆局势这个问题上，康熙一直都很明智。他始终坚持贯彻的政策是，亲善和睦。所以，在处理清朝与蒙古各族之间矛盾，或者是蒙古各族各部之间矛盾的问题上，他一直都愿意采取和平的方式来解决。

事实上，清廷一直都在采用和善和平的政治策略。清廷一直以和善的姿态对待蒙古，或是给蒙古各部首领封号，或者分封土地，或是同蒙古联姻通婚。总而言之，清廷的每一位帝王都知道，蒙古是大清的左膀右臂，必须要善加对待。大清朝的皇宫之中，蒙古族的妃嫔或是大臣不在少数，康熙的祖母孝庄太皇太后就是蒙古科尔沁人。

所以，尽管康熙已经敏感地意识到，噶尔丹拼命扩充势力别有用心，但是，他还是以极大的耐心来劝谕、优抚噶尔丹。

康熙使用柔和的政治策略应对噶尔丹，噶尔丹也在使用柔和的政治策略应对清廷。

此时的准噶尔部已经很强盛了，但是却还不足以对抗清廷。所以噶尔丹一面加紧与俄国的交往，一面继续扩张自己的势力，一面又表示继续臣服清廷。噶尔丹明白，在统一蒙古之前，自己根本就没有能力与清廷一较高低。所以清廷向他示好，他在坦然受之的同时，也极力向清廷示好，表示自己决无异心。隐忍不发，养精蓄锐，伺机而动，才是最高明的军事策略。

于是，在攻杀鄂齐尔图汗后，他赶紧派遣使者向清廷进贡。他无非是想告诉康熙：我虽然杀了鄂齐尔图，但却还是大清朝的顺臣，还是会正常进贡，所以不需要防备我。

康熙能说什么？什么也不能说！他责备噶尔丹几句，然后不了了之。康熙曾经对索额图说过："鄂齐尔图与噶尔丹向俱纳贡，今噶尔丹侵杀鄂齐尔图，献所获弓矢等物，朕不忍纳，其却之。"噶尔丹的所作所为，康熙心中虽然雪亮，但是却又拿不出十分有效的应付方法，只好静观其变。

康熙不加干涉，噶尔丹的胆子更大了起来。康熙十八年（1679），达赖喇嘛授予噶尔丹"博硕克图汗"称号。噶尔丹先是在准噶尔部大肆庆贺，然后又派遣使者携带锁子甲、鸟枪、马、驼、貂皮等物进京，奉贡入告。按照清朝的惯例，凡是厄鲁特、喀尔喀有奏请敕印进京朝贡的，清廷准其纳贡，授以敕印，并加赏赐。但是，却从来没有"擅加汗号者，准其纳贡之例"。噶尔丹明明清楚这个惯例，但却故意不去遵守，反而刻意打破，其真正用意正是为了试探康熙。

他想知道，康熙到底是什么样的态度。

对于蒙古各部，康熙一向采用和善的政治策略。虽然噶尔丹的做法有些越矩了，但这些都还在他的容忍范围之内。他打破常规，终于收纳了噶尔丹使者"奉贡入告"的献物。这也就是说，清廷承认了噶尔丹"博硕克图汗"的名号和地位。这在清廷的历史上是首例。

噶尔丹这么做之前，不怕康熙发怒，降罪于自己吗？他是有顾虑，但却知道康熙这个时候绝对不会动自己。康熙十八年（1679）前后，康熙很忙，他不仅要忙于平定三藩之乱，还要忙于防范郑经，更得忙着对付俄国侵略者。这些事才是他需要处理的、迫在眉睫的大事，而准噶尔部却并未露出明显的敌意。所以，噶尔丹能够肯定，康熙绝对不会给自己找麻烦，再平白无故招惹一个强劲的对手。

明确了康熙对待准噶尔部的态度之后，噶尔丹更加有恃无恐。噶尔丹每年都会派遣使者向清廷朝贡，使者的人数不多，也能遵纪守法。但是随着势力的强盛，他每年派向北京朝贡的使者越来越多，甚至达到了上千人或者数千人，几乎成了一支小型军队。他是想借着朝贡，向清廷炫耀自己的实力。其使者自恃武力，沿途抢夺塞外蒙古马匹牲畜，进边之后，任意放牧，践踏良田无数。有些时候，他们甚至还会抢夺平民的财物，为所欲为。噶尔丹明知道这些，却并不约束进京使者。

一个人的气量再大，也有一定的底线。噶尔丹部使者的嚣张做法，使得康熙发怒了。他下了谕令，规定以后噶尔丹所派遣的使者，只有二百人可以进入边关，其余留在关外等待。贡使头目必须严格约束手下，"仍前沿途抢掠、殃民作乱，即依本朝律例。伤人者以伤人罪罪之，盗劫人财物者以盗劫罪罪之"。

康熙这道谕令下达之初，噶尔丹并不以为意，他所派遣的进京使者也还是照旧为所欲为。康熙的小惩，根本就没有起到什么作用。直到康熙二十四年（1685）九月，噶尔丹贡使伊特木根杀死了一名正白旗籍商人，康熙立即下令将伊特木根依法处决，贡使为乱的情况才有所收敛。自此噶尔丹明白过来，这位年轻的皇帝不发怒则已，一发怒必定是雷霆万钧。

他开始收敛在康熙面前炫耀的姿态，专心致志地继续扩大自己的势力。他想让自己拥有更强悍的军队，更广阔的地盘。

吞食漠北

统一了西蒙古，进而控制了回疆之后，噶尔丹将马鞭暗暗指向了东边。

他将自己的牙帐从伊犁迁到了东边的阿尔泰山，开始了蓄谋已久的军事活动。整个蒙古地区，因为一个人的野心而剧烈动荡起来。

喀尔喀，亦称漠北蒙古，是由喀尔喀万户演变而来。十七世纪初，喀尔喀逐渐形成了土谢图汗、车臣汗和札萨克图汗三部。这三部的首领虽然都是达延汗后裔，但却各自为政，互不干涉。三部之间虽然经常会有些小的摩擦，但大体来说却一直能够和平共处。噶尔丹的野心，是逐步吞噬这三个部落。

蒙古所有的部落都归大清朝管辖，所以想要发动战争，就必须要有一个很好的理由。这个理由噶尔丹有，而且还很充分。

康熙二十五年（1686），噶尔丹进攻西套和硕特部鄂齐尔图汗时，喀尔喀土谢图汗察珲多尔济曾出兵援助鄂齐尔图汗。之后，察珲多尔济又把自己的女儿嫁给鄂齐尔图汗的孙子罗卜藏阿拉布坦。这也就是说，土谢图汗先是鄂齐尔图汗的盟友，而鄂齐尔图汗则是噶尔丹的对手。所以，噶尔丹很轻松地就找到了一个等式关系：土谢图汗等于自己的对手。

康熙二十七年（1688），噶尔丹率兵三万越过杭爱山，在特穆尔击败土谢图汗察珲多尔济之子噶尔旦台吉。紧接着，噶尔丹又派遣其弟罕都阿拉布坦进兵额尔德尼召。随后，噶尔丹又亲率精兵越过土拉河，向东挺进，攻掠克鲁伦河的车臣汗牧地，然后回师土拉河畔。

在绝对强悍的军事实力面前，土谢图汗察珲多尔济的势力开始土崩瓦解。为了挽回败局，他率领喀尔喀三部兵力，在尼列图至鄂尔会诺尔同噶尔丹展开了一场大决战。

对于喀尔喀三部来说，这是一场生死攸关的战争，如果败了，那么漠北三部将尽归噶尔丹麾下。大战一连持续了三天，腾起的灰尘遮天蔽日，尸满山野，血流成河。但是，这场战争却始终没能阻住噶尔丹的步伐，喀尔喀三部全军崩溃。据《清圣祖实录》记载，最终的战斗结果是，三部数十万残余"各弃其庐帐、器物、马、驼、牛、羊，纷纷南窜，昼夜不绝"。这场战争的结束，宣告噶尔丹的势力再次壮大。

康熙一直在留意蒙古的动向。噶尔丹举兵进攻漠北，直到漠北喀尔喀三部惨败，他都一清二楚。喀尔喀三部余众来降，他极为重视。自接到消息之日起，他就急令理藩院尚书阿喇尼前往抚慰，还发归化城、张家口、独石口仓储"以赈其乏，且足其食"。同时，他还传谕内大臣费扬古、明珠等人，让他们带着白金、茶、布等生活必须用品去慰问喀尔喀众人，以帮助对方渡过难关。鉴于蒙古族众向来以放牧为生，他就把他们妥善安置在科尔沁水草地游牧，使他们"皆安居得所，循法度乐休养"。他在尽自己的最大努力，帮助这些在战乱中流离失所的蒙古族民。

作为一个皇帝，他做得不可谓不多。

但是，有人却认为他做得不对，这个人自然就是噶尔丹。噶尔丹知道康熙将要"收留"喀尔喀残余，就上疏康熙，不要收留喀尔喀余众，或者将那些人擒住交给自己。康熙脾气再好，也有点儿动怒了，他传谕噶尔丹："朕统御宇内，胞与为怀，愿率土共享太平，无战争离散之苦，彼此协和，各得其所。"同时，他要求噶尔丹退回本土，把喀尔喀牧地归还给喀尔喀余众。

　　但是他的要求传到噶尔丹耳中，却成了天大的笑话。对于噶尔丹来说，这样的命令确实是一个笑话。噶尔丹之所以要挥军北上，攻打喀尔喀三部，为的就是扩大自己的势力。现在，好容易喀尔喀到手，这个年轻皇帝一声令下，他就得把吃到嘴里的肉再吐出来，这可能吗？显然不可能。

　　他并没有理会康熙的命令，继续一意孤行，准噶尔部同清廷之间的矛盾，开始更加尖锐起来。

第十三章 ／ 角逐

初次交锋

侵吞漠北，只是噶尔丹计划中的一小步。他真正的目的是统一蒙古，与清廷分庭抗礼，最后挥师进入中原。他想让蒙古族取代满族统治天下，而他自己则取代康熙的位置。噶尔丹是一个聪明人，而聪明人一旦有了野心，就会变得极为可怕。

所以拿下喀尔喀之后，他就开始着手准备继续南侵。这个时候的漠南蒙古，便成了大清朝抵御噶尔丹铁骑的最后一道屏障。当然，这道屏障并不如何坚固。

这个时候，噶尔丹还是不愿意同清廷撕破脸皮，僵化关系。他继续南侵，用的是追击喀尔喀势力为借口，但是这样的借口太过于牵强，任何人一眼都能够看得出来。康熙是何等的聪明，他明明白白地把握到了噶尔丹的意图。但是，他也不愿意同噶尔丹撕破脸皮，既然噶尔丹是在"追击喀尔喀残余势力"，那么作为大清朝的最高统治者，他就有"义务"进行调节。他屡遣大臣对噶尔丹做了大量的和解工作，同时也向其重申了清廷收纳喀尔喀余众的情由，希望噶尔丹能够停止南侵。

但是噶尔丹能够被说服吗？显然不大可能！如果一个人毕生都在致力于一个梦想的实现，当他离梦想越来越近的时候，忽然有人告诉他：停下来吧，你不能实现这个梦想。那么这个人会怎么样？他能听从别人的劝告吗？答案很明显。康熙想让噶尔丹停止南侵，就等于想让其放弃自己的毕生梦想。对于噶尔丹来说，这根本就不可能。

除了统一蒙古的理想之外，噶尔丹还有一些"必须"南侵的理由。比如，他的麾下兵多将广，势力范围极广，"控弦之士数十万"，"既兼有回部、青海、漠北，则益骄蹇不奉命"。再比如，他的后方大本营出了问题，急需新的粮饷供给地。

康熙二十七年（1688），噶尔丹第一次东征喀尔喀时，他将弟弟索诺木阿拉布坦、策旺阿拉布坦留在了大后方，镇守准噶尔部大本营。不过他没有想到的是，渐渐长大的索诺木阿拉布坦和策旺阿拉布坦同他一样，也有了极强的野心。他们趁噶尔丹东征之时，发动了政变，窃取了准噶尔部的控制权。正在追击喀尔喀余众的噶尔丹闻知老巢有变，急忙匆匆结束了战争，返回科布多营地。他很快平息了政变，毒杀了索诺木阿拉布坦，但是策旺阿拉布坦却闻讯逃脱。策旺阿拉布坦带领亲信，往西逃到博尔塔拉之地，召集准噶尔散民，逐步扩大了自己的势力，控制了天山北路准噶尔部的基本领地，并慢慢将噶尔丹挤在科布多及其以东的地区。这一变故是噶尔丹始料未及的，他无法再返回准噶尔故地，只能率众在漠北地区活动。但是，失去了大后方以后，科布多有限的资源供给已经远远无法满足大部队的需要。这也就是说，噶尔丹只能通过不断的战争，来获取军队所需要的资源。

在野心的驱使下，在客观事实面前，他都必须南下。即便康熙屡屡阻挠，也无法挡住他前进的脚步。

当然，他对清廷还是很"忠顺"的，对清廷使臣也"待之有加礼，殊为恭顺"。他反复声称"我并无自外于中华皇帝"，虽然做法未免有些"此地无银三百两"，但康熙确实也无法指责什么，毕竟至少在表面上，他是一个大大的"顺臣"。

这样未免有些难做，既要做顺臣，又要违背康熙"不能南侵"的旨意，那么该怎么办？噶尔丹自有办法，那就是沉默对抗。北京与蒙古之间路途遥远，康熙也鞭长莫及，很难真正处理好蒙古各部之间的关系。所以无论康熙下达什么旨意，噶尔丹都一概充耳不闻，继续做着自认为应该去做的事情。

这些事情，当然就是继续南侵。

古语说得好，"知己知彼，百战不殆"。噶尔丹虽是属臣，但康熙却一直视其为一个强劲的对手。无论他怎样派遣使臣劝谕噶尔丹，想要调和蒙古各部之间的关系，但私下里他却一直没有放松警惕。他了解噶尔丹，知道这个对手实在是一只永远也无法吃饱的狼，如果一不留神，就会被其咬上一口。所以他必须做好万全之策，保护好自己的"脖子"。

康熙二十七年（1688）七月，康熙授意和硕裕亲王福全，让其对噶尔丹率军南下"宜预为防御"。八月，他又谕示侍卫内大臣佟国维、领侍卫大臣费扬古、理藩院尚书阿喇尼等人，密切注视噶尔丹的军事动向，指示他们"境上切宜防守"。同时，他还先后命令议政王大臣等派出满洲、蒙古诸部精锐旗兵奔赴张家口、归化城以及北部各边汛地区驻防，随时待命。康熙二十九年（1690）三月，他又命令都统额赫纳、护军统领马喇等人，率领鄂齐多斯、归化城以及四子部落蒙古兵两千多名星夜疾驰奔赴土拉河，防御噶尔丹南侵。

他一直都知道噶尔丹不会那么安分，但却没有想到会那么快。

康熙二十九年（1690）五月，噶尔丹终于按捺不住了。他率领四万铁骑，沿克鲁伦河下游渡过乌尔札河南下，开始大规模的南侵征程。当然，他还是按照惯例拿出了借口："借兵俄罗斯，会攻喀尔喀。"

好一个噶尔丹！他虽然一直同沙俄有勾结，但把这件事"挂在大旗上"四处招摇，还是第一次。这其实是一个信号，显示了他挥军南下的决心。他想不顾一切地拿下漠南，纵然是借兵俄罗斯与虎谋皮，他也要不惜一试。

康熙得知消息，一面发满、汉兵与科尔沁蒙古兵备战，一面传谕在京的俄国使臣吉里古里、伊法尼齐等说："（噶尔丹）今乃扬言会汝兵，同侵喀尔喀。喀尔喀已归顺本朝，倘误信其言，是负誓而开兵端也，尔等可疾遣善驰者二人，归告尼布潮（尼布楚）头目伊凡，遍谕俄罗斯之众。"他让这两个人去向俄军报信：我们条约已经签订了，如果俄军胆敢违反条约的话，那么我们也不必遵守条约。他必须打破噶尔丹的借兵计划，而他的依仗则是：清政府刚与俄国政府签订了《尼布楚条约》。他相信俄国政府最终会有一个明智的选择。

果然，有了《尼布楚条约》的限制，沙俄终于不敢轻举妄动，噶尔丹的借兵计划最终成了泡影。但是对于噶尔丹来说，无论能否借到兵，南下的计划都必须实施。他已经准备了多年，不能因为一点儿小小的变故而退缩。更何况，就算俄罗斯愿意借兵，数量上也会极为有限，最终还是需要依靠自己的力量。

六月，噶尔丹沿格尔格河行进，来到了乌尔会河附近。在这里，噶尔丹大军与清军首度相遇。清军指挥者是理藩院尚书阿喇尼，康熙命他只需紧随噶尔丹大军，监视其军事行动即可，切勿与之交锋，静待援军到来。但是阿喇尼不听，他自恃清军强悍，认为定然能够打败噶尔丹大军，便贸然发起了进攻。

阿喇尼手下的清军确实强悍，但他们大多都是蒙古喀尔喀兵众，纪律性自然要差上很多。阿喇尼派出的精兵甚至还没有同噶尔丹军交锋，便被噶军中的男女、畜牲所吸引，一窝蜂地上前哄抢。结果清军阵脚大乱，不能自制。噶尔丹大军趁机发起了进攻，大败清军。

噶尔丹大军与清军首度交锋，清军大败而归，这件事引起了朝野上下的恐慌。当然，最害怕的是喀尔喀余部，他们深恐噶尔丹大军会杀上门来，于是开始四下逃窜并到处劫掠。这使得北部边疆的社会秩序异常混乱。

相反，噶尔丹经此一战，信心大增。他更相信自己能够攻克漠南，甚至曾对部将言道："今乃闻侍卫阿南达率兵及诸路军云集，又闻有内大臣且至，土谢图汗之子噶尔旦台吉亦在军中。夫执鼠之尾，尚噬其手。今虽临以十万之众，亦何惧之有。"这是他狂妄的理由，清军有那么多兵马，有文臣有武将，还有土谢图汗的儿子噶尔旦台吉在内。可是，有什么关系呢？他们人再多也打不赢我们的铁骑。

极度膨胀的信心，使他无所畏惧，加快了南侵的脚步。直至七月，噶尔丹大军已经深入到乌珠穆沁。漠南告急！

康熙命和硕裕亲王福全为抚远大将军，皇子允禔为副，出古北口；和硕恭亲王常宁为安北大将军，和硕简亲王雅布、多罗信郡王鄂札为副，出喜峰口。这两路大军只是侧翼，中间还有一路大军，而指挥者则是康熙自己。面对咄咄逼人的噶尔丹大军，他选择了亲征。

这是康熙有生之年第一次亲征，他要亲自会会这位素未谋面的对手。

幸与不幸

任何一场战争，时间都极为重要。

噶尔丹挥军南下，康熙最需要的就是时间。虽然此前他也做了一些防范措施，但防范并不等于正式交锋，最多只是起到一个牵制作用。大清朝兵多将广，他手中并不缺乏精兵强将，他所需要的，是汇集各路军队，集中优势兵力，击败噶尔丹。而这些，都需要有足够的时间安排布置。

为了争取到更多调兵遣将的时间，他屡遣大臣前往噶尔丹处，借和谈为名，麻痹和牵制对方。他派遣大臣对噶尔丹说："圣上特遣和硕裕亲王及皇子来，与汝申明礼法，自兹以往，以定盟好。"

而裕亲王也遵照康熙的意思，适时地给噶尔丹送去了礼物，并写了亲笔信以示诚意。如此三番五次之后，噶尔丹也渐渐相信康熙是真的想同自己讲和。

康熙确实想讲和，但他想要的讲和必须建立在噶尔丹屈服的基础之上。大清朝的皇帝如果被噶尔丹铁骑逼到一定要讲和，那是他所不能接受的。所以，他一面派遣大臣继续麻痹噶尔丹，一面继续向漠南蒙古调兵遣将。他指示内大臣佟国维说："倘先遣部队克期到达前线，如噶尔丹欲逃，即行追剿，无失机会；若彼来迎敌，则我军切勿急行以待大兵。"他已经决定同噶尔丹展开一场决战。

另一方面，噶尔丹也不断派人到清军大营，表明自己的立场。他一直都在言明，自己"虽入边汛，索吾仇而已，弗秋毫犯也"，非常愿意同清廷修好。他表示，清廷只需要交出喀尔喀众人，他就立即班师。

说得虽然极为客气，但是这里面分明有赤裸裸的威胁意味。噶尔丹的嚣张跋扈，在此可见一斑，康熙自然是严词拒绝。

双方之间的弓弦越拉越紧，随时都有可能发生冲突。

七月底，噶尔丹深入到了乌兰布通，这里距离北京城仅有七百里。这也就是说，噶尔丹只需要再向前进攻几百里地，就能打到康熙的紫禁城里。战事发展到这里，已经很有戏剧意味了。双方一直在讲和，但是讲来讲去，一方居然快打到另一方家里去了，而被动的一方，居然是大清朝的皇帝！

好在噶尔丹到达乌兰布通不久，清抚远大将军和硕裕亲王福全也率领大军及时赶到，双方在乌兰布通展开了一场激战。噶尔丹军先入为主，占据了有利的地形，噶尔丹军"数万阵山下依林阻水，以万驼缚足卧地，背加箱垛，箱垛上盖着湿毡，环列如栅，士卒于垛隙发矢铳，备钩距，号曰驼城"。这样的攻击方式，是噶尔丹部特有的"驼城"战术，极为厉害。福全沉着应战，指挥清军隔河列阵，以炮火营为前锋，对着敌人的"驼城"展开了猛烈的炮火攻击。

这场战斗打得极为惨烈，从中午一直打到了薄暮时分，双方损失都很惨重，康熙的舅舅佟国纲在激战中身亡。而噶尔丹军的卧驼全被炮火所击毙，尸横遍野。这一场激战，双方打了个不分胜负，噶尔丹指挥军队趁乱撤退，而精疲力竭的福全也不敢让清军继续追击。

这一场战斗虽然不分胜负，但最终结果却能够预料。清军损失惨重，可以立即得到补给，因为这里是清军的地盘；噶尔丹军损失惨重，结果只会越来越糟，因为途中还会有多路清军阻截。似乎，噶尔丹军的灭亡已成定数。

噶尔丹也预料到了这一点，他开始竭力挽回。他很快请人作为自己的说客，前往清军讲和。噶尔丹深恐无法说服福全，又慌忙派遣使者带着自己的亲笔信来到了清营："今蒙皇上惠好，自此不敢犯喀尔喀。"使者还对福全说，噶尔丹写完信曾跪在神灵前发誓，言称自己再也不敢侵犯喀尔喀。

在揣度人心方面，福全同康熙还有很大的差距。如果此时康熙在这里，他会很容易发现，噶尔丹的所作所为，只不过是为了顺利逃脱，清军倘若能够继续追击，那么必然可以全歼噶军。但可惜的是，康熙此时不在这里。他虽然御驾亲征，但却因病停驻在了波罗和屯。而福全，却轻易相信了噶尔丹的缓兵之计。

福全相信了噶尔丹的"诚意"，他不仅没有派兵继续追击，还派人通知苏尔达等将领，让他们传令给乌喇各路清军，不要阻截噶尔丹逃兵。正是因为有了这道命令，噶尔丹带着残兵，大摇大摆地窜过了盛京、乌喇、科尔沁等地的军营，却没有遭到任何阻截。

逃出清军包围之后，噶尔丹率领残余惶惶如漏网之鱼，继续往回逃窜。他们渡过什拉穆楞河，翻过大碛山，等到逃回科布多时，只剩下几千人了。野心勃勃的噶尔丹，初次举兵南侵，就遭遇到了惨重的损失。

康熙得知噶尔丹逃走的消息后大为震怒，他重重责罚了福全，罢免了其议政权，撤掉了其三佐领的职务。

木已成舟，噶尔丹逃走已成定局，康熙只得下诏给噶尔丹，警告他以后要遵守誓言，不许再擅自侵犯喀尔喀部；如果他违背誓言，再次寻衅滋事，清廷必定不会轻易饶恕。

在很多时候，人们总是喜欢用"如果"去假设一种现象的成立。在这次战争中，如果福全不那么头脑简单，听信了噶尔丹之言；相信之后，如果他没有多此一举，传令给沿途清军官兵，让他们不许阻截噶尔丹。也许，这段历史就会变得简单很多。

但是没有如果。

上天也许早已注定，康熙同噶尔丹之间必须展开一场血战。

亲征

康熙的第一次御驾亲征，以未能全歼噶尔丹部草草收场。这成了他心中的憾事，常常为此担忧。当然，他并非是想要斩尽杀绝，只是因为他了解噶尔丹的为人。他对噶尔丹的评价是"其人狡诈，不可深信"，所以他一直都在保持着高度的警惕。

他在张家口、独石口、大同和宣府等地布置了重兵，准备随时出征。同时，他派遣了更多的密探，深入到蒙古腹地，不时打探噶尔丹的行踪，以防万一。他必须做好万全准备，防止噶尔丹部死灰复燃。清军同噶军的第一次对决，至今让他心有余悸。

当时他指挥清军已经准备得很充分了，但事到临头却还是闹了个手忙脚乱。喀尔喀余部被噶尔丹打得七零八落；"乌尔会河之战"及"乌兰布通之战"使得清军伤亡惨重，军心更是惶恐不安；刚刚签过《尼布楚条约》的俄国，又开始蠢蠢欲动……

这些，是"准备充分"应该出现的情况吗？

自然不是！所以，康熙绝不能容忍这种情况再次发生。虽然噶尔丹兵败请和，但康熙还是积极备战。他不相信一只饥饿的狼能这样一直安静下去。

噶尔丹的日子也不好过。自从乌兰布通一战惨败后，他虽然率领残余侥幸逃脱，但"畜牲已尽，无以为食，极其穷困，人被疾疫，死亡相继"。还去抢掠吗？他不敢了，一是手下兵将无多，没有"抢"的资本；二是他怕再不安分，会引起康熙的震怒，惹来清廷的征剿大军。所以他唯一的出路就是，向清廷乞赐白银，以解燃眉之急。

当然，向清廷乞赐白银还有一个好处，那就是可以借机麻痹康熙，表示自己没有能力再次南侵。噶尔丹深知这一点，所以不断派遣使者到北京向康熙诉苦，希望能够得到清廷的谅解和帮助。

朝中大臣自然都是极力反对赐给噶尔丹白银，花钱去喂养一头会咬人的狼，等到狼长大了再反咬自己，只有傻子才会这么做。

可是康熙却偏偏愿意去做这个傻子。他不仅多次派遣使者前往噶尔丹处劝谕其归降，更是赠送其千两白银，让其渡过困境。康熙自然不傻，之所以要这么做，主要还是为了迷惑噶尔丹。如果噶尔丹是真心想要归降，那么拿白银救济自己的臣民是理所应当；如果噶尔丹还心存妄念，那么送白银给他只会让他认为清廷已经放松了警惕。

吃了败仗的噶尔丹，不仅没有打消继续南侵的念头，想要征服的狂野愿望反而更加强烈了。他又故伎重施，一面表示想要同清廷和解，一面继续同清廷对抗。

他派遣使者前往清军防地，以修好为名，四处打探情报，窥探清军动向。同时，他又向清廷提出要索取喀尔喀余众，企图割据喀尔喀之地。他似乎已经忘记了，自己曾经发过誓，不再侵犯喀尔喀。他在科布多快速恢复着军力，企图再次南侵。

为了保险起见，他又派人到莫斯科向沙皇求援，沙俄政府同他约定，"至青草出后，助鸟枪手一千及车装大炮，发至克鲁伦河东方界上"。

野心和欲望，使他不顾信誓，不顾上一次失败的教训，再次挥师南下。

康熙三十四年（1695）秋，噶尔丹率领三万骑兵，沿着克鲁伦河，潜入到了巴颜乌兰，劫掠喀尔喀部纳木札尔陀音。同前一次一样，噶尔丹大军沿途恣意劫掠，为害百姓，并且扬言"借俄罗斯鸟枪兵六万，将大举内犯"。不过，乌兰布通的惨败使他记忆深刻，他不敢再深入到漠南。

康熙三十五年（1696），康熙决定第二次亲征准噶尔。对于一个皇帝来说，亲征是件大事。皇帝不同于一般将领，可以随意奔赴前线，他其实是"一家之主"，必须要留在家里统筹大局。但是康熙却执意要亲自带兵远征漠北，足见远征确实是困难重重。他曾对大臣们说："朕亲历行间，塞外情形，知之甚悉，自古以来，所谓难以用兵者是也。其地不毛，间或无水，至瀚海等沙碛地方，运粮尤苦，而雨水之际，樵爨为难，区画不周，岂可妄动"。但是他却又深深明白，噶尔丹是一个反复无常、不遵诺言的人，"夫烈焰弗戢，必将燎原，积寇一日不除，则疆围一日不靖"。所以他必须御驾亲征，方能安心。

大臣们知道康熙的用意，但多数还是不同意康熙亲征。皇帝亲上前线，即便防护再严密，也难免会有危险，总是没有待在京城安全。面对大臣们的反对，康熙又拿出了强硬的一面，他力排众议，坚持主张再次亲征。

随后，他调集士兵十万，分东、西、中三路，出师剿灭噶尔丹。他命令黑龙江将军萨布素率领东三省之兵沿克鲁伦河进征，是为东军；命令抚远大将军费扬古率领陕甘官兵出宁夏，向土拉进发，是为西军；而他自己则率领一支劲旅，从独石口出发，是为中军。三支大军，约定在瀚海之地会师，夹攻噶尔丹军。

在行军过程中，康熙真正起到了一个统帅应起的作用。事无巨细，他都会亲自过问，做到细心体察，具体指示。他驭军极严，对于那些不称职的将领，往往是当场免职，绝不留情。由于前番与噶尔丹军激战，清军伤亡惨重，所以部分大臣有了怯懦退缩的思想。针对这种思想，康熙进行了严厉的指责。在他的率领下，清军士气高昂，军容整齐。

每天早上，康熙总是下令凌晨就撤营赶路。有一次，队伍起程之后，他发现军营中还有炊烟，有一些军士正在进食，耽误了行程。他勃然大怒，随即命人撤查，打算严惩带队将领。领侍卫大臣佟国维等人赶紧请罪，承认这是因为自己不能"管摄"之故，甘愿受罚。康熙没有因为是舅舅犯了错而寻私包庇，他重重地责罚了舅舅。自此，军中再也没有人敢违抗军令。

他曾写下一首名为《瀚海》的诗，记叙自己此次亲征的经过：

四月天山路，今朝瀚海行。

积沙流绝塞，落日度连营。

战伐因声罪，驰驱为息兵。

敢云黄屋重？辛苦事亲征。

在他的笔下，滚滚黄沙漫天飞舞，一眼望不到边际。在如此艰苦的环境中，一支清军队伍迎着黄沙，急速前行。虽然行军辛苦，但是为了平定边疆，为了国家的统一与和平，他认为很值得。同时，这也表明了他要带领一支威武之师，声讨挑起战乱、破坏民族团结者的决心。事实上，他也一直在这样做。

大军行至科图，军中流言四起，传说噶尔丹因为畏惧清军势强，已经率军逃离。很多大臣轻信了谣言，纷纷劝谏康熙早日班师回朝。针对这些流言，康熙召开了一次军事会议，表示了自己要彻底剿灭噶尔丹的决心。他明确告诉诸位大臣，自己了解噶尔丹的性格，所以深信噶尔丹必定不会就此逃遁。在没有擒获噶尔丹之前，谁再敢妄言班师回朝，必定严惩。

噶尔丹自然没有逃遁，但他却期望能用恶劣的自然环境拖垮清军。事实上，随着不断地深入，清军也确实开始出现了危机。出现问题最严重的，是西路大军。西路大军在进入戈壁沙漠之后，人畜相继死亡。原因是，噶尔丹派人烧毁了有水有草的地方，只留给清军一片连绵数百里的灰烬。在这片灰烬之中，清军认不清道路，找不到水源，很快便陷入了困境。

当然，西路军也可以绕道前行，另觅水源，但是这样一来，却势必会耽误与中路军的会师之期。费扬古无奈，只好派人快马加鞭将这一情况告之康熙，并请其定夺。

应该怎么做？大臣们一片哗然，有的认为中路军应该放慢脚步，等待西路军的到来，两军合击，才能彻底消灭噶尔丹军；有的认为如果中路军放慢脚步，也许会让噶尔丹趁机逃脱，所以中路军应该不等西路军，先行进攻噶尔丹。

康熙思索良久，终于拿定了主意：暂且不等西路军，中路大军进攻噶尔丹。他对大臣们说，噶尔丹只是跳梁小丑，既缺兵少将又毫无远识，所以不足为惧。他自以为阻挡了西路大军行程，中路大军就必定不敢擅动，那我军就动给他看。噶尔丹如果知道是我亲自前来，必定会连夜逃窜，到那时我军就可以趁机追杀。

他的一番分析入情入理，中路大军遂不再等待西路大军，开始拔营前进。

他一面指挥大军前进，一面派遣使者前往噶尔丹驻地巴颜乌兰传递敕书。他在敕书中说："今朕大军已出汛界，与尔逼近，西路兵俱已到土喇，东路兵俱已溯克鲁河而来……朕乃不忍生灵横被锋镝，是以抒诚遣使，朕与尔等靓面定议，指示地界，尔照旧贡献贸易，则尔国安生，而我边民亦安。"这个时候，他考虑最多的，还是百姓。

清军在克伦河附近同噶尔丹军相遇。噶尔丹远远望见康熙御营及"军容山立"，又收到了康熙的敕书，还没有交战，胆已经怯了。他失声高呼："是兵从天而降耶！"遂率领大军连夜拔营逃窜，深恐被康熙大军剿杀。

康熙要的正是这种效果，他亲自率军乘胜追击，一连追了三天，直追到了拖诺山下。

噶尔丹原想在拖诺山负隅顽抗，但他所率军队早已魂飞魄散、溃不成军，根本就收拢不住逃窜的脚步。无奈之下，他只好率领军队继续逃窜，一直逃到了特勒尔济口。

他们没有继续逃窜了？当然不是！噶尔丹败军逃到这里，正好抚远大将军费扬古率领西路大军也到了昭莫多（今乌兰巴托东），两军相遇了！费扬古根据康熙"必于宜战之地而后战，不攻其所不可攻"的作战原则，因地制宜，采取了有效的作战策略。他先派兵占据了有利地形，让将军孙思克率领绿营兵居中；西安满洲汉军官兵，察哈尔，诸扎萨克蒙古兵，列阵在东方山上最高的地方；右卫满洲汉军官兵和喀尔喀蒙古兵，在西列阵于土拉河边。

部署完毕，费扬古派遣前锋统领硕岱、副都统阿南达等人，率领兵丁四百余人，奔赴噶尔丹中军中挑战，想要诱敌深入。噶尔丹果然上当，率军来到了昭莫多，进入了费扬古的包围圈中。

在清军的包围圈中，噶尔丹自然讨不到好处。一番激战下来，噶尔丹大军"仓皇溃遁","其颠坠崖下者，河沟皆满，所弃仗如蓬麻"，慌乱中坠入山崖的噶军，竟然填满了河沟，由此可见噶军有多么慌乱。清军势如猛虎，乘胜追击狙杀噶军残余，一直追了三十多里方才作罢。

这次战役，清军共斩杀噶尔丹军两千多人，俘获了三千多人，缴获的马驼、牛羊、器械不计其数。噶尔丹在部将的拼死保护下，率领数十骑狼狈逃窜。昭莫多战役，已经决定了这场战争的胜负。经此一役，噶尔丹势力土崩瓦解，康熙遂率各路大军班师回朝。

噶尔丹虽然侥幸逃脱，但两次南侵失败，已经使他众叛亲离，牲畜皆尽。万般无奈之下，他便想北上投奔沙俄，但是沙俄见他穷途末路，已经没有什么用处了，不想因此而得罪清政府，便拒绝授受。没有办法，他只好率领残余，在各地流窜。

康熙多次表示，只要噶尔丹能率领余部归顺清廷，他可以不念旧恶，一如从前。

枭雄的末路

噶尔丹还能东山再起吗？

乍一看，很难。两次南侵的失败，使他众叛亲离、牲畜皆尽，跟随者极为有限，"或近十人，或数百人，皆老弱者"，同时也失去了俄罗斯这个强援。更为严重的是，他的地盘也开始不断"缩水"：由于长年在喀尔喀地区进行掠夺争战，他原来所控制的地方纷纷归降清廷。他想西归伊犁，怕被策旺阿拉布坦吞没；想要南投西藏，路途又太过遥远。于是，他只能游荡在塔米河流域。

他曾经引以为傲的雄厚资本，现如今便只剩下这些了。凭借这些，他又如何能够再次崛起，实现梦想？

但是，噶尔丹派人收集了散在各地的余部五千余人。这些人，成了他新的兵力。他原本想率领部属由翁金前往哈密，寻得粮食资助，暂渡困难。但行至途中，却发现清军在嘉峪关外设有哨所，于是只得作罢。

他和部属陷入到了最艰难的境地。

没有牛羊可以吃，他们依靠捕兽为食。有时候实在捕不到野兽，他们就杀马驼为食，甚至是挖草根充饥。漠北的冬天很冷，由于生活资源严重匮乏，他手下经常有人会被冻死。在这种艰苦生活的折磨下，人心渐渐开始涣散，很多兵将悄悄逃了出去，各自谋生。

种种迹象表明，噶尔丹确实已经穷途末路了。在"困穷已极，糇粮庐帐俱无，四面已无去路"的情形之下，他只好派遣格垒沽英等人为代表，向清廷乞降。

康熙在朝堂上会见了格垒沽英等人，向其历数噶尔丹的罪行，指出噶尔丹的败亡，完全是咎由自取。格垒沽英唯唯诺诺，随声附和，同时表明了噶尔丹请降的诚意。

对于噶尔丹的性格，康熙再了解不过。他知道噶尔丹虽然表面上请降，但骨子里狡诈莫测，不可轻信。于是，他一面交代边境各将："噶尔丹穷迫已极，宜乘此际，速行剿灭断不可缓。"一面又用最大的耐心，继续招抚噶尔丹。他始终认为，如果能够和平解决噶尔丹同清廷之间的矛盾，才是最好的方法。

于是，他派遣使者拿着自己的亲笔赦书，随同格垒沽英一起前往噶尔丹处。他在赦书中明确表示，如果噶尔丹能够"亲身来降"，那么"朕无异视，务令得所，断不念旧恶"。但是，如果七十日内还不来降，那么清军就会进行无情剿杀。

这是最后的通牒！他给噶尔丹出了一道选择题，让其自行选择。

噶尔丹自然不肯轻易就范。他接待了康熙派来送赦书的使者，但态度冰冷生硬。他对使者说："闻皇上沛此恩纶，不胜欣藉，自今圣上凡有所谕，唯遵旨以行而已。我言已在疏内，我之意已语我使人，使人到日当口奏。"什么意思？他是说，听到皇上要赦免我，真让人高兴啊。我一直很听话啊，没有做什么出格的事。我想说的话，早就派人告诉皇上了，为什么还要多此一问呢？话中的火药味儿已经很明显了，他不愿意投降，便把满腔的怒火发到了使者身上。

他不愿意投降，但是他的部属却都有了降意。当然，此刻留在他身边的，都是比较忠诚的人，大多部属都已经投降了清廷。心腹丹济拉曾诚恳地对噶尔丹说：我们逃到这里，已经有一段时间了。去年我们来的时候，这里还有很多野兽。但是现在，野兽已经差不多全被我们吓跑了，我们已经失去了最后的食物来源。如果投降清廷，那么我们就可以居住在一个水草丰美的地方，拥有自己的牛羊。如果不投降，我们也应该另想一个计策，不能在这里等待死亡。

噶尔丹听完丹济拉的一席话，沉默不语。他不想投降，更不能投降，因为他还有一个梦想未能实现。但是他这个梦想，注定难以实现。

为了不至于饿死，也为了迷惑康熙，噶尔丹又玩儿起了之前的把戏：不断派遣使者前往清廷求和。有意思的是，他一直"想要请和"，但却总是拿不出"和"的诚意。他的使者格垒沽英知道他并无降意，便偷偷带着家人跑了。无奈，他只好又派了一个使者喇木扎，向康熙要钱要粮，以及要"人"。他想从康熙手中要回那些投降清廷的厄鲁特人，以壮大自己的军事实力。

这简直是一个笑话，康熙自然没有答应。有意思的是，噶尔丹新派遣的使者喇木扎在完成使命之后，也选择了留在清廷，不再回去。

大势已去！噶尔丹在慢慢变成孤家寡人！

康熙怕噶尔丹还不死心，便再次派遣使者送去了赦书。这次送赦书的使者，是噶尔丹乳母的亲生儿子丹济扎卜。康熙是希望他能及时醒悟，早日来降。

对于一个已经没有杀伤力的对手，康熙不愿意赶尽杀绝，还是给了他很多机会。无论从哪一方面来讲，康熙都已经做到了仁至义尽。

但是噶尔丹仍然不愿意归降！他仍然在做垂死挣扎，想要找到翻盘的机会。只可惜，命运不肯再给他机会，而康熙也不会再给他机会。

康熙三十五年（1696）九月，康熙再次前往归化城，召集大将军费扬古商讨第三次围剿噶尔丹残余。既然无法劝降，那就武力征剿。这是康熙的第三次亲征，也是最后一次。

已经有过两次北上亲征的经历，所以这次亲征对于康熙来说，已是轻车熟路。当然，这次他的对手虽然还是噶尔丹，但这股势力已经变得微不足道了。他只需要指挥大军，轻轻踩上一脚，就已经足够了。所以这一次，他的心情也要轻松很多。

康熙三十六年（1697），康熙亲赴宁夏，命令费扬古、马思哈分两路进兵，守住噶尔丹向外流窜的必经之道，将其困在塔米尔河流域的萨克萨特里克。噶尔丹开始面临真正的绝境，他之前虽然很穷，但却可以率部流窜奇袭，劫掠财物，可是现在却被人装进了"口袋"里。

人总是需要吃饭的。资源的严重缺乏，使他不得不甘冒奇险，派儿子赛卜腾巴珠去哈密征集军粮。赛卜腾巴珠还没有赶到哈密，在半路上就被擒获，送到了清军营中。

儿子被俘，噶尔丹心急如焚，但他还是不愿意投降。他转而求助部属丹济拉，想要获得帮助。其时丹济拉因为噶尔丹不听劝告，已经与其分道扬镳，自立门户。他两次求助于丹济拉均遭到了拒绝，最后的一丝希望也宣告破灭。他的周围，是不断寻找他踪迹的喀尔喀部；他的老巢里，是想擒获他的策旺阿拉布坦。他的前方，实实在在是没有了路。

对于噶尔丹最终的结果，正在亲征的康熙做了预测："噶尔丹无所逃矣，或降或擒或自尽，否必为我所擒。"

康熙三十六年（1697）闰三月十二日，绝望中的噶尔丹在阿察穆塔台服毒自尽，他的几百残余纷纷向清军投降。

至此，历时十年的噶尔丹叛乱终于宣告结束。康熙三次亲征，深入大漠，终于平定了噶尔丹这股分裂势力，同时也粉碎了沙俄企图分裂中国的阴谋，巩固了西北边疆的安定团结。可以说，康熙平定噶尔丹之乱，是他一生中最辉煌的政绩之一。

第五篇／千年一帝

第十四章 ／ 仁政爱民

重经济

　　康熙是清代第四位皇帝，如果从大清入关开始算起，那么他也只能是第二任皇帝。所以严格地说，顺治帝福临才是大清的开国皇帝，而康熙只是第二代君主。

　　但实际情况却是，身为大清第二个皇帝的康熙，却一直在做着开国皇帝才需要做的工作，包括征战四野平定内乱，包括指挥大军抵御外辱，也包括励精图治恢复经济与民生。顺治皇帝在位十八年，虽然也兢兢业业地做了很多工作，但是清朝并没有有效地实行对全国的统治，民族矛盾尖锐对立，纷争不断。直到康熙登基后的很长时间内大清国土上仍然烽烟连绵，战火不断，经济萧条，民生困苦。

　　早在顺治初年，摄政王多尔衮曾经颁布了一项圈地政令，也就是将京畿周围的田地"分给东来诸王勋臣、兵丁等人"。这个头开了之后，满洲贵族不断扩大圈地规模，把更多的土地划到自己名下。王公贵族圈占了土地，那土地上原有的百姓怎么办？他们自然而然，也就成了王公贵族的佃农。

很多历史资料告诉我们，在封建社会，佃农的日子并不好过。他们做的是最粗重的工作，拿的是最低级的待遇，很多时候甚至连温饱也无法解决。那些封建地主们，根本就不把佃农当人看，而只当其是盈利的工具。

生活无法继续下去了，佃农们便只能奋起反抗。但是反抗的最终结果，则是遭到统治者的军事镇压。更有甚者，大清的贵族将领们借着平息叛乱的名义，杀虐人口，抢劫民财，焚烧民舍，驱赶农户。在这种情形下，刚刚建国的大清朝一片混乱。

但是，这些只是其中的一种现象，大清朝还存在着很多问题。顺治二年（1645），清政府推行"逃人法"；顺治十三年（1656），清政府实行海禁，"不许片帆入口"；顺治十七年（1660），清政府强令百姓"片板不许不水，粒货不许出疆"。我们自然知道，这些政策的推行，其实是为了对付郑氏集团，但真正深受其害的却是百姓。在这些政策的影响下，人民四散流亡，成千上万的人无家可归，有的逃避深山，有的隐居荒岛。再有人，实在忍受不下去了，就揭竿而起。当然，揭竿而起的后果，最终还是引来了八旗铁骑的血腥镇压。

百姓生活越来越苦，《明清史料丙编》中记载了一些各地百姓生活的情状，湖南岳州是"骸骼盈道，蓬蒿满城……村不见一庐舍，路不见一行人。惨目骇心，无图可绘"。江西赣州是"庐舍俱付灰烬，人踪杳绝，第见田园鞠为茂草，郊原尽属丘墟……查保甲不满千人，稽粮仓并不钱谷，城内数宅茅房，小民难以安居，官虽设而无民可治，地已荒而无力可耕"。这两段话描写得很露骨，只能用一个"惨"字形容，虽然描写的只是一个点，但从中却折射出了百姓生活的艰难。

当然，百姓艰难，清政府的日子也不好过。生产力的破坏，人民的逃散直接导致财政崩溃。而军事镇压，空耗了许多军饷不说，战争却是有增无减，越镇压越多。在混乱的时局之下，贪官越来越多，苛捐杂税也越来越多，贪官污吏中饱私囊，"私派倍于官征，杂项浮于正额"。本来百姓就够苦了，但是"私派"却又数不胜数。据《清圣祖实录》记载："民生困苦已极，大臣长史之家日益富饶，民间……因家无衣食，将子女入京贱鬻者不可胜数。"

一句话，大清朝的初期，经济萧条不堪，民生困苦已极。清朝初期的中国更像是一片刚被战火荼毒的废墟，而康熙则在这片废墟上不断地努力。他必须要解决父辈们遗留下来的这些问题。

从亲政之初，他就意识到经济发展是国家富强的根本，而安民生则是为政的首要任务。他理解中的安民生，就是要让人民休养生息，安居乐业。他的父亲顺治做了十八年的皇帝，一直没能解决这些问题。而他，需要切切实实地解决。自然，这些问题并非那么容易解决。他需要一点一点地解决。

康熙八年（1669），刚刚亲政不久的康熙，下令将国家掌握的荒熟地分给百姓。其时清政府手中掌握了十七万顷荒熟田地，康熙将其全部分给原种之人。虽然这远远解决不了百姓的生计问题，但这却是个开头，显示了其改革的决心。康熙十二年（1673），他下命令"嗣后各省开垦荒地，俱再加宽限，通计十年方行起科"。他开始奖励开荒，从国库中拿出钱来，给那些无家可归的"无业之民"分地建房。他在政令中规定，对于愿意垦荒者，政府大力欢迎，并给予"口粮、种籽、牛具，令其开垦，即给与本人，永远为业"。康熙十八年（1679），他又下令将"奉天所属，东自抚顺起，西至宁远州老君屯，南自盖平县拦石起，北至开原县，除马厂羊草等甸地外，实丈出五百四十八万四千一百五十五垧。分定旗地四百六十万五千三百八十垧，民地八十七万八千七百七十五垧。新满洲迁来，若拨种豆地，每垧给豆种一金斗，拨给谷米、粘米、高粱地，每垧给各种六升。旗人民人无力开垦荒甸又复霸占者，严查治罪"。诸如此类的政令还有不少，这些政令对于那些无家可归、无田可种的百姓来说，是件天大的好事，一时应者云集。当然，生产的恢复，也带动了经济的发展。

他自然而然地废除了圈地的政策，对于那些侵占百姓土地的贵族，他给予了严厉的惩罚。有些贵族拥有土地，但却放任成为荒地，这些土地也被他拿出来，还给百姓。康熙十八年（1679），他下了一道政令："奉天、锦州等处，旗下荒地很多，若百姓想开垦，旗下指为圈地，而档册未载，妄称圈地，从重治罪。"他允许百姓"抢"贵族的土地，只要能"抢"到手种上庄稼，他都认为是好事。对于那些不愿意把圈地还给百姓，甚至借机骚扰百姓的贵族，他极为严苛。他曾对户部下谕："民间田地，久已有旨，永停圈占，其部存地亩，分拨时或不肖人员借端扰害百姓，圈占民人良田，以不堪地亩抵换，或地方豪强隐占存部良田，妄指民人地亩拨给，殊为可恶，直隶巡抚可严察此等情弊，指名纠参，从重治罪。"一句话，当官的还圈地给百姓，再有圈地霸田者，处以重罪。

只把土地还给百姓，显然还是不够，百姓们更需要自由。为了进一步调动百姓的积极性，他在废除圈地的同时，又竭力制止投充。什么叫作投充？投充就是指汉族贫困百姓投靠满洲贵族为奴隶，这项政策在清初是被政府允许的，尤其是圈地政策施行之后，成为奴隶的汉人就更多了。奴隶没有人身自由，可以被买进，也可以被卖出，甚至连子女的婚姻也不能做主，什么都

254

要听从主人的安排。就算是主人杀死了奴隶，也不需要偿命。我们知道，奴隶和主人之间，往往会产生不可调和的矛盾。这种矛盾推而广之，便成了汉族百姓同满洲贵族之间的矛盾。康熙坚决革除了这项政策，为进一步缓和满汉之间的矛盾，解放生产力，发展社会经济创造了条件。

除了为百姓创造耕种条件以外，他还鼓励军队开垦。历朝历代的皇帝，都以操练军队为头等大事，因为军队实力决定一切。康熙也注重练兵，但他同样鼓励军队开垦耕种。他明白想要快速恢复生产力，仅仅依靠百姓显然很慢。康熙六年（1667），年仅十四岁的康熙同意了湖广道御史萧震的建议，给投诚过来的兵丁"予以荒地，给以牛种"，让他们开荒种地。自此之后，他便屡次下召，鼓励军队开垦耕种。这种以军养军的形式，节省了军队开支，促使了国民经济的发展。

安民生

百姓有田种自然是好事。但是种田必须要交赋税，自古以来沉重的赋税就成了穷苦百姓沉甸甸的包袱。对于赋税这一环，康熙又是怎样做的呢？只有两个字：轻赋。他非常注意推行轻徭薄赋的政策，以减轻农民的负担。

康熙初年，战火连年不息，他有心推行轻徭薄赋政策，但却根本无法真正施行。这可以想象，连年打仗，军队需要极大的军费开支，这些军费开支从何而来？自然是来自于百姓身上。其实不只是军费开支，战争使一些贪官污吏看到了空子，一头钻进去拼命搜刮民脂民膏。于是各种赋税多如牛毛，而且越来越重。

康熙心如明镜，这一切他都看在眼里，心有余但力却不足。可是，他已经下定决心，要改变这种现象了。他曾对大臣们说："休养民力乃治道第一义，何利当兴，何弊当革，俱宜从实详酌举行。唯时当承平，而常若民生未遂，民困未苏，则地方自然受福。若谓地方已经宁谧，不复时加体恤，则所失多矣。至一切事务，本可速结者自应速结，每见在外官员故意迟延，致滋民累，尔宜饬所属各官实心任事，又在外官员行事，京师无不悉知。"他的意思是，休养民力是治国的重中之重。所以，为官的要根据这一点，有所侧重，有所废弛，把百姓牢牢放在心上。至于那些为害百姓的官员，一经查出，定不饶恕。

"利"和"弊"，他都看得很明白，他下定决心要减轻农民的徭役。当然，他有能力这样做的时候，是在亲政之后。康熙十年（1671），他第一次开始着手徭役，他将浙江的故钞银摊入地亩，减轻了百姓的负担。自此之后，他更是屡屡推行减役政策。康熙十八年（1679），他推行"均役"、"均田"政策，将差役摊入地亩；康熙三十五年（1696），他依次把山东、浙江等省的班匠银摊入地亩；康熙四十一年（1702），他下令凡军民人等七十岁以上者，免役一子，以后"官有兴作，悉出雇募"……

减轻农民徭役，是一个长期而缓慢的工作，他虽然着急，但也只能慢慢来，按部就班，一点儿一点儿地往下减。他认为，尽量减去各种徭役，老百姓就会把心思放在田地上，集中力量投身于农业生产，这样才能尽快恢复农业。

"盖治安天下，唯期民生所得。而欲民生所得，必以敷恩宽赋为急也"。努力减免徭役的同时，他也在着手减轻农民赋税。当然，早期的时候，战争需要大量的金钱来支撑，他一直在减免，但幅度却不大。直到平定三藩之乱后，国家混乱的局面稍稍得到控制，他便放手大胆推行宽租轻赋的政策了。康熙二十年（1681），他曾对大臣说："自用兵以来，百姓供应烦苦，朕前屡言，俟天下荡平，将钱粮宽免。尔等可同户部先将天下钱粮出纳之数通算启奏。"这是个开头，自此拉开了他推行减赋政策的序幕。

他改变了以往的纳赋政策，让直隶各省乡绅名下的田地与农户一同缴纳赋税，仅这一条就让百姓的赋税减轻了不少。原因很简单，在封建社会，乡绅富豪名下田产的数量，所占比例委实不小。同时，他又降低了赋额，更进一步减轻百姓负担。这在以前是根本无法实现的事，现在战争少了，他可以放心大胆为之。这些政策推行之后，他又下令在全国范围内清丈地亩，量亩收赋。这样做的目的，同样是为了减轻农民负担。原来，有些地主强豪为隐藏自己的地亩，少纳赋税，会把赋额摊入百姓田亩之中。丈量清楚之后，各自缴纳赋税，就清清楚楚了。

赋税的减轻，提高了农民生产的积极性，更使得农民逐渐过上了富足的生活。有了这些做基础，社会也逐渐由动荡转为安定，大清朝一派和谐。

无论什么时代，农和商都是国家最重要的组成部分。康熙在推行一系列政策，让农民安居乐业的同时，也不忘照顾商人。他认为，在中国的传统社会里，商业自始就不可或缺，四民的分工是社会的需要。《康熙政要》中有一段话，清楚地表明了他的这种观点："凡人处世，有政者政事为务，有家计者家计为务，有经营者经营为务，有农业者农业为务，而读书者以读书为务。"意思很明了，四民各司其职，各安其业，社会才能发展，才能进步。

正因为如此，所以对于商人，他也采取了一系列的帮扶政策，概括起来是两个字："恤商"。

自古以来，经商都是一个比较赚钱的行当。但是在清朝初期，商人的日子却并不好过，最主要的原因，还是因为战事过多。那些庞大的军费来源，除了农民的赋税之外，就是商人的税务了。商民不但"有输纳之苦，有关津之征苦，有口岸之苦"，而且还得遭受溢额加级的定例。什么意思呢？这就是说，缴税是必须的，而且所缴之税还得分等级，需要多交。当然，这只是政府的一种盘剥方式，但是从中我们不难看出商人之苦。《皇朝经世文编》中有一段描写商人之苦的话，非常传神："不苦于关，而苦于关外之关；不苦于税，而苦于税外之税。"这是没有办法的事，战乱之下，受苦的自然是民是商，古今皆然。

对于商人之苦，康熙是心知肚明。他知道想要恢复经济，安定民生，就必须解决商人之苦。他曾说过："重困商民，无裨国计，种种情弊，莫可究诘。朕思商民皆吾赤子，何忍使之苦累？今欲除害去弊，正需易辙改弦。所有现行例收税溢额，即升加级记录，应行停止。"他要解决商人之苦，使商业和农业一起发展。

他下旨废除了旧有的"关津之征"，推出了新的关税政策，减轻了商人的负担。同时，针对不同的地方，他还施行不同的惠商政策。康熙三十八年（1699），他南巡时发现两淮盐税极重，便下旨永远消减两淮盐课，取消关征超额优叙的定例。同时，他还颁发严旨，禁止设关卡勒索过往商人，违者严惩。一经发现不合理的商税政策，他就会立即下令废止。在他的努力整改下，商业发展慢慢兴旺起来。

除了废止一些不合理对商政策外，他还能从一些小事上为商民着想。

康熙二十五年（1686），他听闻在云南采买铜斤的商人所获利润比较少，便向大臣询问，想要知道有什么方法可以解决这一困难。康熙五十三年

（1714）盛夏，他自觉天气炎热，便想到了四处奔波的商人。一些商人为了避开烈日，往往昼宿夜行，极伤身体。鉴于这种情况，他便颁了一道旨：除了有紧要事情之外，商人不许夜行，白天可以少赶一些路。

他关心商民，致力于为商业创造良好的环境；他关心商民，反对官而兼商，或垄断市场的行为；他关心商民，坚决反对收税溢额；他关心商民，竭力反对各种增加商税的行为。他是皇帝，能够想到这些实属不易。但是只要是能够想到，做起来则就容易得多了，因为他是皇帝。

正是因为有了一系列的改革政策，康熙王朝的社会经济有了较大的发展。尤其是农业和商业的相互结合、共同发展，更使得社会经济蓬勃如朝阳。他的这些施政措施，为康熙盛世奠定了坚实的物质基础与社会基础。

在战争之外，这是康熙一项了不起的功绩。

察吏安民

虽然登基时只有八岁，但幼年康熙的心中却早已有了宏图伟愿：要使社会安宁，生民乐业，普天百姓共享太平之富。

应该来说，任何一个帝王都会有这样的愿望，至少口头上也会表露出这样的愿望，因为这是"明君"的标准。但是，想要真正实现这样的愿望却又何其困难，历史上绝大多数帝王都无法真正实现。不过康熙皇帝却是个例外，他实现了自己的理想，开创了康熙盛世的局面。

他是怎样做到的？他也只是一个平凡的人，为什么却有这么大的能力，将一个庞大的大清王朝治理得井井有条？其中最关键的地方，是他非常会用人。他起用了很多有才干的官员，帮助自己治理朝政。当然只是"用"还不够，还得"会用"，身为一个领导者，必须将"用"建立在管理的基础之上。这也就是说，治理朝政必须先要治理官吏。

可以说，康熙就是怀着"察吏安民"的宏大计划登上了金銮宝殿。他自幼饱读诗书，明白管理者对于百姓的影响。登基之后，他更是目睹了以鳌拜为首的辅政大臣对国家产生的不良影响。这些，都让他更加坚定了自己"察吏安民"的宏愿。

既然需要"察吏"，他么康熙初年的吏治肯定有问题。事实上，确实如此。比如，《康熙政要》中有这样的记载："部臣议事，不肯直辞决断，或请下督抚，或请移他郡，一案之分，经年未结，一事之行止，重复咨询，民间利病所关，惮于厘正。辄以往例为词，是唯知推诿卸责，而无任事之实心也。督抚知百姓苦于私派浮片，而不为建长策以除疾瘤，见有司贪暴掊克，间有特纠者，又复摘微罪引轻条，是唯以蒙蔽养奸，而无澄清之实政也。"这一段话，清楚地描述了康熙初年官吏中普遍存在着的情况。许多官吏虽在任上，但却不干实事，只要不犯大的过错，便得过且过。当然官吏中有这样的人是在所难免，数量少倒是影响不大，倘若数量一多，那么革新政治必然会成为空话。

无论哪一个朝代，吏治或多或少都会出现问题。统治者们考虑到这种情况，便设立了言官，用以弹劾那些不正之风。可是康熙初年，言官的作用却慢慢变质了。对于这一点，康熙深有体会，他曾说："近见言官条奏，于事理之外，牵引比拟，多用浮饰之言，或有将已结之事，剿袭充数者，或有挟私纷更国家已定之良法者，且本章原令不得逾三百字，今逾额浮词甚多。"很多言官的质变了，不再弹劾贪官污吏，而尽是说一些浮夸不实的东西。这样的言官，能很好地监督弹劾官吏吗？显然不能！这样的吏治系统环环相扣，一环出现问题，环环都要出现问题，更何况所有的环节都已经出现了问题。

这就很容易理解了。比如，一些地方遇到了水灾或者旱灾，国家知道后马上拨钱拨粮赈济灾民。可是贪官污吏到处都是，一层层盘剥下来，百姓能不能受到救济，那就很难说了。而言官不干实事，不去弹劾这些，那么这些事自然传不到管理者耳中。康熙不糊涂，很明白这是怎么一回事，他说："一旦水旱频仍，饥馑见告，蠲赋则吏收其实，而民受其名，赈济则官增其肥，而民重其瘠，此不独守令之过也。"一旦出现灾情，有灾民出现，赈灾的钱粮肥了贪官，而百姓受惠者极少，这是因为国家没有一套很好的监督措施，并不只是施政者的政令不对。

吏治不严，受苦的是百姓，受害的则是国家。朝中大事康熙能够看得见，还能酌情处理，但是地方官吏却就不太容易管理了。一些地方官吏为了多捞些油水，往往"滥征私派"，欺压百姓，就算朝廷发出政令，严惩贪官污吏，也往往是"上有政策，下有对策"，十分难以管理。

吏治体系的不完善，让康熙头痛不已，他曾说过："民生不遂，由于吏治不清。长吏贤，则百姓自安。"吏治不修，危害百姓，势必危及国家政权的统治。所以他十分痛恨贪官，认为贪官就像是朝廷里的蛀虫，在一点点儿啃噬国家的根基。为此，他打击贪官污吏十分严苛，往往是一经查出马上严办，决不徇私。

那么，他是怎样整饬吏治的呢？他做的第一步，是建立起完善的吏治制度。清初朝廷考察官吏的制度，同明朝相似，也是对文职官员实行"京察"、

"大计"等法。"京察"针对的是在朝京官；而"大计"针对的则是外任官员。这样的制度原本也极具实效，但在顺治年间，考核逐渐流于形式，而且时间上也无法保证，于是便间断了。

康熙元年（1662），清廷曾颁发政令："内外官员历俸三年考满，即可分别去留。此外又有京察大计，实属繁文，仍停京察大计，专用考满，以五年分别勤惩。一二等称职，加级纪录，平常者留任，不及者降调，不称职革职，以后升转，一等者先用。"这道政令的颁发自然是四大辅臣所为，其时康熙年幼，根本无法处理这些事情。这虽然在一定程度上改善了此前吏治的考察制度，但实际效果却并不怎么样。原因是官吏中投机钻营者很多，只要稍微动些心思，拿到一等并不困难。

康熙亲政后，发现了这一现象，于是便采取了一定的改革措施。他曾对吏部大官员说："都察院近日内外文武各官，考满一等二等甚多，岂无一才力不及不称职者？此后各部直隶各省文武官员考满，将三年之内，某官所办某事，察明保奏。若考过一等二等官员，不能称职者，将考核时具保之官，一并治罪。"

纵然如此，考察制度仍然多有诟病。皇帝只长了一双耳朵，两只眼睛，所听所看到的极其有限。那些受考核的官员结党营私，想要在考核"成绩单"上做出点儿手脚来，实在再简单不过了。所以这样的考满制度，有等于没有，地方官吏仍然我行我素、欺上瞒下。

直到康熙二十年（1681），康熙解决了最头痛的藩乱问题，才着手认真整顿过去的制度，开始严格考核官吏。过人的智慧，再加上雷厉风行的处事方式，使得官吏的不正之风渐渐得到遏制。从康熙二十年开始直到康熙晚期，三四十年中有大批不称职的官吏受到了处理。当然，也有很多既有才干又极为称职的官吏得到了重用。严格的官吏考察方式，严厉的奖惩制度，对防止官吏腐败，提高官吏素质起到了积极作用。康熙盛世的出现，与康熙大刀阔斧地严饬吏治不无关系。

以身正国

吏治考察制度只是针对现在任上的官吏而言，要想使河水清澈没有杂质，还需要保证注入水源的干净纯洁。因此，康熙在人才的选拔上也极为注重。他提出了一个标准，叫作"德才兼备"。所谓"德"，是指那些候选官员必须要有清廉之德，忠君之德，还要有爱民之心；所谓"才"，自然是指为官的才能了。只有这两点兼备者，才符合做官的标准。

清代选择官吏有两种途径，一是"正途"，二是"杂途"。正途是指由科举或贡监而做官的，这是选择官员最主要的方式；除了正途之外，还有一些别的做官途径，诸如捐纳、荫袭，等等，这些统称为杂途。虽然杂途不是选拔官吏的主体，但是依靠此种方式成为朝廷官员的人还是为数不少。比如有些有钱人，想要做官了，出点儿钱捐出一个官来，绝不是什么难事。正因为这样，康熙认为，杂途人员来源参差不齐，必须要适当限制。怎么限制？他发布了一道政令：汉官非正途者，虽经保举，亦不准参与吏部考选。尔后又做了补充：捐纳、贡生不得与正途出身等同考选。他这样做，几乎等于是撤掉了通过杂途选拔人才，而将其全部转入正途。

通过正途选拔人才，也就是通过科举考试选择人才虽然要经过层层考核，但仍然免不了有人会徇私舞弊。为了尽可能地杜绝徇私舞弊的现象出现，康熙规定：三品以上京官，以及总督、巡抚的子弟，不准考选。这么做虽然有些武断，但却最大限度地杜绝了徇私情况的出现。清代选拔官员的正途，除了科举考试以外，还可以由官员举荐。这种选拔方式，自然也容易出现徇私现象。针对这种举荐制度，他又做出规定：如果被举荐的官员"有贪婪事发"者，那么保举的官员也要受到一定的处分。这样一来，官员们举荐人才的时候就很小心了，那些不是做官"料子"的人，自然也不敢浑水摸鱼。

对于那些有才干的人，他是大力鼓励官员举荐。康熙十七年（1678），他颁下政令，特设博学鸿儒科，为的是吸收那些知识分子中的"名流"、"学者"参政。他的目的很简单，就是要以此来扩大朝廷中有识之士的成分。这些名流和学者，都是通过举荐而来。

在我们今天看来，他的这项政令的的确确为清廷吸纳了很多有用人才。但是在当时，他提出并颁布这项政令却并不容易，很多清朝大臣都极力反对。有人认为那些学究不堪重任，有人认为"南方之人，皆轻浮不可用"，想让他打消这种举荐方式。但是他却坚持己见，将这件事拍板定了下来。他说："贤才不择地而生，虽深山僻地，岂无人才？至于南方之人，岂尽皆轻浮不可用者？"他还说："自古用将，何分南北，唯在得人耳。"他对于人才，只能用"求才若渴"来形容。他深知大清朝的根基正是这些有才能的人，所以不吝方式，尽可能地挖掘人才。

康熙十八年（1679），经各地官吏推荐，参加体仁阁考试的人共有一百四十三人之多。康熙十分重视这件事，不仅给这些人发放往返路费，还发了衣食费、柴炭费，等等。当然，考试的卷子由康熙亲自来阅，他要亲自选拔。

考试的结果是，共有五十三人被录用，其中有五十人被授予翰林院官职，奉旨编修明史。这些通过举荐选拔上来的人才，同样成为了大清朝的中流砥柱。当然，博学鸿儒科只是一个特例，康熙在位的几十年里，通过各种方式吸纳的人才着实不少。

源清则流洁。康熙一手整饬吏治，大刀阔斧地改革考察制度；一手紧守源头，让更多新鲜、干净的清水注入，慢慢施行下来，大清朝官吏的沟沟河河，慢慢越变越干净了。但是对于他来说，这些似乎永远都不够。贪官怎么除也除不完，在其位不谋其政的官员还有很多，选拔人才的政策还有漏洞，管理官员的制度还不够完善……他似乎怎么忙也忙不完。他一直在对大臣们说："国家设法是例，原期章程尽善，垂之久远，上裨军国，下益民生。必借内外臣工，精白乃心，恪共详慎，实心奉行，方克永遵而无弊。"他认为整饬治吏的关键，是整顿官员们的内心，只要每个官员都能做到心中有百姓、有国家，那么无须推行什么政令，大清朝官吏之河就会清澈见底。

但是想要官吏尽皆如此，却又何其困难。他千方百计地整顿吏治，试图通过多种措施选拔人才，扶持清官，打击贪官污吏，让大清朝刮起勤政爱民的官风。虽然这些努力卓有成效，但他还嫌不够。他是一国之君，他想通过自己的以身作则，给朝廷的官吏树立一个榜样。

他要求官吏们勤政爱民，那么他自己的种种施政方针和一举一动，都必须体现出爱民的思想。他告诫大臣，如果自己的施政方针背离了这个中心思想，那么大臣有责任提出来，而自己愿意接受并改正。作为一国之君，他能做到这些，着实不易。

更难得的是，他从八岁即位到六十九岁去世，长达六十一年的在位时间并没有让他心生懈怠，他数十年如一日，勤勤勉勉，尽心尽力地为百姓着想。

或许，这也是康熙王朝能够繁荣昌盛的根本所在。

每个人都会有生老病死，也都会有疲惫劳累。康熙也会有生病和劳累的时候，那么他还需要工作，还需要继续"勤政爱民"吗？相信在绝大多数人心中，都认为"带病工作"的事不会出现在康熙身上，因为他是皇帝。如果他想偷个懒，趁病好好休息休息，放松一下，绝对正常，也绝对没有人敢说三道四。但是他却不允许自己这样做，因为他要以身作则。有一次他右手患疾不能写字，便用左手执笔批示，不休病假更不找人代笔。在他以身作则的感召下，一些通过改革措施没有纠正的官风，也渐渐开始好转。皇帝都这样做了，臣子们能不争先效仿么？

历史上有很多皇帝，一生都没有出过京城，他们窝在皇宫里纵情享乐，过着安逸的生活。康熙不同，他喜欢走出去，亲自到中华大地上四处看看。他频繁地南巡、北巡、西巡，为的就是"体察民情，周知吏治"。他以身作则勤政爱民，还要看看天下的官吏有没有照着自己的要求做事。他把自己察吏的范围扩大了，扩大到他去过的所有地方。

康熙二十三年（1684）九月，康熙第一次南巡。他在淮河沿岸的宿迁，发现漕运总督邵甘有些问题。什么问题？"莅任以来，并无善状，且多不谨处"，问题不算太大，没有贪赃亦没有枉法，只是没有什么政绩。而且邵甘本人也解释说，因为自己是满人，所以不免遭人忌妒，这些纯属诬蔑。康熙在宿迁停留了一段时间，认真了解情况。结果他发现，邵甘虽然没有犯什么大的过错，但确实存在怠政的情形。在其位不谋其政，这是他无法容忍的，于是他便撤了邵甘的职。

康熙二十八年（1689）正月，康熙第二次南巡。他在巡察的途中不动声色地搜集了很多不称职官吏的证据，回到京城之后，马上展开了一轮官吏

"大清洗"，一批高官被任免。例如：杭州"副都统朱山庸劣且老，着解任"。"总漕马世济有疾，且才具庸常，不能胜任，可以原品休致，随旗上朝，其总漕员缺，着将董讷补授"。当然，对于一些有能力有政绩的官吏，他也不吝升官加爵。巡察使他真正做到了眼观六路耳听八方，看清楚了一些官吏的真正面目，更好地实现了整饬吏治。

在他的大力整顿之下，康熙朝官风日正，贪官污吏无处藏身，而清廉好官则可以为国为民大展抱负。

第十五章 ／ 惠及天下

治水即是安邦

　　康熙在位六十一年，其间发生了无数大事。削藩、复台、拒俄、平噶，一件件接连不断，每一件都堪称关乎国运的大事。但是在康熙看来，能起到定国安邦作用的大事只有三件，分别是：削藩、漕运和治河。

　　治河是贯穿康熙执政始终的一件大事，而漕运又与治河密切相关。所以这两件事，合二为一，是他执政生涯中的头等大事。无论他的政务有多么的繁忙，他都在时刻关注着河运的治理。当然，仅仅关注显然不够，他还亲身参与，在实践中不断总结治理河运的经验，终于在这方面取得了辉煌的成就。

　　所谓治河，治的自然是黄淮河运了。

　　清朝民间有一首民谣，内容是这样的："天下大事，三大虞，一河二路三官吏。"意思是天下大事分为三大板块，而河事则是其中最重要的一块儿。有这么严重吗？确实如此！元、明、清三朝的首都在北京，这表明联系政治中心与经济中心的大运河必然要在漕粮的运输中发挥作用。纵贯南北的大运河与蜿蜒东西的黄河相交汇，聚首在洪泽湖以东的清口。所以清口不仅成了黄淮交汇合流之处，也成了大运河出入的咽喉与南北交通的枢纽。黄河的水量之大自不必说，它从西北的黄土高原上冲下来，挟带着大量的泥沙，势如万马千军，浩浩荡荡地杀到了黄淮交汇处。黄河势强而淮河势弱，铺天盖地的黄河之水势必倒灌入淮河，然后黄淮二河再一起涌进大运河。这种情形一旦出现，就意味着水患出现了。

岂止是水患，在水少时节，旱灾也时常发生。因为得不到黄河、淮河之水的灌溉，良田变成了枯地，人民生活困苦。早在明末，由于战乱和严重的水旱灾害，黄河、淮河中下游的豫东、鲁南、皖北、苏北农业生产衰败不堪。据史料记载，崇祯十三年（1640），黄淮流域大部分县因为旱灾出现"父子、夫妻相食"、"死者无算"、"道无行人"等情景，令人惊心。

至于水灾，那就发生得更为频繁。据史料记载："自顺治十六年（1659）归仁堤（江苏省宿迁东南三十五里的白洋河口）冲溃之后，睢、湖诸水患由决口侵淮，不复入黄刷沙，以致黄水反从小河口、白洋河二处逆灌，停沙积渐，淤成陆地，至康熙六、七年间，各处大水，黄淮并涨。……淮河之水由高、宝诸湖直射运河，冲决清水潭，下淹高、江等七州县（高邮、江都等县）之田者多，而赴清口会黄入海者少。海口淤，而云梯关亦淤，而清江浦、清口亦淤矣。"

据《清史稿·河渠志》中记载，康熙决意治水之前曾做过一个统计，统计显示自顺治元年（1644）到康熙十六年（1677），这三十三年中，黄、淮并涨了十次，黄、淮、沂并涨了四次，江、淮、黄、沂、沭并涨了两次。从沛县至安东（今涟水）黄河堤防连年溃决，从山阳（今淮安）至江都里运河堤防，平均每两年溃决一次。沭水决沭阳堤九次。

黄淮水患的频繁发生，造成了一个恶性循环，水患越来越频繁，越来越严重。这使得农业受到破坏，百姓生活困苦。据清初清河县（今淮阴）编修的《清河县志》记载："滨河之处，岁苦于水，有田者多负累，彻贫贫民之生，大抵衣萑蒲而食螺蛳，或以商贩走四方，弃故土如脱桎耳。"黄、淮灾区百姓的生活，大多都是如此。

　　当然，对于清朝统治者来说，黄淮水患不仅影响到了百姓的生活，还影响到他们自身的利益。黄淮流域是产粮大区，农业受到破坏，粮食产量自然大打折扣，而国家税收也必然大受影响。更为严重的是，黄淮溃决，运堤崩溃，漕粮无法按期运到京师，更影响着清朝的统治。

　　如此种种，使康熙认清了一个道理，那就是治河乃立国之本。正是因为如此，他才把治河看作是定国安邦的头等大事。

　　既然治河如此重要，那么怎样做才能更好地治理黄淮？康熙不是水利专家，至少在决意治河之初他还不是水利专家，所以他十分重视治河专才的选拔。放到今天来说，他这就叫作选择专业人才来治理黄淮。他说："河道关系重大，必得才能熟练之员，始能胜任厥职。"

　　虽然他这样说了，但还是有官员想要挤进治河的队伍中来。原因很简单，清代管河和管粮的官职都是"肥缺"，多有油水，谁不想做呢？鉴于此，他又提出了唯才是用的选拔原则："嗣后凡河工道员缺出，内而部属，外而知府、同知，果有曾任河职，尽心河务者，令总河保题；其未任河职，才品优长，该督所深悉者，亦许题请。至现任河员，果能尽心河务，俸深升授他职者，许以升衔题留原任；升转时，仍照所升之职升用。"

　　河道总督是治河的关键，经过考察，他罢免了不称职的王光裕，任命安徽巡抚靳辅为河道总督。靳辅是康熙初年的内阁学士，康熙十年（1671），他被任命为安徽巡抚。在任期间，他兢兢业业，尽心尽力治理水患。他办事稳重踏实，又肯积极学习，通过几年时间的刻苦钻研，居然从一个治水门外汉变成了治水专家。更为难得的是，他能博采众长，知人善任，与另外一位治水专家陈潢结为知己。康熙在了解到这些情况之后，授予靳辅河道总督一职，让陈潢充当靳辅的幕宾。

康熙十六年（1677）四月，靳辅赴宿迁河工署就任。其时正值黄河泛滥，滔滔大水铺天盖地，靳辅和陈潢冒着生命危险在黄淮堤上察看水情，并驾舟河上来回穿梭，获取了治理黄淮河水患的第一手资料。随后，他们根据自己获取的资料，结合前人治水的经验，总结出一套治水方案呈给了康熙。

这套名为《经理河工八疏》的方案十分详尽地写出治理黄淮的主要措施，其要点有：

第一，疏通清江浦以下，从云梯关到海口一带河道中的土，将这些土堆在两岸，筑成高堤。有了高堤的防护，水患自然不易再出现。

第二，在洪泽湖下流，高家堰以西至清口地段，挑引河二道，引黄刷黄。

第三，加高帮阔七里墩、武家墩、高良涧至周家桥闸，残缺单薄的堤工，构筑坦坡。

第四，阻塞黄淮各处决口。

第五，闭通济闸坝，深挑运河，堵塞清水潭等处决口，以通漕运。

这五点治河计划，做得非常周详，但交给康熙以后，却遇到了困难。为什么？很简单，这是一个很大的工程。靳辅在计划中明确提出，这项工程"钱粮浩繁，须预为筹划，以济军需"。其中，单是巡河官兵就需要五千八百多人，船只近三百艘，治河民工就更不用说了，数目达到了十二多万人。至于治河的经费，初步预算需要二百一十四万八千两。国库一年收入才多少钱？

单只是这一连串数字，已经让很多大臣极力反对了。

康熙知道，这个计划虽然庞大，执行下去不免让政府牵筋动骨、损伤元气，但是这也是个一劳永逸的好办法。他有心按照这个计划治河，但奈何清廷战事频发，实在是拿不出那么多钱来。更何况，削藩之战打得清政府头痛不已，如果再让十几万河工聚集在黄河两岸，任谁也不能放心。

这件事牵扯重大，康熙便又同诸位王公大臣商议。商议的结果是，几乎所有的大臣都反对大修，并提出了先将紧要之处酌量修筑的方法。他们认为，此时当务之急的大事，是灭藩之战。

康熙不同意大臣们的意见，他想要一鼓作气治理好黄淮水患，但靳辅的方案又牵扯过大。两难之际，他只好命令靳辅继续考察黄淮，拿出一个最实际、最有效的方案之后，再做定论。

靳辅不敢怠慢，得到命令之后便又开始和陈潢一起实地考察黄淮。经过"反复筹维，再三勘阅"，他于康熙十六年 (1677) 底再次呈上了一套治河方案。这套新的治河方案在此前治河方案的基础上做了修改，将原来二百天的工期调整为四百天，河工数量也减少到原来的四分之一。其他细节上，也根据实际情况做了一番修改，较之此前的方案完善了不少。

康熙十七年（1678）正月，康熙顶着压力，批准了治河方案。我们知道，其时清军同三藩叛军正打得如火如荼，台湾郑经也在蠢蠢欲动，沙俄方面也不老实，康熙在这个时间选择投入大量的人力物力治理黄淮水患，确实不太容易。至少，他无法取得多数大臣的支持。

但是，无论大臣们支持与否，他是皇帝，决定了的事就要坚决执行下去。

自此之后，在黄、淮、运三条河道上，靳辅亲自指挥施工，开启了艰难的治河历程。

治水丰碑

靳辅借鉴了明代潘秀间"以堤束水，借水攻沙"的方法，又用开中河、修堤坡等方法作辅助，水患很快就得到了控制。在黄河干流上，他致力于疏筑黄河下流。他按照原来的计划，自清江浦历经云梯关一直到海口，在河身两旁各开一道引河中，用所挑之土加固堤岸，使河道畅通无阻。疏通河道之后，他就开始把主要力量放在堵塞决口上。他的治理方式，取得了非常明显的效果，到康熙二十二年（1683），黄河两岸二十多个决口全部堵上，河归故道。

在淮河流域，他在临湖一带，先后修筑了高家堰堤工并帮修坦坡，将高家堰三十四处决口全部堵塞。随后，他又堵塞翟家坝成河九道大工，仅用了半年时间就全部竣工。与此同时，他还在淮河下流大规模地疏通河道，使河水畅通无阻。

在运河干线上，他大挑山阳、清河、高邮、宝应、江都五州县的运河，修筑两岸河堤，堵塞运堤决口三十二处。此外，他还在运河之上广建闸坝，以控制水位。南、北运河共建闸坝二十六座，涵洞五十四座。他采取的一系列措施，使得运河恢复了航运的功能，两岸百姓交口称赞。

虽然靳辅此次治河取得了不小的成绩，但却并没有彻底治好黄淮水患。康熙十九年（1680）、二十年（1681）黄淮流域连年大水，许多临时出现的险段，使得靳辅三年大修的计划无法如期完成。这件事让一些反对大修的大臣找到了借口，纷纷要求革掉靳辅之职。康熙无奈，只好同意将靳辅革职，但是却又令其"戴罪督修"。

靳辅兢兢业业地继续督修治水，可是天不遂人愿，大水使得多处修好的堤坝又被冲毁。往往是，他带人抢修一处堤坝，他处堤坝又被大水冲毁，及至赶到，又有新的险情出现。这样的情形使得靳辅顾此失彼，焦头烂额。

这样一来，朝中反对的声音更加强烈了。他们认为，如此大规模地治理水患，耗费财力人力无数，应该功效显著才是，不应该像如今这样东修西补，但水患却依旧。这些来自于大臣们的压力，康熙承受得最多，因为还要不要继续治河，全在他的一念之间。

事实上，康熙也动摇过，他曾怀疑治河未必成功，甚至提出了海运之议。但是思前想后，他还是决定支持靳辅治河，仍然给钱给人，限其定期完工。

靳辅治河的功效终于慢慢显露出来。康熙二十二年（1683），黄淮水患在靳辅的尽心治理之下，慢慢开始朝着可控的方向发展。治河工成，河归故道，使得受益的群众越来越多。康熙得闻奏报后极为高兴，对大臣说道："河道关系国计民生，最为紧要。今闻河流归故道，深为可喜。以后益宜严慎，勿致疏防。"随后，他恢复了靳辅的官职。

靳辅治水，可谓是尽心尽力，他为清朝的河道治理贡献了自己的全部力量。康熙曾经说过："河道关系漕运，甚为紧要。前召靳辅来京时，众议皆以为宜更换。朕思若另用一人，则旧官离任，新官推诿，必致坏事，所以严饬靳辅，令其留任，限期修筑。今河工已成，水归故道，有裨漕运商民。使轻易他人，必至贻悔矣。"靳辅有治河之才，但最重要的，还是得有一个知人善任，且用人不疑的领导。康熙给了靳辅最大的信任，使他能够在河道治理上发挥出自己的全部才能，这才真正难得。

自此之后，靳辅一直奋战在治河前线上。河流的形势年年不同，因此要想一劳永逸也是千难万难。治河之道在于一个"守"字，何处紧要便保守何处。正因为如此，虽然黄淮治理卓然有效，但靳辅一直奔忙于治河线上。直到康熙三十一年（1692）冬，靳辅在清河至蒙泽沿线输粮以赈西北之灾，竟然病死于道上，他的治河历程才算终结。

靳辅死之后，康熙十分怀念他，曾经说道："靳辅自受事以后，斟酌事宜，相度形势，兴建堤坝，广疏引河，排众议而不挠，竭精勤以自救。于是黄、淮故道，次第修复，而漕运大通，其一切经理之法具在，虽嗣后河臣互相损益，而规模措置不能易也。至于创开中河，以避黄河一百八十里波涛之险，因而漕挽安流，商民利济。其有功于运道民生，至远且大。朕每莅河干，遍加谘访，沿淮一带军民感颂辅治绩者，众口如一，久而不衰。"

靳辅是"出师未捷身先死"，可是河道还需要治理，总不能半途而废。这个时候，治河的重任就落在了另外一个人身上。这个人叫于成龙，是康熙治理河道的另外一位助手。

于成龙祖籍山西永宁，是康熙朝出名的吏治能臣。他是崇祯十二年（1639）的进士，清顺治十八年（1661）出仕，从知县做起，一路做到两江总督。在于成龙的宦海生涯中，他有三次被举"卓异"，以卓著的政绩和廉洁的作风，深得百姓的赞誉。当然，康熙也很喜欢他。

早在康熙二十四年（1685），因靳辅正在进行善后帮筑高家堰及黄河两岸堤工，无暇管理下河工程事宜，康熙便命令时任安徽按察使的于成龙经理其事。当然，在河道治理的经验上，于成龙比不上靳辅，所以还须"受辅节制"。

康熙赏识于成龙，认为这个人"清廉爱民"，所以对其极为优待。事实上于成龙也确实是个好官，可是皇帝的信任却使他养成了自负的性格。这样的性格是很难屈于人下，任人指挥的，尤其是在靳辅之下。于成龙受命之后，立即按照康熙的旨意，上疏请求开通海口，疏浚下河水道，以排泄下河地区的积水。他这样做，在很大程度上只是听从皇命，根本就没有进行过实地考察，也不知道这种做法会产生什么样的影响。

但是靳辅知道，所以他坚决反对于成龙开浚海口的意见。他上奏说："下河其形尚卑于沿海之地，开浚下河，臣恐有海水倒灌之患。"道理已经说得很明白了，但是于成龙却不相信，反驳说："今高家堰修筑重堤，停开海口，纵上流之水不来而秋霖暴涨，天长（在安徽）、六合（在江苏）等处奔赴之水泄归何处？臣愚以为海口仍应开浚。"

两人你来我往互不相让，康熙无奈，只得急召二人进京，共同商讨治河一事。靳、于二人虽然碰了面，但仍然就这个问题争执不下，谁也不肯让步。这样一来康熙也拿不定主意了，但是从心底，他倾向于相信于成龙。于是他下令：按照于成龙的提议，开浚海口。

但是这项工程进行到一半就再也无法进行下去了，原因是海水开始倒灌，靳辅是正确的！至此，康熙才对靳辅敬佩不已。于成龙虽然犯了错误，但是康熙念在他治河心切，也就没有再做处罚。在靳辅去世之前，靳、于二人由于治河意见不一，所以并未能携手治理河道。在治河工程上，基本上是以靳辅为主。

靳辅之后，于成龙接任了总河一职。康熙还是对他十分信任，但是他却自恃清廉，对康熙的谕旨多不执行。当然了，他并不是故意要违抗皇命，性格上的自负使他总认为自己的做法才真正有效，因此不惜违抗皇命也要坚持到底。对于这样一个"倔强的清廉大臣"，康熙责也不是，听也不是，十分无奈。为此，他还曾起用董安国治理河务。但是这个董安国更是差劲儿，他甚至根本就不懂治河，以至于黄、淮水患更甚。

治河似乎又遇到了困难，没有可堪胜任的人才怎么办？康熙的解决方法很简单，也很实际：没有人会治河，自己来！

康熙三十八年（1699）二月，康熙第三次南巡。他沿途详细观察了河工败坏的情况，然后根据靳辅多年的治河经验，结合自己实地考察获得的第一手资料，提出了一系列治河方法。当然，他这样做绝非一时兴起，心血来潮。事实上，从开始亲政，立志治河时起，他就一直在研究一些有关治河方面的资料。他有知识，所缺乏的只是一些经验而已。现在迫不得已，他只能从"纸上"走到了河边。

他提出的治河方法并不复杂，无外乎导河稍北、浚深河道、挑挖引河、弯处引直和拆除拦黄坝，等等。但是这些方法，却无一不是治河的精理。他甚至还能推陈出新，在靳辅治河的经验基础之上，提出"上流既理，则下流自治"和"导河稍北"的新观点与新方法。他曾说过："靳辅、董安国、于成龙但知筑堤御水，至于改河使北，俾清水通流并未言及，若不令清水通流，虽修筑堤岸，黄水终致倒灌，焉能御之。"经年研究，实际上已经使他成为一名真正的治水专家。

于成龙治河虽然也略有成效，但却并不突出，他的性格决定了他根本不可能很好地完成这项工作。康熙明知于成龙治河必定无法成功，但也不愿意随便将其调离，毕竟这个人虽然倔强，但却不失为一个好官。

于成龙病故后，康熙把江西总督张鹏翮调补为河道总督。张鹏翮这个人，确实没有什么治河之才，但他却有一个最大的优点，那就是"听话"。他深知自己治河能力的不足，所以对康熙的话是言听计从，而康熙恰恰正是一个水利专家。

自此之后，张鹏翮按照康熙提出的治河方略，兢兢业业地治理黄淮水患，终于取得了极为显著的成就。康熙十分高兴，他曾对大臣们说，于成龙不遵朕意，致无成功，而张鹏翮能执行朕的旨意，河工有所告成。意语之中，他颇为自得，毕竟从一个皇帝晋升成为水利专家，是千古未有的奇事，而他做到了。

康熙四十三年（1704），康熙"以河工告成"，加河道总督张鹏翮为太子太保，并赐张鹏翮之父张鮈"神清养志松龄"的匾额。对于治河的成功，他心中的高兴实在无以复加。

在治理黄、淮的过程中，康熙先后有六次南巡。一些野史喜欢把康熙南巡看成是游山玩水，但实际上，他南巡都是以巡视治河为重点。他是真正的水利专家，他利用南巡的机会，实地考察河道，提出了极为合理的治河方案，大大加速了河道的治理过程。黄、淮河道被成功治理，既保证了漕运的畅通，稳固了清朝政权，又使得沿河百姓免遭灾祸，能够安居乐业。治理河道，实实在在是康熙一生莫大的功绩。

康熙一生都在关心治河工程，除了对黄、淮、运河进行了全面的治理之外，他还亲自主持了浑河的修治工程。他曾十三次亲自巡视素有"小黄河"之称的浑河，确定了完善而有效的治理方案。康熙四十年（1701），浑河治理工程完成，他将此河更名为永定河，希望河水永不泛滥。浑河的治理成功，同样造福了一方百姓。

康熙治理河道，一生从未懈怠，直到康熙六十一年（1722），他去世的前几个月，还在同大臣们商议河道治理一事。

文化先驱

康熙自小就酷爱读书。

还是皇子的时候，他就对读书表现出特别的兴趣，别的皇子视读书为煎熬，他却视读书为乐趣。及至登上皇位，他更是读书不辍，至老不倦。他读书涉猎范围极广，从中国的四书五经、诗词曲赋、书法绘画、宗法礼仪等传统文化到西方的天文地理、医学几何、农学地理等自然知识，无不兴趣盎然。

当然，仅仅是有兴趣拿来读一读，还是稍嫌不足。事实上，他不但读，而且还喜欢研究。据史料记载，他一生之中，单单只是自然科学方面的论著，就有八九十篇之多。如果放到现在，那么他的这些成就足以媲美学者了。

康熙的汉文化水平很高，他曾在《登高诗》中写道："城高千仞卫山川，虎踞龙盘王气全。车马往来云雾里，民生休憩在当前。"诗文大气磅礴，波澜壮阔，写出了一位帝王胸怀天下的气象。事实上，这样的诗他只是信手拈来，写得极为容易，因为胸中有成竹。

他接受汉文化，也是从小时候开始。幼时他在宫外福佑寺住了一段时间，接触到了大量汉族传统文化知识。与他朝夕相处的乳母孙氏是正白旗汉人包衣曹玺之妻；两个侍从太监为明朝所遗，也懂得一些汉文化知识。这几个人闲来无事，便向康熙讲一些世代相传的掌故，久而久之，康熙便对汉文化有了极大的兴趣。

没有一点儿虚假，他是真正喜欢汉文化，尤其是喜欢汉文化中的儒学。他从小就视尊孔重儒、读史论经为帝王的本分。在他的身边，总有一群儒学份子，如张英、高士奇、杜讷、李光地，等等。他们通过与康熙的讲读与研讨，使其更加坚定了对儒学的笃信。对儒学的笃信，使他选择了一条以儒学治国的道路。

他开始把孔孟之道和程朱理学，作为统治全国的官方正统思想加以推崇。尤其是宋明理学，将儒学进一步哲理化和系统化了，更容易接受和利用。于是，他便把宋明理学奉若神明。想要以儒学治国，就必须先从朝廷中的大臣们开始，他除了与那些儒学份子讨论理学外，更是把理学搬上了朝堂，与满朝文武一起讨论。

当然，想要说服朝中大臣接受自己以儒学治国的理念并不容易，尤其是那些顽固的满籍大臣。怎么办？他以自己为表率，做给满朝文武们看。康熙二十三年（1684），他路过曲阜孔子庙，专程前去拜谒圣人。据《康熙政要》中记载，他拜谒孔庙十分恭谨："由甬道旁行至大成殿，行三跪九叩礼。四配十哲两庑，从官分献，乐舞间作。礼毕，圣祖幸诗礼堂，衍圣公孔毓圻等行礼毕。监生孔尚任进讲《大学》圣经首节，举人孔尚立进讲《易经·系辞》首节……"他没有摆一点儿帝王的架子，恭恭敬敬地叩拜孔子，让满堂文武大臣称奇不已。但是自此之后，朝廷中尊孔重儒之风渐盛。他的目的开始慢慢达到。

但是火还不够旺，需要再烧一把。

康熙二十六年（1687），康熙颁《孟子庙碑》，把孟子放到了亚圣的地位。

康熙二十八年（1689），康熙又颁御制《孔子赞序》及颜、曾、思、孟《赞》，命令翰林院缮写，国子监摹勒。然后，他又命人快马加鞭将其分发到直隶各省。

康熙三十二年（1693），阙里圣庙始成，他命令皇三子、皇四子前往致祭。他对大臣们说："朕唯大道昭垂，尧舜启中天之圣，禹、汤、文武绍危微精一之传，治功以成，道法斯著。至孔子虽不得位，而赞修删定，阐精义于六经，祖述宪章，会众理于一贯，为往圣继绝学，为万世正人心。使尧舜、禹汤、文武之道灿然丕著于宇宙，与天地无终极焉。"他再次给予孔子无上的地位。

对于程朱理学，他也是想尽办法来宣扬。他命令儒臣重修明永乐年间编撰的《性理大全》，命熊赐履、李光地等人留心理学，并编纂《朱子全书》，他还亲自为此书作序。此外，他还派人纂修了《性理精义》、《周易折中》等理学名著，并将这些书分发到全国各地，大力推广。

他将孟子提升到了亚圣的地位，同样也将朱熹正式升配到孔庙，定序位为十一哲。在他的带头下，各省学府、孔庙也都效仿这种做法。而朱熹所注释的四书，也在他的谕令之下，被清廷定为科举考试的必考范畴。这使得朱熹的地位空前提高，普天之下诸多学子，人人都要精读朱熹。

一生励精图治，不断求索、实践，是康熙性格的真实写照。他并不满足于只是尊崇旧礼教，旧的程朱理学。他在自己的实践过程中，形成了一套源于理学，但却高于理学的理念，并将这些理念发扬光大。实际上，尊孔重儒，不断地学习、应用理学，已经使他成为一代理学大师。

有些大臣恭维他，认为他的才智和才能皆"由天授，非人力可及"。他听了大为不悦，反驳说："尔等试思，虽古圣人，岂有生来即无所不能者？凡事俱由学习而成。务学必以敬慎为本，朕之学业皆从敬慎中得来，何得谓之天授，非人力也？"他更注重实际，他知道，自己的能力全都是从学习中得来，而并非"天授"。他很实际！

确实，他的才能多来自于学习。他奉行孔子"三人行必有我师"的治学之道，对于自己不懂的能够"不耻下问"。他虽贵为天子，但却能向任何人求教，包括普通人。皇宫中有些侍卫，甚至是宦官，都是他请教的对象。点滴之水汇成江河，他的才能，都是通过一点一滴的辛苦学习得来。

他善于学习，能够活学活用，所以特别反对那些死读书的酸儒。他主张的是身体力行，学习致用。他曾经说过："明理最是紧要，朕平日读书穷理，总是要请求治道，见诸措施。故明理之后，又须实行，不行，徒空谈耳！"他对于学习的要求很简单，就是能够活学活用，也就够了。对于那些只知夸夸其谈，却不知付诸行动的大臣，他一概弃之不用。

推崇、学习、致用、推广，他确实将儒学治国的理念，融入清朝的每一寸角落。在治理国家的过程中，他主张因地制宜，不可强求一致，既不能用汉人之道治理其他民族，也不能用满人之道治理整个国家。他认为"治天下当宽礼裕仁慈，加惠以因人性，不可拂逆。即如满洲、蒙古各方之人，饮食日用，其性各殊，必欲一之则乱，亦不可行也。拂人之性，使之更改，断不可行。譬如陕西、江南百姓，令其易地而居，则不但彼处田土此不能耕，此处械器彼不能用，即水土亦多不服。"他的这种见识，在帝王之中已经很难得了，至少他的政策很开明。

以"仁政"治国的思想，就是他从儒家学说中学到的。在他当政期间，天下并不太平，处于大乱与求治之间，各种矛盾较为复杂。他应用"治天下之道，以宽为本"的治国理念，慢慢安定了社会，巩固了统一大业。

康熙在位六十一年，一直以遵奉孔孟之道和程朱理学为己任，勤于治理国家。他不仅自己学，更是号召天下臣民共同学习，并以学致用。在他的推动下，儒家思想在康熙朝发展到了顶峰，促进了整个社会安定和谐地发展。当然，他自己在治理国家的过程中，更是把儒家理念应用到了极致。

除了尊孔重儒，推崇程朱外，康熙对于清代文化的又一大贡献是编撰图书。

严格来说，研究儒家学说，推行以儒治国，只是康熙满腹才华的冰山一角。除了儒家学说，他对传统的中国文化有着很深的造诣。他能诗善文，能书能画，更是写得一手好字。可以说，他是一个博学多才的全能大师。

人就是这样，懂得越多，就会越觉得自己所学不足。康熙一方面觉得自己所学不足；一方面又想让璀璨缤纷的中国文化传承于世，于是便萌生了编撰图书的念头，而且这个念头一发不可收拾。

鉴于这种想法，他开始了自己的编撰图书之路。

当然，对于一个皇帝来说，想要编撰图书实在是太容易不过了。他一道谕旨下来，编撰图书就成了国家紧要大事。于是，专门的工作人员、饱读诗书的才子、学识丰富的学者，都排成队来为编撰工作服务。他在宫内设置了专门修书处，蒙养斋专修天文、历数、音律等方面的书籍；佩文、渊鉴二斋专修经、史、文学方面的书籍。中华民族是个多民族的大国，所以他又专门辟出一个地方，成立了专门从事翻译满文、蒙文等少数民族文字的清经馆，这样在编撰图书的时候，一些少数民族的文献资料也不会落下。

天时、地利、人和俱备，于是一场以康熙牵头的编撰之风在清朝轰轰烈烈地展开了。他十分重视史籍，下令编撰的史籍有《清文鉴》、《古今图书集成》、《全唐诗》、《皇舆全览图》，等等。这些虽然是图书整理工作，但也着实繁重，花费了不少财力和人力。

泱泱大清王朝，为了振兴文化，还在乎这一点儿财力人才吗？当然不在乎！编撰工作展开以后，康熙以其深厚的文化底蕴、广博的学识，实际上已经成为了一名称职的"总编辑"。他能对每部书的编撰工作都给予具体、细致的指导，甚至编撰体例、资料来源方面他也要严格把关。有时候，他居然会亲自动手，整理调查结果，批注读书心得，忙得不亦乐乎。可以说，清朝康熙时期所编撰出来的图书，几乎每一本都有他的心血。

持续不断的编撰工作，使得康熙年间涌现了不少优秀的图书，这些图书是中华民族智慧的结晶，是中国人民的骄傲。总的概括起来，康熙组织编撰的图书可以分为四大类。

第一大类为字书。其中包括《清文鉴》、《康熙字典》等书。值得特别一提的是《康熙字典》，这部书从康熙四十九年（1710）编起，直至康熙五十五年（1716），总共历时六年，工程量十分浩大。当然，这部书的意义也同样非同小可，它为巩固规范统一的文字，促进文化交流与发展服务做出了很大的贡献。

第二大类为类书。清代的类书有些类似于近代的百科全书，里面收集了四部诸书，分类抄录而成。康熙年间所编撰的类书并不多，其中最有名的只有一本，叫作《古今图书集成》。

第三大类为文学书。这类图书比较丰富，比较出名的有《古文渊鉴》、《历代题画诗》、《历代诗宗》、《全金诗》、《四朝诗》，等等。文学书的种类丰富，也从一个侧面反映了当时的文化氛围，文人们大多喜爱诗词歌赋。

第四大类为经书。他将凡是在经日讲座时听过的经书，都编撰成书。其中包括《日讲书经解义》、《日讲易经解义》、《日讲诗经解义》，等等。编撰之后，他下令用满汉两种文字刊印这些佛经，然后再进行推广与普及。很显然，这些经书的编撰，加强了清代汉族同少数民族之间的文化交流。

当然，除了这四大类图书外，他所主持编撰的图书还有一些，例如《明史》、《三朝国史》等史书。明朝被清朝所亡，所以他认为清朝有不可推卸的责任撰修《明史》，他想让自己的后世子孙都以明朝的灭亡为鉴，好好振兴清朝。正因为如此，他特别重视《明史》的编撰工作，几乎每一部分自己都要亲自过目。

《三朝国史》是大清朝自己的历史，编撰起来更是不容马虎。在这部书的编撰上，康熙亲力亲为，自行搜集资料，克服了重重难关，历时十年，终于将这部书稿编成。而这部书稿，也成了我们今天了解清史的重要资料来源。

爱学习的人

在清朝的历史中，有一批很有意思的外国人。他们的数量虽然不多，但在朝堂上却起到了极其重要的作用。他们是谁？他们来干什么？他们的身份大多都是传教士，来中国的目的自然是为了传教。

所谓传教士，是指坚定地信仰宗教，并且远行向不信仰宗教的人们传播宗教的修道者。西方传教士在明朝时比较盛行，他们向中国输入宗教和科学，传播科学并不比宗教少。为什么会这样？因为中国人需要科学知识，只谈宗教根本就无法得到士大夫的尊信。为了获得更多的信任，这些来到中国的传教士大都身兼数职，有着丰富的科学知识底蕴。当然了，这些科学知识五花八门，宗教、天文、地理、数学、哲学等，无所不包。

因为这些传教士带来了科学知识，所以他们逐渐被一批儒家知识分子所接受。当时的情形是，这些儒家知识分子渴望在科技方面有所建树，但却求学无门，正好传教士带来了他们想学的东西。于是双方一拍即合，渐渐走到了一起。

有人支持，自然也会有人反对。清初的时候，朝廷内外分为容教派和反教派，容教派愿意接纳西方传教士，学习西方的科技文化知识；而反教势力却极为排斥西方人，认为他们除了会"妖言惑众"以外，便一无是处。

严格来说，康熙的父亲顺治皇帝就属于一个容教派，他十分喜欢德国传教士汤若望。顺治元年（1644）八月朔出现日蚀，小顺治帝便命令大学士冯铨同内大臣等督率汤若望和钦天监官各自带着自己推算出来的日食图表，登观象台验证。验证的结果是，西方算法推算出来的日食图表同真实情况比较吻合。自此之后，顺治帝十分看中汤若望。顺治十年（1653），顺治帝赐"汤若望号通微教师"，并尊称其为"玛法"，"玛法"在满语中即为爷爷的意思。

事实上，康熙能够继承皇位，在很大程度上也是拜汤若望所赐。而康熙自小读书涉猎甚广，自然也愿意向汤若望请教，因此也十分尊重这位外国传教士。

皇帝信赖西方传教士，这使得反教势力极为不满。康熙即位之初，以鳌拜为首的反教势力见有机可乘，便趁机向汤若望发起了进攻。鳌拜仗着权势，不顾容教派的反对，废除了顺治时期的各项政策，包括中国行西洋历法。他们甚至罗列了汤若望的罪状，想要将其彻底铲除。其时汤若望已经七十多岁，年迈口不能言，便由比利时传教士南怀仁代为答辩。可是在鳌拜的强权面前，这些抵抗根本就无法起到作用，汤若望、南怀仁等四名西方传教士被捕。

康熙的祖母孝庄太皇太后知道这件事后极为震怒，她知道顺治帝信赖汤若望，而汤若望只是一个外国传教士，罪不致此，于是便做主释放了汤若望四人。

这一切都发生在康熙继位之初，他虽然年幼，但对于事情的始末却通透于胸。亲政之后，他便插手这件事，确立了"唯是是从"的文化政策。什么叫作"唯是是从"？简单来说，就是无论中西，谁对就听谁的。他曾对大臣们说："朕幼时，钦天监汉官与西洋人不睦，互相参劾，几致大辟。杨光先、汤若望于午门外九卿前当面睹测日影，奈九卿中无一知其法者。朕思已不知焉能断人之是非，因自奋而学焉。"

我们不得不佩服康熙的智慧，小小年纪，他就能站在客观的立场上看待问题，既保持了民族气节，又对传教士不采取全盘否定和一概排斥的态度。他尊重西方科学，肯定了西方科学的先进之处，并坚定了自己学习的决心。他认为只有自己什么都学会了，才能真真正正地调节容教派和反教派之间的矛盾。

这个决心是一枚种子，激发了他学习西方科学的浓厚兴趣。

有了学习的兴趣，他又是怎么做的呢？像学习汉文化一样，沉迷于书海吗？不是！他一方面积极向西方传教士学习各门科技知识，一方面积极钻研，挖掘中国科技遗产，培养科技人才。他用两只手在抓，一只手抓外，一只手抓内，然后用力将内与外糅合在一起。他是一个好学生，更是一个好的践行者。法国传教士白晋曾经这样评价康熙："因为他本来就对新奇的东西很感兴趣，所以，自从他有了某些欧洲的科学之后，就表现出了学习这些科学知识的强烈欲望。"

确实如此，他的学习欲望只能用"强烈"一词来形容！钦天监监正杨光先曾与传教士南怀仁就"历法"一事争斗了无数次。争斗的结果是，西洋历法确实更为科学。康熙看到这些后，便极为称赞欧洲的天文学说及其他一切科学技术。随后，他居然连续两年沉迷于科学技术的钻研，乐此不疲，他已经把这些当成是最大的乐趣了。幸好其时他尚年幼，一切国事有四大辅臣主持，这才没有出现大的乱子。比利时传教士南怀仁也在自己的日记中记叙了这位少年皇帝的勤奋好学："每日破晓，我就进宫，立即被引入康熙的内殿，并经常到午后三四点钟才告退。我单独与皇帝一起，为他读书和讲解各种问题。"南怀仁主要给康熙讲一些数学仪器的应用知识，以及一些浅显易懂的几何学、静力学、天文学等知识。南怀仁所知也非常有限，但即便是这些简单的知识，也足够康熙欣喜若狂了。

虽然一个愿意教，一个愿意学，但是还是出现了一些问题。原来康熙不懂外文，而要将那些技术性的文字完全翻译成汉文，也有一定的困难，学术沟通上出现了困难。为了解决这一困难，康熙特意命令南怀仁学习满文，希望其能将外文教材转化为满文，以方便自己学习。南怀仁无奈，只好花时间学习满文，然后再传授知识。

自从接触到科学知识之后，康熙是完完全全地着了魔，一门心思地扑了上来。学习变成了他最大的乐趣，而且这一乐趣保持了几十年都没有变过。纵然是在削藩之战中，生死存亡系于一线，他还是不曾放弃学习。他每每一有闲暇，便会命令那些外国传教士教授自己一些新的"花样"，以此为乐。

师夷长技

　　三藩平定之后，他更加勤奋地学习欧洲文化。他让传教士住在京城，住在顺治帝曾经住过的地方，以方便自己就近学习。他什么都有兴趣学，西方算术的应用，数学仪器的应用，欧几里得几何学等，都是学习的目标。他从来不因为自己是皇帝而目中无人，也不因为"老师"是外国人而羞于开口，而是确确实实做到了不耻下问。他极有耐心，往往听上一天的课也不觉得厌烦，一点儿也没有年轻人的毛糙好动，更像是一个老成持重的老年人。

　　为了方便自己学习，他甚至在皇宫里建立了实验室，让人准备了一些瓶瓶罐罐作为实验仪器，边学习边做实验，把理论知识应用到实际。有一段时间，皇宫里的侍卫、大臣，甚至是皇子，都能"享受"到他的劳动成果。把那些自己实验得来的丸、散、丹、膏等药物赐给别人，成了他最大的乐趣。

　　在清代史料中，经常会出现这样的画面：无论是在北京的皇宫中，京外的御苑里，或者万马奔腾的围场里，都经常会出现康熙让侍从带着仪器随侍左右，当着朝臣的面专心致志地忙碌着。他其实是在做研究，研究天文学或者几何学。他喜欢当着朝臣的面做实验，获得正确的结果后，再昭示大臣们也应该努力学习科学文化知识。他能用四分象限仪观测太阳子午线的高度；能根据太阳，计算一座山峰的高度；能不用尺子计算出两个地点之间的距离，而且极为精确。他的这些能力，让满朝文武大臣称羡不已，年轻贵族子弟更是争先效仿，由此掀起一阵学习西方科学知识的热潮。

有一次，他患了疟疾，病情来势凶猛，宫中御医方法用尽却都束手无策。不得已，清廷只好四处张挂皇榜，满城地求医问药。正好在这个时候，有两名西方传教士来到了京城，他们带来了金鸡纳。事情也巧，正好有人介绍他们给皇帝治病，他们就给康熙服用了金鸡纳。结果，无数御医束手无策的疟疾，居然很快被治好了。这件事让康熙感触极深，他学习西方科学技术的决心更坚定了。

值得一提的是，他对于知识的渴求，甚至超越了思想中根深蒂固的封建意识。古代中国人迷信，皇帝也不能例外，但是他却能克服这种思想，让人翻译了《人体解剖学》一书。他说："身体上虽任何微小部分，也必须详加多译，不可有缺。朕所以不惮麻烦，命卿等详译此书者，缘此书一出，必大有造于社会，人之生命，或可挽救不少。"通过学习，他已经深知科技对于百姓的重要性，他想要让科技知识造福更多的中国百姓。

事实上，康熙本身就在运用自己学到的科技知识为百姓造福。他曾经花费了三十多年的艰辛努力，主持了一项了不起的工作，这就是《皇舆全图》的测绘与完工。说白了，《皇舆全览图》实际上就是一本地图册，上面汇集了大清朝的疆域地图。一本地图册的测绘与制作，放在现代也许不算什么，但是在过去就非常艰难了。康熙自小留心地理，博览图籍，而且还经常向边疆官员求教地形，然后运用所说到的地理测绘知识，做了整整三十多年的前期准备工作，才主持了这项工作。康熙四十六年（1707），这项工作正式开始，直到康熙五十六年（1718），整整花了十年的时间，方始完工。这册地图非常详尽，全国总图、各省地图、关外满蒙地图，应有尽有。据《清圣祖实录》记载，这册地图"关门塞口、海汛江防、村堡戍台、驿亭津镇，其间扼冲据险、环卫交通，荒远不遗，纤细毕载"。有了这册地图，全国百姓尽皆受惠，外出商民更是方便了很多。这确实是一件利国利民的好事。

当然，这只是康熙运用所学，为百姓做的很多事情中的一件而已。

在学习西方科学技术的过程中，康熙认识到，一个人学习再多，力量也是有限的。所以，他在自己努力学习的同时，也开始积极地注意培养和发现国内的科技人才，融合中西学说。

梅文鼎是清代最有名的数学家之一，被后人称之为"历算第一名家"和"开山之祖"。后人都知道他的成就光耀后世，却不知道这与康熙的帮扶密不可分。

康熙四十一年（1702），康熙南巡到了德州。大学士李光地给他看了梅文鼎的手稿《历学疑问》一书。李光地知道康熙学贯中西，想要听听他的意见。康熙一拿到这部手稿，便极感兴趣，遂带回皇宫慢慢研读。康熙四十二年（1703），康熙再度南巡，将这部手稿还给了李光地。他对李光地说，这部书写得确实不错，可圈可点，但是却"算法未备"，希望作者能详加补充。李光地大为钦佩，这部书还没有完成，皇帝只是参阅了一部分，却知道还需要补充什么了。他其实明白，康熙虽然是皇帝的身份，但在数学领域的造诣却不输给任何一个数学家。

两年之后，康熙趁着再次南巡的机会，召见了梅文鼎。无论是对于梅文鼎还是对于康熙来说，两人都有遇到知音的感觉。他们就数学问题，一连谈了三天，十分投机。临别之时，康熙还特意写了"积学参微"四字相赠。而对于梅文鼎来说，他与康熙聊了三天，更是获益匪浅。他从康熙那里学到了许多西方数学知识，这对他的研究大有帮助。

后来，康熙为了编撰大型的数学、天文、乐律百科全书《律历渊源》，特意下诏叫梅文鼎的孙子梅谷成到北京入侍。梅谷成继承了祖父的数学知识，又从康熙那里学到了"借根法"，中西结合，数学造诣突飞猛进，为中国数学知识的发展做出了很大贡献。

梅文鼎祖孙只是康熙发现、培养的科学技术人才中的一例而已，还有许许多多的人才因此而光芒大放，例如泰州的陈厚耀、大兴的何国宗、蒙古族的明安图，等等。这些人原本只能算是民间的才子，但是康熙发现以后，把他们网罗到了身边，大力培养并委以重任。结果，他们都在自己的研究领域里大放异彩，为中国科学的发展做出了极大的贡献。

后人多有指责康熙没有接受当时世界上最先进的科技知识，致使中国渐渐落后于西方国家。他们认为，康熙广泛学习各种科学技术知识，是出于自身的兴趣，但是作为清朝的最高统治者，他却害怕国民广泛学到科技之后，会危及清朝的统治。正因为如此，他只愿意自己学习而拒绝他人学习，致使中国在科学技术上同西方国家越来越远。

是这样吗？我们只能说，这样的评价有失公允。首先，康熙学习的对象只是一些外国传教士，他们毕竟不是当时一流的科学家，所以他们本身就不具备当时最先进的科技知识。他们来中国的最主要目的，是为了传教，科技知识只是辅助手段。所以，康熙虽然极爱学习，但能从他们那里学到的科技知识也非常有限。而这样有限的知识，自然也无法真正承担起科教兴国的"重任"。

其次，康熙已经在尽量学习科技知识了。他废寝忘食、竭尽所能地学习，希望能用自己所学，利国利民。对于一个泱泱大国的最高统治者来说，这已经非常难得了。

总而言之，对于西方科学技术知识的学习、融合和推广，康熙的所作所为足以让世人称道。他排除封建守旧势力的阻挠和封建传统观念的干扰，吸收西方先进的科学文化，促进了中西文化的交流和中国科学文化的发展，为中国社会的进步做出了极大的贡献。他既不盲目排外，也不盲目崇外，在学习西方先进科学技术知识的同时，剔除了一些无用的哲学知识和宗教理论。这些做法，对清代中国社会的发展起到了积极的推动作用。

第十六章 ／ 帝王家事

父亲的心思

在中国古代，人们大多早婚。南北朝时期北齐后主规定，女子十四岁至二十岁之间，必须出阁。北周武帝强制规定，十五岁以上的男子，或者十三岁以上的女子，都必须成亲。唐太宗倒是将年龄放宽了一些，命令二十岁以上的男子，或者十五岁以上的女子必须成亲。

至于清朝，相对就比较宽松了，清政府规定，男子十六岁、女子十四岁，便达到了结婚的年龄，但结不结婚可以自便。虽然国家不怎么强求了，但是民间百姓结婚还是比较早。原因是，统治阶层是为了利益，而贫困人家是为了劳动力。

康熙处于清廷统治阶层的最顶端，身上的利益干系也最重，所以他结婚极早。那么，早到了什么程度？十二岁的时候，他便完成了大婚。那时候，他还只是个孩子。

康熙四年（1665），孝庄太皇太后将首辅大臣索尼之孙、领侍卫内大臣喀布拉之女赫舍里氏册封为皇后，行纳聘礼。同年九月初八日，康熙同赫舍里举行了大婚典礼。自此之后，这个年仅十二岁的孩子，宣告长大成人。

说到底，康熙这么早大婚，还是出于政局的需要。当时清廷的情况是：四大辅臣代管朝政，国家基本上还算安定。但是，日渐权重的鳌拜却不安分起来，想要独揽朝政。四大辅臣之中索尼虽为首辅，但却置身事外，冷眼旁观鳌拜与苏克萨哈明争暗斗。为了能让康熙早日亲政，同时也为了拉拢索尼，孝庄才想到了这个结亲的办法。

这个方法也确实有效。康熙大婚不久，索尼便上疏朝廷，说皇帝已经长大成人，可以亲政了。康熙在半推半就之中，于康熙六年（1667）亲政，两年之后便亲手铲除了鳌拜集团。可以说，这场婚姻是康熙收回国家大权的开端。自这场婚姻之后，这位雄才大略的千古帝王，才开始了自己真正意义上的统治。

过早的婚姻带给康熙另外一个影响是，过早成为人父。据史料记载，康熙皇帝在康熙六年（1667）便有了第一个孩子，只是这个孩子过早夭折了。所以，他的长子变成了胤禔。胤禔出生于康熙十一年（1672），是惠妃纳喇氏所生，康熙一直都不怎么喜欢他。康熙最喜欢的，是赫舍里氏所生的次子胤礽。按理说，初为人父，肯定特别喜欢第一个孩子。可是为什么康熙却不喜欢皇长子，反而更喜欢皇二子？这里面有两个原因。

第一个原因，皇长子胤禔是庶出，而胤礽是嫡出。胤禔的母亲只是康熙的一个妃子，而胤礽的母亲却是真正的皇后。在过去人们的观念中，嫡要亲于庶。

第二个原因，康熙非常喜欢孝诚皇后赫舍里氏，加之赫舍里氏生胤礽的时候难产死了，所以他更加疼惜这个没有母亲的孩子。

康熙确实非常喜欢赫舍里氏。赫舍里氏虽然年龄不大，但自幼家教颇严，不但知书达礼、贤惠可人，更能左右逢源、圆转如意。她在宫里，与孝庄太皇太后和皇太后相处得非常融洽。清史料中这样描述她："上事太皇太后、皇太后，克尽诚孝"、"勤两宫之孝养，娴以承颜"、"积深爱以事两宫，每迎色笑"。这样一个既美丽又乖巧的女子，如果说不能讨得康熙的喜爱，那才叫咄咄怪事。两人原本都是少年人心性，喜欢玩乐，成婚之后更是日日泡在一起，感情自然是越来越好。孝庄太皇太后看到这小两口相敬如宾、恩恩爱爱，极为欣慰。

康熙八年（1669），赫舍里氏生了一个孩子。康熙十分高兴，为这个孩子取名承祜，希望他能得到上天的庇佑，健康成长。但是天不遂人愿，康熙十一年（1672）二月初，年仅两岁半的小承祜便因病夭折。虽然在承祜之前，也有几位皇子和公主因病夭折，但却都没有这件事对康熙的影响大。他深爱赫舍里氏，爱屋及乌，也深爱着这个皇子，这件事使他痛苦了很长一段时间。

当然，这件事对赫舍里氏的打击也很大，但她强忍住悲痛，反而劝慰伤心不已的康熙。这件事过后，两人之间的感情又更深了一层。

康熙十三年（1674）对于康熙来说，是个多灾多难的一年。这一年，他一直担心的吴三桂终于谋反了，率领精兵强将气势汹汹地向北杀来。藩乱使他焦头烂额之际，他心爱的皇后赫舍里氏却因难产而死，只留下了一个嗷嗷待哺的孩子。这个孩子，自然就是胤礽。

心痛之余，康熙更加爱怜胤礽。一岁的时候，他就将胤礽立为皇太子。四岁的时候，他亲自教胤礽读书、写字。六岁的时候，他任命大学士张英和李光地为胤礽的师父，让他们竭尽全力辅佐皇太子读书。对于这个孩子，康熙付出了最大的父爱，其时他还不到二十岁，只是一个大孩子。过早的政治生活磨砺了他的性子，使他较之一般同龄人更为成熟和稳重。他深知皇太子对于清朝宗庙社稷的重要性，唯恐皇太子不肯用功学习，所以每每对胤礽耳提面命，严加督促。

即便是这样，他还是担心自己这个宠爱的儿子学不到真正的本领，无法成为一个贤明的君主。他给胤礽找了很多有才干的大臣为老师，除了张英和李光地之外，还有尚书达哈塔、汤斌、耿介等人。他曾经对这些人说："古昔圣贤训储不得其得，以致颠覆，往往有之。"他在"打预防针"，告诫他们教导皇太子责任重大，务必要用心在意。

当然，师父领进门修行在个人，能不能学有所成，关键还得看胤礽自己。他深知这一点，所以除了勤加督促之外，还亲自给胤礽安排了"学习时间表"。

早上五点钟，胤礽必须赶到"无逸斋"学习。五点到七点这个时间段，是胤礽的读书、背书时间。康熙给他定下的规矩是，书必背足一百二十遍。这个任务量很大，所以胤礽必须抓紧时间完成。这期间，胤礽所有的师父都会陪伴在书房，以方便其提问。除了学生和老师外，"无逸斋"还有一个人也很重要，这个人是负责记录太子言行起居的注官。所以，胤礽在学习上根本就不会有偷懒的机会。

早上七点到九点，这是康熙的检查时间。在一般情况下，如果朝廷中没有什么大事，早朝大多在早上七八点钟就可以完事了。上完早朝后，康熙必定会来检查太子的读书情况，并会随机考察。如果不能达到要求，那么皇太子和师父都会受到处罚。

上午九点到十一点，是胤礽练字的时间。康熙要求，无论寒暑，读书写字不能间断。所以胤礽的这段练字时间，也是雷打不动，从无更改。他写的字，无论是汉文还是满文，必须要达到师父们的要求方能过关。

中午十一点到下午一点，是胤礽吃饭的时间。当然了，吃饭根本就用不了这么多时间，那么吃完饭是不是能休息一会儿？不能！皇太子没有休息的时间，吃完饭接着读书学习。

下午一点到三点，是胤礽习武的时间。在这段时间里，他会同其他皇子一起，练习骑射。大清的江山是在马背上打下来的，所以康熙对皇太子的武艺要求也很严格。

下午三点到五点，是检查文化知识时间。这个时间段里，康熙会再次来到无逸斋，考察皇太子及诸位皇子们的读书情况。

下午五点到七点，是考察武艺的时间。这时候康熙会随同诸位皇子一起来到练武场，考察他们的弓马技术。当然了，成绩好的会有奖励，成绩差的会有处罚。

直到这件事结束，皇太子胤礽一天的功课才算完全结束。

从中我们不难看出，康熙对于这个皇太子，倾注了太多的感情。他希望这个母亲早丧的孩子能够像自己一样，成为一个有所作为的好皇帝。所以他无论自己有多忙，也从来没有放松过对皇太子的监督。然而最后，皇太子胤礽还是让他失望了。

其实不止是皇太子，康熙对于其他皇子们也倾注了很大的热情。但是他是皇帝，工作非常繁忙，所以无法兼顾到所有的皇子。据《清圣祖实录》记载，康熙在暮年回忆起诸位皇子时曾经说过："朕之诸子，多令人视养，大阿哥养于内务府总管噶禄处；三阿哥养于内大臣绰尔济处，唯四阿哥，朕亲抚养，幼年时微觉喜怒不定，至其能体朕意，爱朕之心，殷勤恳切，可谓诚孝。五阿哥养于皇太后宫中，心性甚善，为人纯厚，七阿哥心好举世，蔼然可观。"这些话，哪里像是一个威严的帝王所说，分明就是一个爱子心切的父亲。对于每一个孩子，他都用心去爱；对于每一个孩子的培养，他都尽心尽力，想让他们成为国之栋梁。

早期的"家庭生活"，康熙很幸福。他有一个慈爱睿智的老祖母，有一个自己深爱也深爱自己的妻子，有诸多听话的孩子。抛开帝王之家不说，他的家庭生活确实很美满。但是帝王之家毕竟还是帝王之家，争斗在所难免。这样幸福的"家庭"生活，注定会被权力之争所打破。

多嗣之苦

康熙早婚，在位时间又比较长，这使得他一生后妃众多。据史料记载，仅仅随康熙葬于景陵的后、妃、嫔、贵人、常在、答应就有五十五位，而未能随葬的答应还有两百多人。这其中当然不包括一些被黜被废的妃嫔，以及一些没有身份的宫女。用"后宫佳丽三千"来形容康熙的"婚姻"生活，其实一点儿也不夸张。

康熙一生之中总共立过三位皇后，分别是孝诚仁皇后赫舍里氏、孝昭仁皇后钮钴禄氏和孝懿仁皇后佟佳氏。当然，还有一位孝恭仁皇后乌雅氏，她是雍正皇帝的生母，是在雍正继位之位被尊为皇太后的。

同第一位皇后赫舍里氏在一起的生活，是康熙最快乐的日子。他同赫舍里氏的感情很好，两人夫唱妇随，琴瑟相得。只是很可惜，赫舍里氏死得太早，刚刚二十二岁的时候就死了。

康熙的第二位皇后是钮钴禄氏。她的出身也极为显赫，是辅政大臣遏必隆的女儿，随赫舍里氏同时入宫，被册立为妃。这当然也是一场政治婚姻，是孝庄太皇太后为了拉拢遏必隆所做的努力。有意思的是，这位钮祜禄氏同赫舍里氏一样，也是一位聪明贤惠的女子，同样得到了康熙的喜爱。更巧的是，她的寿命也不怎么长，仅仅做了半年的皇后，就也因病死了。康熙一直到死，都十分怀念这两位温柔贤惠的皇后。

康熙的第三位皇后是佟佳氏。佟佳氏是康熙生母孝康章皇后的亲侄女，也就是康熙的亲表妹。这位佟佳氏也是一位"言容有度"的女子，她不仅对孝庄太皇太后、皇太后非常的孝顺，对后宫其他妃嫔也极为友善，即便对下人也很宽厚。她是皇帝的亲表妹，钮祜禄氏死后，整个后宫以她为尊，但她却不恃宠而骄，还是尽心尽力地对待每一个人，包括所有的阿哥和格格。佟佳氏一生没有生育皇子，唯一的女儿不满月就夭折了。也正因为如此，她把自己所有的母爱毫无保留地倾注到其他妃嫔所生的子女身上。四皇子胤禛，也就是后来的雍正皇帝，就是由她抚养长大的。当时胤禛的生母乌雅氏因为地位不高，所以没有资格抚养皇子。而佟佳氏则对这个养子视如己出，非常疼爱。

只可惜，佟佳氏也命薄福浅，康熙二十八年（1689）七月，她因病去世。她的死让康熙悲痛欲绝，自此之后再也没有立后。

康熙一生妃嫔众多，因此子女也比较多。据统计，他总共有二十四个儿子和十二个女儿。当然，这个数字，指的只是那些存活下来且长大成人的孩子。实际上，他的子女的数目远远不止这些，还有一些孩子生下来之后过早夭折了。

但是这么多孩子之中，嫡出的却只有一个，那就是皇二子胤礽。康熙在胤礽一周岁的时候，就将其册封为皇太子，想让他将来继承皇位。为了达到这个目的，康熙费尽心力地培养这个孩子，就算是在与吴三桂打仗的战争时期，他也没有放松过对皇太子的督促。有很多时候，他亲自给皇太子讲课，向其传授安民治国之道。据史料记载，康熙教授胤礽时，"告以祖宗典型，守成当若何，用兵当若何。又教之以经史，凡往古成败，人心向背，事事精详指示"。在他的努力下，皇太子胤礽进步很快，八岁就能开弓射箭，背诵四书五经；二十多岁时，就能代父处理朝政，而且处理得井井有条。皇太子的才干，得到了满朝文武大臣的赞许和认可。

似乎，胤礽继承皇位是无可更改的事实。

但是，历史终究没有按照常理发展下去。

康熙四十七年（1708）九月，康熙从木兰围场归来，突然下旨将这位自己呕心沥血培育的皇太子废黜。这道圣旨一下，满朝文武大臣尽皆震惊：到底是怎么了？皇太子犯了什么罪？皇太子所犯的罪过，康熙在圣旨中说得清清楚楚，总共有三条。

第一，穷奢极欲，生活放纵。康熙一生节俭，在生活上从不愿意奢侈浪费。但是皇太子却不同，不愿意过那种过于简朴的生活，他更乐意于享受生活。只是，他的享受有些过了，在生活用度上甚至超过了自己的父亲。皇子的用度一旦超过了皇帝，那就说明他有谋逆之心。康熙最反感的就是这个，他认为一个穷奢极欲的皇帝不会是个好皇帝。

第二，纠集党羽，觊觎皇位。从一周岁起开始做皇太子，胤礽已经做了四十多年的储君了。但是康熙的身体还很好，似乎还能多做一些年头的皇帝，所以他便按捺不住了。在身边众多依附势力的鼓动下，他开始伺机而动，偷偷监视康熙。这让康熙既寒心又愤怒。

第三，暴戾。康熙崇尚儒学，主张以仁治国，但是胤礽却不是这样，他经常会肆意捶打诸王、贝勒，甚至兵丁。他的这些做事方式，也让康熙十分愤怒。他不愿意将国家交到一个脾气暴虐的儿子手中。

这几点，都触到了康熙的底线。他认为，一个穷奢极欲，生活放纵，又脾气暴虐的孩子，不适合管理大清王朝。更何况，这个孩子想谋害自己，早日登基。这些罪证终于使得康熙下定决心，废黜了这个皇子。

圣旨一下，天下震动，尤其是那些大臣们，一个个被震得东倒西歪。他们纷纷上疏，请求康熙三思，不要废黜皇太子，毕竟这四十多年来，皇太子的功课做得还算不错。但是康熙却铁了心，皇太子非废不可！大臣们哪里争得过皇帝，只得作罢。

于是皇太子胤礽被废，囚禁于咸安宫。

以前胤礽将皇太子位坐得稳稳当当，所以皇子们有心垂涎皇位，但却无胆争夺。现在好了，中宫皇太子位空缺，这可是个天赐良机。于是，诸皇子之间展开了一场争夺储位的争斗。这一场争斗，直杀得风云变色，日月无光。

皇长子胤禔最先跳出来，想成为皇太子。他会这样认为，其实也是合情合理。所有皇子之中，只有胤礽是嫡出，其余皆是庶出。胤礽被废黜，其余的皇子便站在同一起跑线上，谁都有可能被立为皇太子。而这些皇子之中以胤禔居长，他认为立长不立幼，皇帝肯定会立自己为储。可是，他的野心很快就被康熙所察觉。康熙直接告诉他，他的才干不足，头脑简单，性子急躁，不适合做皇太子。

虽然被康熙直言拒绝，但是他还不死心，居然开始联合八皇子胤禩，希望能将其推上储位。为了达到目的，他向康熙进言，说曾有相士为胤禵看相，说其将来必定大贵。言下之意，胤禵有做储君的资格。康熙并没有表示什么，只是随口问他，应该怎样处置被囚禁的胤礽。胤禵居然很阴险地劝谏康熙，必须将胤礽杀掉才能以绝后患，完全不顾及兄弟之情。康熙大为恼怒，怒斥了胤禵，从此拒绝与其相见。

胤禵失势后，皇八子胤禩趁势蹿了上来。他广结党羽，四处拉拢朝廷官员，希望能够坐上储君之位。他的小动作自然也瞒不过康熙的耳目，康熙最反感的就是皇子们争权夺利，于是发下一道圣旨，革掉了胤禩的爵位，并将其囚禁起来。

皇子之间的明争暗斗让康熙头痛不已，他担心这样下去必将酿成大祸。可是，如何解决呢？思前想后，他想要重新恢复胤礽的皇太子之位。他之所以会这样做，一方面是因为他思念赫舍里皇后，一方面是因为他读到了胤礽写的"悔过书"。胤礽在"悔过书"中告诉康熙，自己虽然有许多不对，但却绝对没有谋逆弑父之心。为了早日结束诸子争储的混乱局面，康熙最终决定，再次将胤礽立为皇太子，同时将各皇子封为亲王。他希望以这种普天同庆，皆大欢喜的局面真正结束这场争斗。

低调的继承者

但是，皇子之间的争斗，真的能够结束吗？不能！自古以来，皇子之间的斗争，往往是封建社会斗争最为惨烈的地方。那个地方，很难有真正的皆大欢喜。

那些有了争储之心的皇子们，根本不愿意善罢甘休。这个时候，他们将矛头都转向了胤礽。也是命该如此，复出的胤礽只顾沉浸在失而复得的快乐之中，根本就没有料到自己成了众矢之的。康熙的宽容，使胤礽更加有恃无恐，重又过上了铺张奢靡的生活。甚至，他又开始拉帮结派，重聚太子党。就连自己的暴躁脾气，他也同样不肯收敛。这一切，康熙都看在眼里，他开始真正失望了。

康熙五十一年（1712），复立之后又做了三年皇太子的胤礽，第二次被康熙废黜。康熙在朝堂之上心情沉痛地说："胤礽自释放之日，乖戾之心，即行显露。数年以来，狂易之疾仍然未除，大失人心……如此狂易成疾，不得众心之人，岂可付托乎！故将胤礽仍行废黜禁锢……后若有奏请皇太子已经改过从善，当释放者，即诛之。"他的心已经寒了，决意再也不复立胤礽。

不再复立胤礽，那么到底应该立谁呢？康熙一直在考虑这个问题。其时他已经年近花甲，不得不考虑立储的问题了。他曾对大臣们说："太子为国本，朕岂不知，立非其人，关系非轻……今欲立皇太子，必以朕心为心者，方可立之，岂宜轻举。"他清楚地知道皇太子对于清朝江山社稷的重要，所以需要慎之又慎地考察选择。他年事已高，为此很是着急。

他着急，那些皇子们更着急。每个人都知道，皇帝的一动念，就可以决定自己的命运。为此，那些觊觎皇位的皇子们，个个施展浑身解数，开始了你争我夺。只是，鉴于胤礽第二次被废之后，康熙曾经明令禁止讨论立储之事，所以皇子们的活动都很隐秘。

这次争储，还是以皇八子胤禩最为活跃。胤礽第一次被废黜之后，胤禩争夺储位十分卖力，但是却受到了康熙的打击，被削了爵位。胤礽被复立，他曾一度灰心丧气，但是现在他却又看到了机会。他认为自己的才干高过其他皇子，又有很多大臣支持自己，所以储位肯定是非己莫属。为了探听口风，他故意试探着问康熙立储之事，想看看其意欲立谁。康熙看出了他的用意，十分愤怒地斥责他道："尔不过是一贝勒，何得奏此越分之语，以此试探朕躬乎？伊以贝勒存此越分之想，探视朕躬，妄行陈奏，岂非大奸大邪乎？"康熙动了真怒，将他斥责得体无完肤，但是他却不思悔改，心存报复。在木兰围场打猎时，他派人给康熙送上了"将毙之鹰"，意谓其将要老死。康熙怒不可遏，看到了胤禩的歹毒内心，表示与其断绝父子关系。随后，他派人抓捕了胤禩及其党羽，皇八子一党就此覆灭。

胤禩之后，是皇十四子胤禵争夺储位。胤禵与皇四子胤禛是同母所生，不过性格上却与稳重的胤禛不大相像。皇太子二次被废之后，他看到原本最有希望成为储君的皇长子和皇八子纷纷遭到皇帝的囚禁和责骂，心思也动了起来。他认为，如果想要争得储位，就必须礼贤下士，博得一个好名声。于是他开始广施恩泽，拉拢人才，对一些有影响的学士礼遇有加，将他们拉到自己门下。在当时，他确实声名远播，有"十四爷礼贤下士"的美誉。但是，他的用心同样没有瞒过康熙的眼睛。康熙虽然十分喜爱这个皇子，但却也知道他性格鲁莽，不宜为帝。于是在康熙五十七年（1718），他趁着西藏叛乱之际，将其派到了西藏。

储位人人眼热，只要是稍微有些野心的皇子，便不可能不动心。看到别的皇子争得热闹，皇三子胤祉也参加了进来。其实要说成为储君，胤祉也确实有资格。皇长子被囚，皇二子被废，那么他作为皇三子，自然成了诸多皇子中的最长者。清廷祖制有"立嫡"的说法，但也有"无嫡立长"的说法。事实上，这个时候，他已经成为了名副其实的"皇长子"。他虽然有意争储，但是却被康熙派去主持《律吕正义》的编撰工作，无暇分身。等到好容易腾出空来的时候，他却发现自己的势力根本不足以与其他皇子对抗。怎么办？他选择了一个最愚蠢的办法，那就是向大臣们送礼拉票。这样的把戏自然瞒不住康熙，他狠狠处罚了胤祉。

意欲争储的皇子们都在你争我夺，但是却有一个皇子超然物外、不为所动。这个人，就是四皇子胤禛。我们知道，胤禛决非无意储位，事实上他同别人一样，也想成为储君。但是，他却比别人更沉得住气，耐得住寂寞。别人在明争暗斗，他却以静制动，在暗地积极谋划。他的夺储计划不仅瞒过了所有皇子，甚至就连康熙也瞒住了。大家都以为，他是真的无意于储位。胤禛了解康熙的脾气，知道他非常希望皇子们能够和平相处。所以，当康熙第一次废黜胤礽的时候，胤禛极力劝阻，希望康熙能够保重身体，从长计议。他更没有像胤禔一样对胤礽落井下石，反而处处去关心这个失了势的哥哥。

这一切都被康熙看在眼里，他认为皇四子不仅深明大义，而且"性量过人"，开始慢慢喜欢上这个皇子。

胤礽第二次被废，其他皇子都忙着明争暗斗，争夺储位，胤禛却躲得远远的不予参与。对于大家的做法，他既不支持也不反对，安心做着自己的亲王。他给所有人都造成了一种错觉：自己无意争储。但是暗地里，他却同样在培植自己的势力。年羹尧、隆科多等人都是他的心腹，甚至就连李光地等人也唯他马首是瞻。

他的势力越来越大，但他对康熙越来越恭敬孝顺。对于康熙交代的每项工作，他都能认真完成。对于每一个兄弟，他都亲厚有加，关心爱护。

自然，他成了康熙心目中皇太子的最佳人选。

康熙六十一年（1722）十一月十三日，已是六十九岁高龄的康熙皇帝驾崩。临终之前，他指定皇四子胤禛为继承人。这位为大清王朝奋斗了一生的千古帝王，完成了自己最后一个心愿之后，在病榻上走到了生命的尽头。

爱新觉罗·玄烨，大清朝的第四位皇帝。他八岁登基，六十九岁而殁，在位时间长达六十一年。他的一生，可谓奇峰迭起、波澜壮阔，更兼多姿多彩。尽管他最终还是走到了生命的尽头，尽管他的千秋功绩一时难以评说，但毋庸置疑的是，他开辟了满汉及至整个中华民族大融合的崭新局面，是"康乾盛世"伟大的开拓者。